kompaktwissen

D1676849

R. BERGER / W. BORKEL

Grundwissen Betriebsorganisation

Organisationsentwicklung
Aufbau- und Ablauforganisation
Führungsorganisation
Information und Kommunikation
Zielsetzung, Planung und
Kontrolle, Mensch
und Organisation

Originalausgabe

Wilhelm Heyne Verlag
München

HEYNE KOMPAKTWISSEN
Nr. 22/207

Herausgeber der Reihe »kompaktwissen«:
Dr. Uwe Schreiber

3. Auflage

Printed in Germany 1991
Umschlaggestaltung: Atelier Ingrid Schütz, München
Satz: Fotosatz Schwanke + Holzmann, München
Herstellung: Dieter Lidl
Druck und Bindung: Ebner Ulm

ISBN 3-453-02639-X

Inhalt

1 Statt eines Vorwortes: Die 10 Gebote erfolgreicher Betriebsorganisation

1.

Betriebsorganisation soll sich am Gesamtziel und an der Strategie des Unternehmens orientieren und zu deren Verwirklichung beitragen. Dies schließt in der Regel konsequente Kundenorientierung und Qualitätstreue ein.

2.

Betriebsorganisation soll die Führung und Steuerung des Unternehmens und seiner Teileinheiten gewährleisten. Dazu muß sie im Sinne der Organisationsentwicklung so flexibel angelegt sein, daß auch kurzfristige Anpassungen an geänderte Zielsetzungen oder Rahmenbedingungen möglich sind.

3.

Betriebsorganisation soll aber auch Kontinuität und Stabilität des Unternehmens verkörpern, indem sie seine bewährten Grundsätze und Stärken zur Geltung bringt.

4.

Betriebsorganisation soll das Unternehmen übersichtlich machen und aufzeigen, wer für was zuständig ist und wo was wie abläuft. Dazu muß sie in ihren Zielen, Mitteln und Maßnahmen verständlich sein und sich an der Praxis orientieren.

5.

Betriebsorganisation soll zu Wirtschaftlichkeit und Effizienz beitragen und selbst wirtschaftlich sein; ihr Aufwand muß durch ihren Nutzen gerechtfertigt werden können.

6.

Betriebsorganisation soll sich als wesentlicher Träger und Präger der Firmenkultur verstehen und nach innen und außen das Ansehen des Unternehmens positiv mitgestalten.

7.

Betriebsorganisation soll sich am Delegationsprinzip orientieren und Selbständigkeit, Verantwortungsbewußtsein und Eigeninitiative der Mitarbeiter fördern.

8.

Betriebsorganisation soll dem Unternehmen die Teilnahme am technischen Fortschritt sichern, um mögliche Vorteile sinnvoll zu nutzen und die Wettbewerbsfähigkeit zu stärken.

9.

Betriebsorganisation soll Führungs- und Kommunikationsvorgänge unterstützen, insbesondere muß sie kontroll- und informationsfreundlich sein.

10.

Betriebsorganisation soll menschengerecht sein und von den Menschen im Unternehmen akzeptiert und mitgetragen werden.

2 Vorweg einiges Grundsätzliches

2.1 Hinweise zum Gebrauch des Buches

»Was besteht, ist veraltet.«
(Oswald Wiener)

Dieses Buch soll keine neuen Organisationstheorien bringen. Es verfolgt auch nicht die Absicht, Organisationsspezialisten noch klüger zu machen. Vielmehr möchte es Praktikern und anderen Interessierten das Grundwissen über Betriebsorganisation vermitteln, das im »normalen« betrieblichen Geschehen der Wirtschaftsunternehmen, aber möglichst auch der öffentlichen Verwaltungen, benötigt wird. Daher ist es aus der Praxis für die Praxis geschrieben.

Dabei wird dem Leser gewissermaßen der Spiegel vorgehalten, auf dem er die Stärken und Schwächen des augenblicklichen Organisationszustandes seines Betriebes erkennen kann. Die dadurch mögliche »Bilanz« zeigt nur auf, wie nahe oder wie fern die Organisation im eigenen Hause zum möglichen Optimum steht; sie erklärt jedoch nicht, warum dies so ist. Das Buch bietet zahlreiche Anleitungen, Anregungen und Tips, wie die eigene Organisation besser gestaltet und »entwickelt« werden kann.

Die zusammenfassenden **Grundregeln** zu den einzelnen Themenabschnitten sollen in Form allgemeingültiger Standards ober bewährter Erfahrungsgrundsätze dazu nicht nur den Maßstab liefern, sondern auch Anleitungen geben. Mit den **Praktischen Tips** wird derselbe Zweck verfolgt: die Betriebsorganisation auf möglichst einfache Weise zu verbessern und dabei Fehler zu vermeiden.

Nach den langjährigen Erfahrungen beider Autoren sind Mängel in der Führung und Organisation von Betrieben besonders häufig die Ursache für unbefriedigende wirtschaftliche Ergebnisse und für Unzufriedenheit am Arbeitsplatz. Um dort, wo es nötig erscheint, durch Selbsterkenntnis den berühmten ersten Schritt zur Besserung zu ermöglichen, sind die einzelnen Kapitel mit einer **Check-Liste** ausgestattet, damit der Leser sich selbst – genauer gesagt: seinen betrieblichen Erfahrungsbereich – überprüfen kann.

Wer schließlich Lust und Ehrgeiz besitzt, noch mehr zu tun, der kann sich über die **Aufgaben** hermachen, die den etwas herben Abschluß jedes Kapitels bilden. Diese Aufgaben haben ihren Zweck dann erfüllt, wenn sie den Leser veranlassen, die ihm aus dem eigenen Hause bekannten Regelungen, »Fälle« und sonstige Ausprägungen der Betriebsorganisation zu überdenken und auch schon zu ersten brauchbaren Verbesserungsvorschlägen zu kommen. Dies Buch will daher nicht nur ein Lese-, sondern auch ein Arbeitsbuch sein.

Nicht jedem Leser liegt es, ein Sachbuch von vorn bis hinten durchzulesen. Mancher ist nur an bestimmten Einzelthemen interessiert. Für diesen Leserkreis vor allem ist dem Buch das Glossar **Betriebsorganisation von A – Z** im Anhang beigefügt. Hier werden kurze Erläuterungen für die wesentlichen Organisationsbegriffe gegeben, wie sie in der Praxis und auch in diesem Buch anzutreffen sind. Ein Anspruch auf Vollständigkeit wird dabei nicht erhoben.

Für die Leser, die aus der Fülle der Fachliteratur zum Thema »Organisation« Empfehlungen für weiterführende und vertiefende Literatur erwarten, sind schließlich noch ein paar **Literaturhinweise** angefügt. Die hier angegebenen Fachbücher sind aus der Sicht der Autoren besonders für Praktiker geeignet.

Von zusätzlichem Vorteil ist es, wenn die als besonders wichtig angesehenen Einzelthemen gemeinsam mit Mitarbeitern oder Kollegen durchgearbeitet werden. Durch unterschiedliche Erfahrungen, Bedürfnisse und Wertungen wird die Chance größer, die organisatorische Bestandsaufnahme des eigenen Betriebes gründlicher, objektiver und bewußter vorzunehmen. Aber auch die Erfolgsaussichten für sinnvolle, praxisnahe und für alle Beteiligten akzeptable

Organisationskonzepte werden hierdurch günstiger. Denn: Wir lernen nicht aus unseren Fehlern, sondern nur aus dem Nachdenken darüber.

2.2 Wozu Organisation?

»Organisation gehört nicht zur Nachhut, sondern zur Vorhut eines Unternehmens.«

Organisieren ist im betrieblichen Bereich die Tätigkeit, die sich mit dem planmäßigen, folgerichtigen Gestalten von Beziehungen sowohl zwischen Menschen und Sachen als auch zwischen Zielen und Normen befaßt. Es ist eine die betrieblichen Zwecke unterstützende und die betriebliche Entwicklung begleitende Tätigkeit.

In dem Wort »organisieren« steckt der Begriff »organisch« im Sinne von »natürlich gewachsen«. Ein anderer sinnverwandter Begriff aus der Biologie ist »Organismus« und bedeutet ein einheitliches, lebendes Ganzes. Schließlich steht im engen Sinnzusammenhang damit das Wort »Ordnung«. Vor diesem Hintergrund wort- und sinnverwandter Begriffe sollte Organisation weder als Selbstzweck noch als etwas verstanden werden, das im Gegensatz zum Menschen und seinen Bedürfnissen steht, etwas, das der Bedeutung des Begriffs »Bürokratie« gleichkäme.

Der Organisator sollte daher ein gärtnerisches Verständnis für seine Aufgabe aufbringen. Bei der Erfüllung seines Auftrages und der Zielvorgaben sollte sein Streben – oder wie gern auch gesagt wird: seine berufliche Philosophie – dem Erhalt oder der Wiederherstellung von Gleichgewicht und Harmonie im Betrieb gelten.

Beispiel: In einem kleinen Betrieb mit etwa 20 Beschäftigten trifft der Chef seine Organisationsentscheidungen in Kenntnis der individuellen Merkmale seiner Mitarbeiter. Wer ihm persönlich nähersteht, wird dabei stärker berücksichtigt als diejenigen, die ihm weniger bekannt

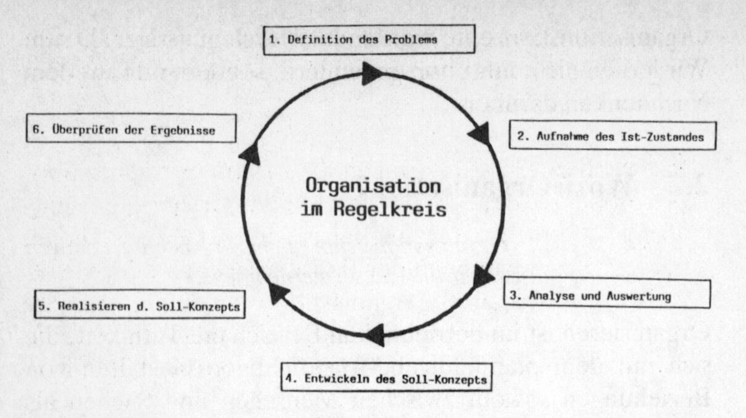

Die klassische Phaseneinteilung bei der Abwicklung einer Organisationsmaßnahme von der Problembestimmung bis zur Rückkopplung der Ergebnisse (Soll-Ist-Vergleich).

oder wichtig sind. In sehr großen Organisationen dagegen, etwa beim Militär mit manchmal mehreren hunderttausend, zudem auch noch »uniformen« Mitgliedern, finden menschliche Bedürfnisse oft nur in sehr schablonenhafter und oberflächlicher Form – oder auch gar nicht – Beachtung. Häufig ist dies eine der Ursachen, warum sich Menschen in kleinen Organisationen wohler fühlen als in Großorganisationen.

Jeder kennt aus eigenen Erfahrungen, z. B. im Betrieb, als Kunde beim Einkaufen oder im Umgang mit Behörden, gute und schlechte Organisationszustände. Eine gute Organisation ist daran zu erkennen, daß sie unauffällig Kommunikation und Zusammenarbeit erleichtert, Sachen sinnvoll zueinander ordnet, den Zweck und Nutzen ausgeklügelter Verfahrensweisen zugänglich macht, Gefahren vermindert, Entlastung verschafft oder gar Freiraum zur besseren Entfaltung des einzelnen ermöglicht.

Gute Organisation soll Betriebe leistungs- und widerstandsfähiger machen und ihre Fähigkeit, sich möglichst unkompliziert veränderten Rahmenbedingungen anzupassen, erhöhen. Dies wird dann der Fall sein, wenn sie sich ihrer dienenden Funktion gegenüber dem eigentlichen Betriebszweck bewußt ist.

Praktischer Tip: Da Fragen der Betriebsorganisation, insbesondere der vorausschauenden Organisationsentwicklung, ohnehin viel zu selten ein eigenständiges Thema bei den Besprechungen der Führungsebenen bilden, setzen Sie grundsätzliche Organisationsthemen hin und wieder als Besprechungspunkt auf die Tagesordnung. Sie werden staunen, wie lebendig die Diskussion hierüber verläuft!

Nur zu leicht kann selbst gutgemeinte Organisation zur »Papierorganisation« erstarren. Jeder Betrieb – ob Fabrik, Büro, Kaufhaus, Behörde, Sporthalle oder Geldinstitut – muß sich daher seinen individuellen »optimalen« Organisationsgrad suchen; jenes sagenhafte Maß, wo nichts zuviel und nichts zuwenig an organisatorischen Regelungen besteht. Es gilt hier die auch für viele andere Sachverhalte zutreffende simple Maxime: »Sowenig wie möglich; soviel wie nötig.«

Manche Betriebe sind überorganisiert, damit bürokratisiert und unbeweglich. Wohl sehr viel mehr Betriebe sind jedoch unterorganisiert, deshalb schwer zu führen und damit besonders gefährdet. Weder das eine noch das andere ist wünschenswert. Aufgabe der Organisation oder derjenigen, die sich hiermit kraft Amtes zu befassen haben, ist es daher, für den einzelnen Betrieb mit den ihm eigenen Zielen, Arbeitsprozessen, Menschen, Mitteln und seinen anderen spezifischen Merkmalen das Regelsystem und die Strukturen zu schaffen und fortzuentwickeln, die er zur Sicherung seiner dauerhaften Existenz benötigt.

Ein solches sozio-technisches und -ökonomisches System muß sich in unserer Wirtschaftsordnung als Teil des Wettbewerbs begreifen, wo es um Effizienz, Produktivität, Rentabilität, Stabilität, Liquidität und Attraktivität als Arbeitge-

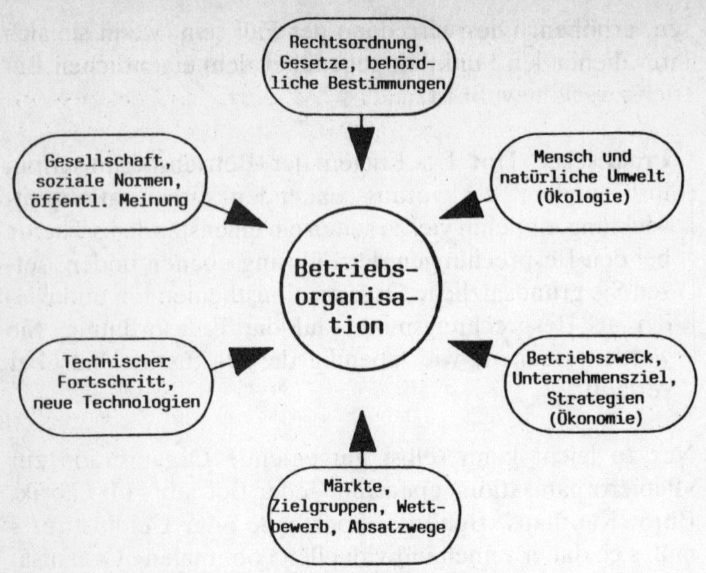

Der Handlungsrahmen für die Betriebsorganisation.

ber geht. In aller Regel gilt dies auch dort, wo sich der Betrieb auf Grund geltenden Rechtes quasi in einer Monopolstellung befindet.

Beispiel: Besonders im Umfeld der öffentlichen Verwaltung – dies aber zumeist auch aus gutem Grund – gibt es Betriebe, die zwar nicht dem Druck des Wettbewerbes, dafür aber dem Druck der öffentlichen Meinung oder der politischen Gruppierungen ausgesetzt sind. So muß sich z. B. auch die Organisation eines städtischen Krankenhauses im Grundsatz nicht nur am gesetzlichen und öffentlichen Auftrag ausrichten, sondern auch an den Prinzipien der Wirtschaftlichkeit, der Sparsamkeit und der Effizienz. Da hier allerdings zumeist zahlreiche Besonderheiten öffentlich-rechtlicher Reglementierung eine Rolle spielen, die für Wirtschaftsunternehmen so nicht gelten, sind der organisatorischen Gestaltung spürbar engere Grenzen gesetzt.

Die Berücksichtigung »naturgegebener« und »gesetzmäßiger« Fakten – der Mensch mit seinen biologischen, sozialen und psychischen Merkmalen, das Wirtschaftlichkeitsprinzip, knappe Ressourcen, physikalische und technische Gesetze – macht es daher notwendig, daß überall dort, wo Menschen, Mittel und Aufgaben gemeinsam einen arbeitsteiligen Leistungsprozeß schaffen sollen, organisatorischer Sachverstand gebraucht wird.

Aufgabe:

Überlegen Sie, ob die Organisation des Betriebes, in dem Sie arbeiten bzw. der Ihnen besonders gut bekannt ist, eine eher dienende, herrschende oder Alibi-Funktion erfüllt.

2.3 Am Anfang steht das Unternehmensziel

»Demjenigen, der nicht weiß, wo er hinwill, sind alle Wege recht – nur keiner ist der richtige.«

Wer einen bestimmten Weg gehen oder beschreiben will, muß sich über die folgenden drei Ortsangaben im klaren sein, wenn ungewollte Abweichungen oder Mißverständnisse ausgeschlossen sein sollen:

- Wo geht es los?
- Wo geht es hin?
- Wo geht es lang?

Diese klassische »von – über – nach«-Regel gilt auch für die Festlegung der Unternehmenszielsetzung. Wie bei einer Wanderung durch die Landschaft, wird es dabei nur selten möglich sein, den direkten oder kürzesten Weg zu wählen oder ein Ziel anzustreben, das außerhalb der realistischen Möglichkeiten liegt. Drei Bedingungen sollten daher erfüllt sein: das Ziel muß erreichbar, der Weg gangbar und diejenigen, die ihn gehen sollen, müssen dazu befähigt und willens sein.

Über den Ausgangspunkt – den Ist-Zustand – weiß die Unternehmensleitung meistens noch einigermaßen Bescheid. Wo es hingehen soll, welcher Weg zu nehmen und ob das Ziel erreichbar ist, darüber besteht zumeist schon weitgehende Unklarheit. Am schwierigsten ist es jedoch, seine eigenen Fähigkeiten gegenüber den zu erwartenden Anforderungen – beim Wandern wie beim Wirtschaften vor allem das Konditionsproblem – wirklichkeitsnah einzuschätzen.

Die einfachste und ehrlichste Antwort auf die Frage nach Ziel, Weg und Kondition dürfte bei manchen Managern wohl lauten: »Alles wie gehabt! Wir machen weiter wie bisher. Es ist bisher gut gelaufen, warum sollten wir unsere Geschäftspolitik in Frage stellen?« Sicher, daß alles gut läuft, ist ein wichtiger Gesichtspunkt, garantiert aber nicht, daß es auch in Zukunft so bleiben wird.

Beispiel: Da es dem Möbelhaus Dröge jedes Jahr gelang, ein einigermaßen befriedigendes Jahresergebnis zu erzielen, machte sich in der Geschäftsführung niemand Gedanken darüber, wie man sich gegenüber neuer Konkurrenz wie Möbelmärkten, Kaufhäusern und Versendern, aber auch gegenüber geänderten Trends im Einkaufsverhalten der Kunden grundsätzlich anders verhalten sollte. Als plötzlich immer mehr Stammkunden verloren gingen, ein drastischer, nicht mehr aufzuhaltender Umsatzrückgang eintrat und das Jahresergebnis in roten Ziffern geschrieben werden mußte, war es leider schon zu spät.

Hier genau liegt die Gefahr, wenn Unternehmen ohne ein klares, einheitliches Ziel operieren, wenn der Produktionsbereich auf dem direkten, der Verkauf auf dem linken und der Einkauf auf dem rechten Weg marschieren wollen. Es fehlt die einigende Kraft des gemeinsamen Ziels und der einheitlichen Strategie. Die täglichen Entscheidungen, vor allem solche mit möglicherweise langfristigen Auswirkungen wie: Genehmigen neuer Stellen, Einstellen qualifizierter Führungs- und Fachkräfte, Investitionen mit Folgekosten, Aufnahme von Krediten u. a., können zu Zeitbomben werden. Sicherlich, oft geht es gut, manchmal geht es noch mit dem blauen Auge ab, allzuoft aber geht es schief.

Wer für die Betriebsorganisation Verantwortung trägt, ist in gleicher Weise von längerfristigen Vorgaben des Unternehmenszieles abhängig, wie die Kollegen von Produktion, Verkauf und Einkauf. Wer mangels Zielvorgaben nicht den Nachweis erbringen kann, daß er mit seiner Arbeit und mit seinen Vorschlägen zum Nutzen des Unternehmens beiträgt, ist immer auch der Gefahr ausgesetzt, daß ihm mangelnde Produktivität vorgeworfen wird. Ohne sinnvolle Vorgaben ist Organisationsarbeit oft sogar zurecht der Vorwurf zu machen, sie behindere die Arbeit der anderen Fachbereiche, leiste der Bürokratisierung Vorschub, belaste das Betriebsklima und sei letztlich nichts anderes als bloßer Selbstzweck.

Beispiel: Die Kundendienstniederlassungen eines großen Unternehmens der Investitionsgüterindustrie hatten jahrelang erhebliche Schwierigkeiten, geeignete Führungskräfte als Niederlassungsleiter zu gewinnen und zu halten. Es war ein Kommen und Gehen, das die Beziehungen zu den Kunden sehr belastete. Der Grund für diese unerfreuliche Fluktuation lag in der starken Gängelung durch die Zentralverwaltung, die in alles hineinregierte und sich für alles zuständig fühlte, aber letztlich für nichts verantwortlich war. Schuld hatten, wenn etwas schiefging, immer die Niederlassungsleiter. – Die Situation verbesserte sich spürbar, als sich die Unternehmensleitung zu der grundsätzlichen Zielaussage bekannte, wonach das Prinzip der Dezentralisation und der Delegation konsequent für das gesamte Unternehmen anzuwenden sei. Die Organisationsabteilung wurde beauftragt, diesen Grundsatz der Führung, Organisation und Zusammenarbeit in Form von Stellenbeschreibungen und Organisationsrichtlinien umzusetzen. Ergänzt durch interne Schulungs-Seminare, an der sowohl Mitarbeiter der Niederlassungen als auch der Zentrale teilnahmen, wurde schließlich erreicht, daß die Fluktuationsquote bei den Niederlassungsleitern auf ein Normalmaß zurückgeschraubt wurde, die Kunden sich insgesamt deutlich zufriedener äußerten und es darüber hinaus auch zu besseren wirtschaftlichen Ergebnissen in den Niederlassungen kam.

Voraussetzung für gute Organisationsarbeit sind daher klare, aussagefähige und allgemein verbindliche Zielaussagen im Gesamtziel des Unternehmens. *»Klar«* heißt, daß nebulöse oder gar mißverständliche Allgemeinplätze noch kein Ziel ergeben. *»Aussagefähig«* erfordert konkrete inhaltliche Festlegungen im Ziel, die für die ausführenden Stellen, in diesem Fall die Organisationsmitarbeiter, in Handlungsanweisungen umgesetzt werden können. Dabei sollen nicht nur die sogenannten materiellen Zielgrößen (z. B. Marktanteil, Umsatzrentabilität, Wachstumsraten, Kostenvorgaben), sondern auch immaterielle Zielgrößen festgelegt werden, wie etwa das Maß der Kundenorientierung, Qualitätsaussagen, die soziale Stellung der Mitarbeiter, die Unternehmenskultur oder wie das Unternehmen von anderen gesehen werden möchte (Image-Ziel).

»Allgemein verbindlich« sind Ziele vor allem dann, wenn diejenigen, die sie festlegen, sich auch selbst daran halten. Damit geben sie für ihre nachgeordneten Mitarbeiter das nötige Vorbild ab, so daß auch diese ihre Zielvorgaben ernst nehmen und sich ganz für die Zielerreichung einsetzen.

Da Organisation sich ja nicht nur mit der Zuordnung von Sachen befaßt, sondern auch die Zusammenarbeit zwischen Menschen und deren Beziehungen zu den Sachen – insbesondere zu Maschinen – gestaltet, sind besonders die immateriellen Aussagen in einem Unternehmensziel für den

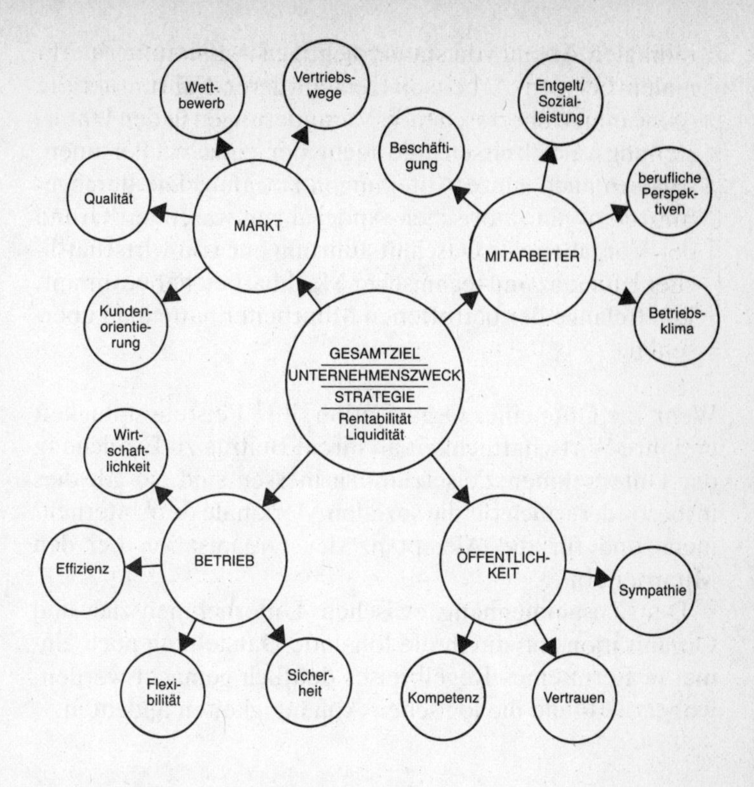

Struktur eines Unternehmenszieles. Haupt-, Teil- und Unterziele sind nur angedeutet.

Organisator von Bedeutung. Aber gerade in diesem Punkt sehen sich die für die Betriebsorganisation zuständigen Führungs- und Fachkräfte oft im Stich gelassen.

Beispiel: Schon bald nach dem Einzug in das neue Verwaltungsgebäude stiegen Krankenstand und Fluktuationsquote sprunghaft an. Der Grund hierfür, so wurde durch Befragen der Mitarbeiter schon bald erkannt, lag in bestimmten einschneidenden organisatorischen Neuerungen wie z. B. die beiden Großraumbüros, den teilweise radikalen Abbau von statusträchtigen Ausstattungsmerkmalen bei den Arbeitsplätzen mittlerer Führungskräfte sowie einige überraschende Veränderungen in den Unterstellungsverhältnissen, die nicht nur einzelne Personen, sondern auch ganze Abteilungen betrafen. Die durchgeführten organisatorischen Änderungen waren auf Grund der Vorgaben der Geschäftsführung nur von wirtschaftlicher Effizienz und technischer Machbarkeit her bestimmt. Die Belange der betroffenen Mitarbeiter hatte man übersehen.

Wenn die Güte einer Organisation, ihre Leistungsfähigkeit und ihre Wirtschaftlichkeit an ihrem Beitrag zu Erreichung der Unternehmenszielsetzung zu messen sind, so gilt dies insbesondere auch für die sozialen Merkmale des Unternehmens und für die Akzeptanz der Organisation bei den Mitarbeitern.

Der Zusammenhang zwischen Unternehmensziel und Organisation soll durch die folgende Darstellung noch einmal in Form eines Regelkreises deutlich gemacht werden, wobei die Pfeile die logischen Abhängigkeiten andeuten:

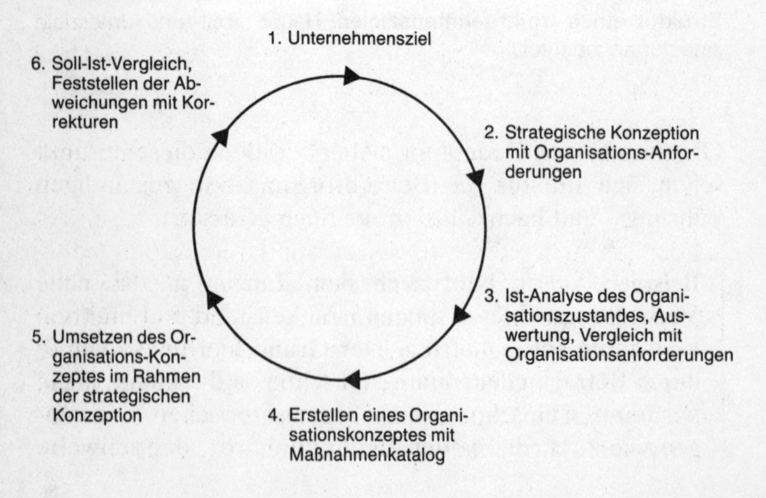

Wie soll nun die Gesamtzielsetzung für ein Unternehmen – oder für nicht auf die Erwirtschaftung von Gewinnen ausgerichtete anderen Betriebe – aussehen? Zuerst: sie sollte so ausführlich sein, daß jeder Mitarbeiter für seine Tätigkeit darin wenigstens einen Bezugspunkt wiederfindet (z. B. ist die Aussage »Unsere Produkte sollen auf Grund ihrer Qualität zum besten gehören, was der Markt auf diesem Gebiet für unsere Zielgruppen zu bieten vermag« geeignet, jeden Mitarbeiter in der Fertigung vom Grundsatz her über eine wesentliche Anforderung an seine Arbeit zu orientieren und – wenn auch sonst alles stimmt – ihn hierfür zu motivieren).

Das erfordert: das Unternehmensziel muß bekannt sein. Es hat keinen Zweck, wenn die Unternehmensleitung das Gesamtziel auf einem kleinen Zettel in ihrer Westentasche trägt. Das Gesamtziel des Unternehmens ist kein Betriebsgeheimnis; im Gegenteil: alle Mitarbeiter sollten es kennen und verstehen, so daß sie sich damit auch identifizieren können.

Schließlich: das Unternehmensziel sollte zwar auf absehbare Zeit gültig und für alle verbindlich sein; dennoch muß es, wenn es die Umstände erfordern oder die Unternehmensleitung es will, veränderbar sein. Veränderungen sollten allerdings stets so vorgenommen werden, daß möglichst alle Beteiligten von ihrer Notwendigkeit überzeugt sind und die vorgenommenen Neuerungen auch in die tägliche Arbeit einfließen.

Unter diesen Voraussetzungen ein qualifiziertes Gesamtziel für ein Unternehmen zu erarbeiten, es so umzusetzen, daß es alle Bereiche des Unternehmens durchdringt, und es schließlich auch rechtzeitig den sich ändernden Rahmenbedingungen anzupassen, ohne den Vorwurf der Starrheit oder Sprunghaftigkeit aufkommen zu lassen, verlangt ein Mindestmaß an organisatorischem Sachverstand und praktischem Geschick. So gesehen ist das Unternehmensziel nicht allein die Voraussetzung für richtig verstandene Organisationsarbeit, sondern bereits ihr Anfang.

Grundregeln:

1. Vordringlichste Aufgabe einer Unternehmensleitung ist es, für das Unternehmen (und damit vor allem für sich selbst) ein klares, aussagefähiges und allgemein verbindliches Gesamtziel festzulegen.
2. Dem Erarbeiten dieses Zieles sollte die Besinnung auf die drei Fragen vorausgehen: 1. Woher kommen wir her und wo stehen wir? 2. Wo wollen wir hin? 3. Welchen Weg dorthin wollen wir nehmen?
3. Die Besinnung auf die eigene Unternehmensentwicklung setzt voraus, daß man sich ganz nüchtern der typischen Eigenarten des Unternehmens, insbesondere der eigenen Stärken und Schwächen, bewußt wird.
4. Die bisherigen Stärken und Schwächen sowie die übrigen typischen Merkmale des Unternehmens sind kritisch zu überprüfen, ob und inwieweit sie auch noch für die absehbare Zukunft taugen, wie sie gegebenenfalls ersetzt oder verändert werden müssen und welche Prioritäten sie untereinander haben.
5. Im Gesamtziel des Unternehmens sind sowohl die wirtschaftlichen Zielgrößen (materielle Ziele) als auch soziale, kulturelle und ökologische Zielgrößen (immaterielle Ziele) aufzunehmen und zu definieren. Dabei ist die Grundfrage »Wie wollen wir welche Probleme für welche Zielgruppe mit welchen Produkten/Dienstleistungen besser lösen als der Wettbewerb?« zu beantworten.
6. Die Festlegung wie auch die weitere Entwicklung des Unternehmenszieles sind nicht allein Angelegenheit der Unternehmensleitung. Es sollte sich vielmehr um einen Arbeits- und Lernprozeß handeln, an dem alle Fachbereiche, möglichst viele Mitarbeiter und auch der Betriebsrat teilnehmen können.
7. Das Unternehmensziel soll im Unternehmen bekannt sein und auf Mitarbeiter motivierend wirken. Dies setzt voraus, daß es ganz oder überwiegend von den Mitarbeitern akzeptiert wird.

8. Für die praktische Organisationsarbeit bildet das Unternehmensziel den Kompaß. Zusammen mit den daraus für die Fachbereiche abgeleiteten Zielvorgaben stellt es die eigentlichen Orientierungsgrundlagen für die Gestaltung der Organisation dar. Widersprüche zum Unternehmensziel sind auszuschließen.

Check-Liste

Aussage zum Ist-Zustand	Selbsteinschätzung*)		
	+	+/–	–
1. In unserem Unternehmen gibt es ein schriftlich festgelegtes Unternehmensziel, das alle Mitarbeiter kennen.			
2. Mit Zielsetzungen zu arbeiten, bedeutet für uns nicht nur, die Vergangenheit fortzuschreiben, sondern auch, auf schöpferischem Wege neue anspruchsvolle und erfolgsträchtige Ziele ausfindig zu machen.			
3. Unser Unternehmensziel enthält nicht nur materielle, sondern auch immaterielle Vorgaben, die insgesamt miteinander so abgestimmt sind, daß sie sich weder gegenseitig ausschließen noch miteinander zum Nachteil des Unternehmens konkurrieren.			
4. Unser Unternehmensziel trägt wesentlich dazu bei, Vorgesetzten und Mitarbeitern deutlich zu machen, daß die grundsätzlichen unternehmenspolitischen Bestrebungen des Unternehmens in wesentlicher Übereinstimmung mit ihren beruflichen und persönlichen Interessen stehen.			

*) + = Stimmt genau! Ich kann zufrieden sein.
+/– = Es geht so! Ich muß aufpassen.
– = Stimmt nicht! Ich muß hier etwas tun.

Aussage zum Ist-Zustand	Selbsteinschätzung*)		
	+	+/–	–
5. Das systematische Vorgeben, Ableiten und Arbeiten mit Zielen erspart uns unnötige Eingriffe, Erklärungen und Koordinierungsmaßnahmen im betrieblichen Geschehen, weil jede Führungskraft und jeder Mitarbeiter recht gut wissen, auf welche Ziele hinzuarbeiten ist.			
6. In Gesprächen und Diskussionen gehen wir bewußt immer wieder auf Aussagen in unserem Unternehmensziel zurück, um die praktische Bedeutung einzelner Zielaussagen und ihre Anwendungsmöglichkeiten aufzuzeigen.			
7. Die meisten Aussagen in unserem Unternehmensziel haben grundsätzliche und längerfristige Bedeutung. Dennoch nehmen wir regelmäßige Überprüfungen vor, die, wenn es sein muß, zu Korrekturen oder Ergänzungen führen.			
8. Neben dem Unternehmensziel bestehen bei uns für die einzelnen Fachbereiche, Abteilungen und Stellen konkretisierte Einzelziele, die vor allem der feineren Orientierung der Mitarbeiter in ihrem besonderen fachlichen Aufgabenbereich dienen sollen.			
9. Das Erreichen von Zielvorgaben wird in den dafür geeigneten Bereichen durch schriftlich vereinbarte Leistungsstandards unterstützt und ergänzt.			

*) + = Stimmt genau! Ich kann zufrieden sein.
+/– = Es geht so! Ich muß aufpassen.
– = Stimmt nicht! Ich muß hier etwas tun.

Aussage zum Ist-Zustand	Selbsteinschätzung*)		
	+	+/–	–
10. Für die Beurteilung von Leistungen hat bei uns die Erreichung materieller/quantitativer Ziele denselben Stellenwert wie die Erreichung immaterieller/qualitativer Vorgaben.			

Aufgabe:

Nennen Sie in Stichworten für Ihr Unternehmen jeweils drei wesentliche materielle/quantitative und immaterielle/qualitative Zielgrößen aus dem Unternehmensziel und überlegen Sie, ob und inwieweit sie Auswirkungen auf die Betriebsorganisation haben.

Materielle/quantitative Zielgrößen:

1. ______________________________

____

2. ______________________________

____

3. ______________________________

____

Immaterielle/qualitative Zielgrößen:

1. ______________________________

____

2. ______________________________

____

3. ______________________________

____

2.4 Organisationsentwicklung

»Es gibt Unternehmen, die sind ihrer Organisation um Jahre voraus!«

In der Geschichte eines Unternehmens lassen sich in der Regel drei Entwicklungsphasen unterscheiden: die Pionier- oder Aufbauphase, die Organisations- oder Ordnungsphase und schließlich die Integrationsphase.

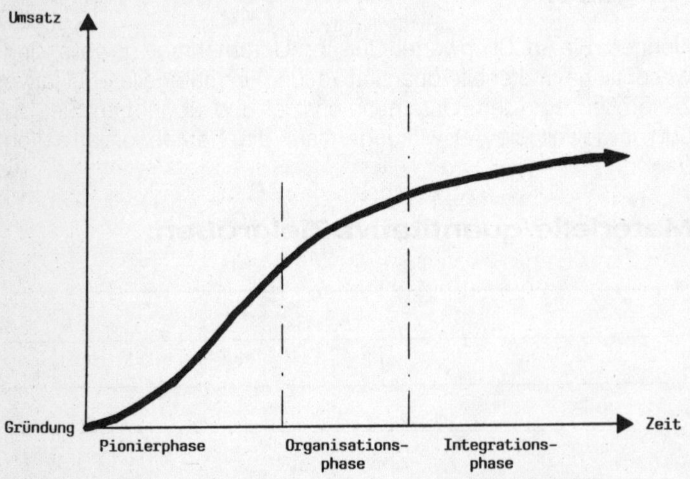

Die drei typischen Entwicklungsphasen eines Unternehmens.

Die erste Phase beginnt mit der Gründung des Unternehmens. Der Unternehmer – ein Pioniertyp mit Mut zum Risiko, nicht selten gezwungenermaßen mangels beruflicher Alternativen – macht sich mit neuen Ideen und viel Schwung selbständig. Er strebt danach, seine Ideen umzusetzen, und schafft sich dazu die Voraussetzungen: Kapital, Mitarbeiter, Kunden. Seinen Betrieb führt er nach dem Motto: »Hier kocht der Chef noch selbst!«. Sein persönlicher Arbeitseinsatz ist groß. Ehefrau, Verwandte oder Freunde unterstützen ihn. »Versuch und Irrtum« ist das Lernprinzip; denn auf manchen Gebieten erweist er sich als noch wenig erfahren. In Firmenchroniken sind gerade diese Gründerjahre mit dem Hauch des Abenteuers behaftet. Die Begeisterung ist groß, das Geld knapp und von Organisation ist überhaupt noch nicht die Rede.

Erfahrungsgemäß läßt sich diese Phase nur eine begrenzte Zahl von Jahren durchhalten, bestenfalls eine Generation lang. Wenn das Unternehmen erfolgreich ist und wächst, müssen sein Gründer und die Mitarbeiter der ersten Stunde zunehmend erkennen, daß es im alten Stil nicht mehr weitergeht. Die Analyse von Firmenkonkursen zeigt sehr deutlich, daß es einigen Unternehmen nicht gelingt, den Betrieb schadlos von der Pionierphase in die Organisationsphase zu bringen. Einstige Erfolgsverursacher wie Spontaneität (jeder packt überall mit an und springt für jeden ein) oder die Generalkompetenz des Unternehmers (alles geht über seinen Tisch) werden beim größer gewordenen Betrieb gefährlich.

Die zweite Phase ist durch ein ausgeprägtes Organisationsbewußtsein gekennzeichnet. Begriffe wie Management, Profitcenter oder Controlling werden selbstverständliches Vokabular. Betriebliche Transparenz und die Effizienz der Organisationsstruktur stehen nun im Vordergrund. Die Konkurrenz ist aufmerksam geworden und zwingt zu Rationalisierungsmaßnahmen, deren Möglichkeiten jedoch schnell ausgereizt sind. Aber auch die Mitarbeiter, vor allem die Spezialisten und die neue Generation von Führungskräften, sind nicht mehr bereit, sich dem Stil der alten Kämpfer zu unterwerfen. Sie bestehen auf eigenen Verantwortungsbereichen, und es fällt ihnen schwer, sich so für die Firma zu opfern, wie es in der Aufbauphase üblich war und auch als selbstverständlich erwartet wurde.

Diese Phase der Umstellung ist vielfach schmerzlich. Es wird deutlich, daß verdiente Mitarbeiter nicht mitgewachsen sind. Mit wachsender Mitarbeiterzahl, aber auch mit der konsequent durchgeführten Reorganisation, wird das Arbeitsklima sachlicher und nüchterner. In dieser Phase ist es daher besonders wichtig, den guten Geist des Betriebes nicht verloren gehen zu lassen, sondern ihn anzupassen und im Kern zu erhalten.

Die Unternehmer, die den Anpassungsprozeß einigermaßen im Griff behalten haben, erweitern ihren Horizont auf Seminaren, Tagungen und Messebesuchen. Ständig verbessern sie dadurch ihr Rüstzeug im Hinblick auf die wachsenden Anforderungen. Diejenigen jedoch, die aus ihrem Unternehmen nicht fortkommen, weil sie ständig gebraucht werden, haben kaum die Chance, neues Wissen, Anregungen und Ideen aufzutanken. Sie leben von ihrer Substanz, nutzen sich zunehmend ab und müssen zusehen, wie sie mit ihrem Betrieb immer mehr ins Hintertreffen geraten. So schließt sich der Teufelskreis.

Weitsichtig geführte Betriebe kommen relativ schnell in die dritte Phase, die Integrationsphase. Die Organisation ist nun nicht allein mehr Ergebnis betriebswirtschaftlichen Kalküls, bei dem hauptsächlich der Markt und die internen Sachzwänge im Vordergrund standen, sondern einer Symbiose menschlicher und sachlicher Anforderungen und Erkenntnisse. Vorgesetzte und Mitarbeiter haben für die Organisation keine Objektstellung mehr, sondern werden in ihrer Individualität, ihren persönlichen Fähigkeiten und Bedürfnissen in den Prozeß der Organisationsentwicklung einbezogen. Erst hierdurch wird die auf den jeweiligen Betrieb zugeschnittene optimale Mischung von Stabilität und Dynamik erreicht, welche auf Dauer die wichtigste Voraussetzung für das Überleben im Wettbewerb ist.

Immer wieder läßt sich in der Praxis beobachten, wie Organisationen – unabhängig von ihrer Größe – mit der Zeit erstarren. Einzelne Abteilungen entwickeln sich zu »Burgen« – nicht um der Konkurrenz wehrhaft gegenüberzutreten, sondern den anderen Abteilungen im selben Hause Paroli bieten zu können. Eifersüchtig wird darüber gewacht, daß durch mögliche Veränderungen keine andere Abteilung einen Vorteil erfährt. Weil dies von vornherein nur schwer abzusehen ist, werden Veränderungen – auch dringend notwendige – generell verhindert. Es gilt den Status quo zu erhalten. Da jeder Betrieb allein durch die Entwicklung des Marktes und auf Grund des technischen Fortschrittes jedoch der Dynamik der Umwelt unterworfen ist, bedeutet in diesem Falle Stillstand Rückschritt.

Praktischer Tip: Konkurrenzbeobachtung beschränkt sich oft auf die Feststellung, welche Produkte die Mitbewerber in welcher Form und zu welchem Preis anbieten. Solche Informationen reichen nicht. Versuchen Sie u. a. auch in Erfahrung zu bringen, unter welchen organisatorischen Voraussetzungen Ihre Mitbewerber am Markt operieren, insbesondere welchen Stand der Organisationsentwicklung sie repräsentieren. Durch eine ausgereiftere Entwicklung Ihrer eigenen Organisation könnten Sie dann für sich Wettbewerbsvorteile realisieren.

Neue Ziele und die daraus abgeleiteten Strategien der Unternehmensleitung bleiben dann allzuoft unverbindliche Absichtserklärungen, da sie innerbetrieblich gar nicht oder nur unzureichend durchsetzbar sind. Der wirkliche Feind sitzt dann im eigenen Haus; der eigentliche Gegner – die Konkurrenz – zieht feixend davon.

Jeder Praktiker weiß, wie schwer es ist, alte Zöpfe abzuschneiden und verhärtete Fronten im eigenen Lager aufzuweichen. Schon manche Firma mit großem Namen ist auf diese Weise sang- und klanglos vom Markt verschwunden.

Ihr Management hatte es nicht rechtzeitig verstanden, auf die Zeichen der Zeit mit der notwendigen Konsequenz zu reagieren.

Organisationsentwicklung umfaßt daher die Fähigkeit eines Betriebes zur strukturellen Selbsterneuerung, zur Lösung von organisatorisch bedingten Problemen, zur Verbesserung der Arbeitsbedingungen sowohl im sachlichen als auch im zwischenmenschlichen und klimatischen Bereich sowie zur Bereitstellung von Wegen und Mitteln, interne Konflikte auszutragen und die Zusammenarbeit zu festigen.

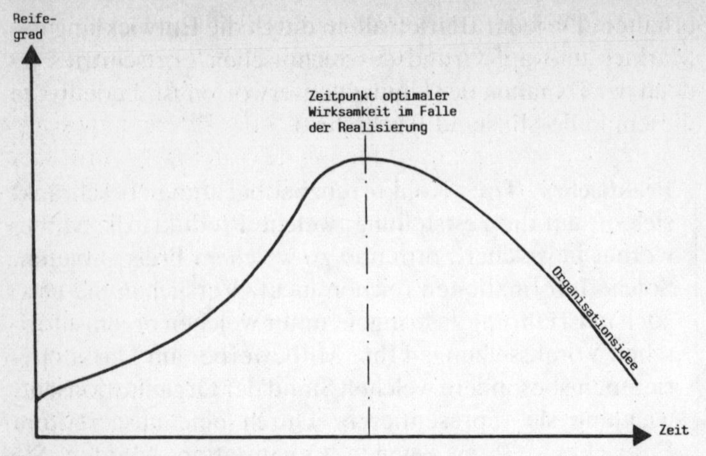

Der Verlauf einer Organisationsidee im Hinblick auf ihren Reifegrad bzw. auf ihren möglichen betrieblichen Nutzen (nach Bruzelius/Svensson).

Für die Organisationsentwicklung ist es wichtig, daß sie an der Spitze des Unternehmens beginnt und sich nicht – wie es leider viel zu häufig der Fall ist – auf die Ebene der Sachbearbeiter konzentriert. Voraussetzung für eine sinnvolle Organisationsentwicklung ist daher auch, daß sie mit der nötigen Konsequenz auf allen Ebenen und in allen Bereichen des Unternehmens vorgesehen wird. Nur wenn im Prinzip alle Betroffenen auch von vornherein beteiligt werden, so daß jeder in seinem Rahmen eigenverantwortlich mitgestalten kann, ist der Erfolg eines solchen Entwicklungsprozesses ausreichend gesichert.

Schließlich ist zwingende Voraussetzung für eine sinnvolle Entwicklung der Organisation das Vorhandensein eines klaren Unternehmenszieles mit einer daraus abgeleiteten strategischen Konzeption.

Beispiel: Eine größere Genossenschaftsbank hatte traditionell als wichtigste Zielgruppen Handwerker, Gewerbetreibende, Angestellte und Facharbeiter, aber auch Landwirte. In den letzten Jahren zeigte es sich, daß neue

Zielgruppen, wie die vermögende Privatkundschaft, mittlere Industriebetriebe, Freiberufler und Pensionäre mit ihren höheren Ansprüchen immer wichtiger wurden. Während sich die Zinsspanne, also die Differenz zwischen Kredit- und Sparzins, zunehmend verengte, wurde das zinsunabhängige Geschäft im Einzugsbereich der Bank immer bedeutungsvoller. Es wurde daher im Bankvorstand eine Strategie überlegt, wie man die bisher vernachlässigten Zielgruppen besser für sich gewinnen könnte und welche Bankleistungen hierfür besonders herausgestellt werden sollten. Als erste Maßnahme der Organisationsentwicklung wurde die bislang recht kümmerliche Wertpapierabteilung personell verstärkt, die Mitarbeiter besonders geschult und für besonders wichtige Kunden ein Key-Account-Management eingerichtet. Weitere zwingende organisatorische und personelle Maßnahmen folgten. Natürlich dauerte es einige Zeit, bis die Bank ihr Image als leistungsfähiges Institut auch bei den neuen Zielgruppen deutlich verbessern konnte. Ohne die voran gegangenen strategischen Überlegungen wären die organisatorischen Maßnahmen wohl nur Flickwerk geblieben.

Hier wird deutlich, daß Organisationsentwicklung nur dann erfolgreich sein kann, wenn sie mit der Personalentwicklung im Rahmen der generellen Unternehmenskonzeption eng verzahnt ist. Auf diesen Aspekt wird im Kapitel »Von der Organisations- zur Personalentwicklung« einzugehen sein.

Grundregeln:

1. Organisationsentwicklung muß mit der Fortschreibung des Unternehmenszieles Schritt halten. Dabei geht es nicht nur um Anpassung der organisatorischen Strukturen, Methoden und Sachmittel, sondern auch um die mitgestaltende Beteiligung der Mitarbeiter mit ihren Bedürfnissen, Fähigkeiten und Verhaltensweisen.

2. Änderungen im Organisationszustand sollen den betrieblichen Notwendigkeiten, den geänderten Umweltanforderungen wie auch dem Ziel einer Humanisierung der Arbeitswelt entsprechen.
3. Organisationsmaßnahmen stehen meistens in einem komplexen Beziehungszusammenhang. Auswirkungen sind zugleich Ursachen und umgekehrt.
4. Für alternative Zielvorgaben oder Strategien und für verschiedene Szenarien künftiger Unternehmensentwicklung sollten auch entsprechend unterschiedliche Konzeptionen für die Organisationsentwicklung bereitgehalten werden.
5. Bei jedem Schritt weiter in der Organisationsentwicklung, sollte der nächste und möglichst auch der übernächste Schritt bereits geplant sein. Das macht es möglich, den Ist-Zustand nicht nur an der Vergangenheit (Rückkopplung), sondern auch an der Zukunft (Vorwärtskopplung) zu überprüfen.
6. Besser mehrere kleine Schritte als einen großen Einschnitt in der Organisationsentwicklung. Organisation soll organisch wachsen; wer dies nicht beachtet, verursacht möglicherweise für die Betroffenen einen Organisationsschock.
7. Organisationsentwicklung ist eine permanenter Vorgang. Es gibt weder einen »endgültigen« Zustand noch einen Punkt, ab dem konstruktive Kritik am Organisationszustand unerwünscht sein könnte.
8. Organisatorische Neuerungen werden am ehesten akzeptiert, wenn sie einfach und überschaubar sind, als nützlich und hilfreich empfunden werden und unter Beteiligung der Mitarbeiter entwickelt worden sind. Nur so werden sich alle damit identifizieren.
9. Organisationsentwicklung gedeiht am besten in einem Klima des Vertrauens. Das bedeutet Offenheit gegenüber Betriebsrat und Mitarbeitern, auch und gerade dann, wenn organisatorische Veränderungen für die Betroffenen nicht nur Vorteile bieten.

10. Die von Organisationsveränderungen betroffenen Mitarbeiter sind in der Regel nicht in der Lage, das zugrundeliegende Konzept und seine Zwecke so rational zu begreifen, wie es der Organisator erdacht hat. Daher: überzeugen statt überfordern.

Check-Liste

Aussage zum Ist-Zustand	Selbsteinschätzung*)		
	+	+/–	–
1. Organisationsentwicklung, abgeleitet aus den Vorgaben unserer strategischen Konzeption, ist bei uns ein selbstverständlicher Teil der längerfristigen Unternehmensplanung.			
2. Die Leitung unseres Betriebes befaßt sich selbst mit den wesentlichen Überlegungen, Vorgaben und Entscheidungen für die Organisationsentwicklung.			
3. Organisationsentwicklung orientiert sich bei uns nicht nur an den sachlichen Notwendigkeiten des Betriebes und den veränderten Umweltanforderungen, sondern verfolgt gleichermaßen das Ziel einer Humanisierung der Arbeitswelt. Wir sind bemüht, beide Aspekte in einem ausgewogenen Verhältnis zu berücksichtigen.			
4. Wesentliche Änderungen in der betrieblichen Zielsetzung oder in den äußeren Rahmenbedingungen führen bei uns automatisch zu einer Überprüfung des organisatorischen Ist-Zustandes wie auch der geltenden organisatorischen Soll-Konzeption.			

Aussage zum Ist-Zustand	Selbsteinschätzung*)		
	+	+/–	–
5. Bei notwendigen Änderungen schalten wir frühzeitig den Betriebs- bzw. Personalrat sowie die Mitarbeiter der von den Änderungen betroffenen Abteilungen ein. Dies geschieht nicht nur als »Vorwarnung«, sondern vor allem, um das Mitdenken und das Mitwirken dieser Mitarbeiter zu sichern.			
6. Theoretische wie auch praktische Fragen der Betriebsorganisation bilden bei uns regelmäßig Informations- und Diskussionsthemen bei Sitzungen und Besprechungen.			
7. Bei umfassenderen Organisationsprojekten werden zur Vorbereitung und Abwicklung des Vorhabens im Einzelfall Arbeitsgruppen gebildet, in der auch die berührten Fachbereiche und der Betriebs- bzw. Personalrat vertreten sind.			
8. Das Konzept der Organisationsentwicklung steht bei uns im ergänzenden Zusammenhang mit den Grundsätzen der Personalführung und der Zusammenarbeit. Dadurch fließen bei uns Inhalte der Organisationsentwicklung auch in das Führungskräfte- und Mitarbeiter-Training ein.			
9. Uns ist bewußt, daß Organisationsentwicklung nur dann einen positiven Einfluß auf Produktivität und Rentabilität nehmen kann, wenn alle Vorgesetzten, insbesondere die Mitglieder der obersten Leitungsebene, die Grundregeln der Organisationsentwicklung glaubwürdig vertreten.			

*) + = Stimmt genau! Ich kann zufrieden sein.
+/– = Es geht so! Ich muß aufpassen.
– = Stimmt nicht! Ich muß hier etwas tun.

Aufgaben:

1. Lassen Sie vor Ihrem geistigen Auge einmal die Fachbereiche und Abteilungen Ihres Betriebes Revue passieren und prüfen Sie dabei, welchen Stand der Organisationsentwicklung sie jeweils verkörpern. Ordnen Sie jeder Organisationseinheit die entsprechende Jahreszahl zu, die aus heutiger Sicht in etwa ihrem Entwicklungsstand entspricht.

Fachbereich/Abteilung	Entwicklungsstand/Jahr
Einkauf/Lager	
Konstruktion/Entwicklung	
Produktion	
Qualitätssicherung	
Verkauf	
Personalwesen	
Aus- und Weiterbildung	
Rechnungswesen	
Datenverarbeitung	
Textverarbeitung	
Kundendienst	
Fuhrpark	

Fachbereich/Abteilung	Entwicklungsstand/Jahr
Arbeitssicherheit	

2. Nachdem Sie sich ein grobes Bild darüber verschafft haben, ob und wieweit in einzelnen Teilbereichen Ihres Betriebes die Organisationsentwicklung gegenüber den heutigen Anforderungen zurückgeblieben ist, überlegen Sie bitte, worin die Ursachen hierfür liegen könnten.

2.5 Effizienz und Wirtschaftlichkeit der Organisation

»Wenn eine Verwaltung einen gewissen Umfang erreicht hat, dann hat sie mit sich selbst genug zu tun.« *(N. Parkinson)*

Immer wieder geraten Betriebe in die Kostenschere, also in den Bereich, wo die Kosten die Erlöse zu überschreiten drohen. Infolge steigender Gehälter, Löhne und Lohnnebenkosten bilden dabei die Personalkosten einen besonders gewichtigen Faktor. Für das Management und für die Organisationsmitarbeiter stellt sich von daher die Daueraufgabe, regelmäßig zu prüfen, welche Möglichkeiten es gibt, die Betriebsorganisation so effizient und wirtschaftlich wie möglich zu gestalten, und daran mitzuwirken, die Produktivität zu erhöhen.

Maßgebliches Kriterium jeder Organisation ist und bleibt es daher, wieweit sie dazu beiträgt, die Unternehmensziele **wirtschaftlich** zu erreichen. In unserer Wirtschaftsordnung entscheidet der Markt darüber, welches Unternehmen überlebt. Unabhängig von der jeweiligen Betriebsgröße gibt

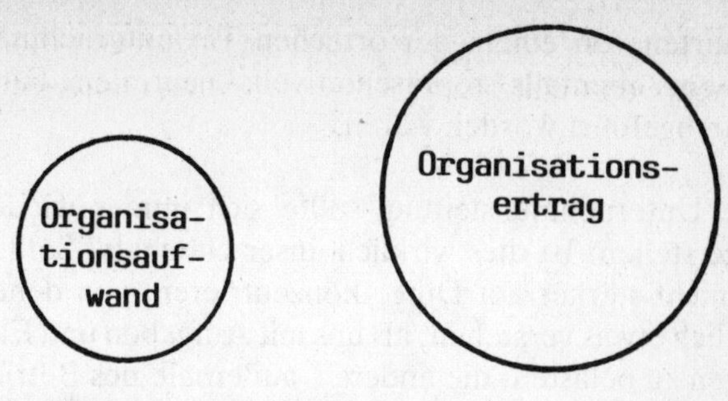

Organisation muß »produktiv« sein! Ihr Nutzen soll größer sein als ihre Kosten.

es außerordentlich gut geführte und gut organisierte Betriebe. Es gibt aber auch Betriebe, die eine schlechte oder falsche Organisation haben. Besonders gefährlich ist es zum Beispiel, wenn ein eher kleiner Betrieb sich wie ein Konzern mit großer Verwaltung, nicht ausgelasteten Maschinenkapazitäten und einem hohen Repräsentationsaufwand organisiert. In einem Großunternehmen mit einem Umsatz von zehn Milliarden Mark können nun einmal die Gemeinkosten tausendmal höher sein als bei einem Unternehmen mit zehn Millionen Mark Umsatz, ohne daß das Verhältnis der Gemeinkosten zum Umsatz schlechter wäre. Die Strategie erfolgreicher Klein- und Mittelbetriebe ist es daher oft gerade, in kleinen Nischen zwar ein Großer zu sein, ohne jedoch die Schwerfälligkeit und den Kostenballast der Großunternehmen und Konzerne mit sich zu schleppen.

Beispiel: Eine Firma mittlerer Größe hatte seit vielen Jahren eine ständige Fahrbereitschaft. Drei Fahrer, jeder mit einer repräsentativen firmeneigenen Limousine, standen auf Abruf zur Verfügung, wenn ein Mitglied der Unternehmensleitung oder eine andere höhere Führungskraft einen Termin außerhalb wahrnehmen mußte. Eine auf Grund sinkender Überschüsse durchgeführte Organisationsanalyse ergab, daß die Kosten des eigenen Fuhrparkes mehr als doppelt so hoch waren, als wenn die

Fahrten von einem der örtlichen Taxiunternehmen mit einem ebenfalls repräsentativen, neutralen Fahrzeug durchgeführt worden wären.

Eine Unternehmensleitung sollte sich immer wieder die Frage stellen: Ist dies wirklich unser Geschäft? Sollten wir uns nicht stärker auf Dinge konzentrieren, von denen wir wirklich etwas verstehen, als uns mit Aufgaben und Einrichtungen zu belasten, die andere – außerhalb des Betriebes – besser und billiger bereitstellen können? Solche Überlegungen führen immer wieder dazu, daß mit »verlängerter Werkbank« gearbeitet wird, d. h. durch Verlagerung von Aufgaben oder Funktionen auf externe, spezialisierte Stellen oder Betriebe.

Die »verlängerte Werkbank«:

Folgende betriebliche Aufgaben oder Funktionen werden häufiger als Auftrag nach außen vergeben:

- Recht, Steuern, Versicherungen
- Buchhaltungsarbeiten
- Personalbeschaffung und -entwicklung (einschließlich Weiterbildung)
- Marketingkonzeption, Werbung, Markenpflege
- Forschung, Entwicklung, Engineering
- Spedition, Fuhrpark
- Produktion (Zulieferteile, Halb- und Fertigprodukte)
- Architekten-, Bau- und Handwerkerleistungen
- Technische Kontroll-, Wartungs- und Instandsetzungsleistungen
- Revisionstätigkeiten
- Veranstaltungsorganisation, Catering (Verpflegung)
- Einholen von Auskünften, Beitreiben von Forderungen, Factoring
- Vertriebsleistungen (Vertretungen, Franchising)
- Informations-, Kommunikations- und Dokumentationsleistungen

Konzepte zu erarbeiten, die unter Einbeziehung aller denkbaren Möglichkeiten das Ziel verfolgen, die Kosten der eigenen Organisation zu senken oder deren Leistungsfähigkeit zu stärken – also das Kosten-Nutzen-Verhältnis zu verbessern – ist eine vorrangige Aufgabe aller Führungs- und Fachkräfte, die für die Betriebsorganisation Verantwortung tragen.

Beispiel: Nach gründlicher Analyse, unter Beteiligung der Arbeitsvorbereitung, des Einkaufs, der Kalkulation und der Organisation, stellt die Produktionsleitung fest, daß ein Halbfertigteil, das bei der bisherigen Eigenfertigung immer wieder einen hohen Ausschuß und Qualitätsbeanstandungen verursachte, künftig nicht mehr im Hause hergestellt werden soll. Ein Zulieferer konnte auf Grund seiner besseren Maschinenausstattung und eines umfassenderen Know-how das komplizierte Teil in besserer Qualität und zu einem günstigeren Preis herstellen. Durch eine Rahmenvereinbarung sicherte man sich die regelmäßige Belieferung.
Neben dem Kosten- und Qualitätsvorteil hatte diese Lösung zudem den Vorzug, daß die Produktionsleitung und die beteiligten Mitarbeiter ihren Kopf frei hatten für andere wichtige Aufgaben.

Die Frage nach der Effizienz und Wirtschaftlichkeit sollte besonders dann hartnäckig gestellt und zufriedenstellend beantwortet werden, wenn es um die Wiederbesetzung oder Einrichtung neuer Stellen geht. Wer hier klare Vorstellungen über die Art und den Umfang der wahrzunehmenden Aufgaben hat, über mögliche Alternativen, über die Anforderungen an den Stelleninhaber und die Bewertung des Arbeitsplatzes, braucht sich später nicht vorzuwerfen oder vorwerfen zu lassen, daß eine Stelle nicht genügend ausgelastet, falsch besetzt oder mangelhaft in die Organisationsstruktur eingeordnet sei.
Er muß sich möglicherweise auch nicht die Kritik gefallen

lassen, daß ein Mitarbeiter leichtfertig umgesetzt oder eingestellt worden ist, für den nun nur noch die Kündigung in Frage kommt.

Beispiel: Im Kreise ihrer Kolleginnen machte sich die Sekretärin des Leiters Zentralabteilung Öffentlichkeitsarbeit dadurch unbeliebt, daß sie während der häufigen Abwesenheit ihres Chefs wenig ausgelastet war und vorwiegend Zeitschriften und Illustrierte zur eigenen Unterhaltung »durcharbeitete« oder Privatgespräche führte. Dem Vorgesetzten, dem dies nicht verborgen blieb und der sich seit längerem mit dem Gedanken trug, seiner Abteilung noch eine Stelle »Sachbearbeiterin Pressearchiv« einzuverleiben, verzichtete auf seine Expansionspläne und übertrug diese Aufgaben seiner Sekretärin, die für diese sinnvolle Auslastung sogar dankbar war.

Es überrascht nicht, daß wenig ausgelastete Mitarbeiter keineswegs zufrieden sind. Untersuchungen zeigen, daß das Betriebsklima in den Abteilungen dann besonders gut ist, wenn »flott weggarbeitet« werden kann und eine sinnvolle Auslastung gegeben ist. Schlechtes Betriebsklima herrscht hingegen vor allem dort, wo Mitarbeiter zum »Gammeln« verurteilt sind.

Das Gegenstück hierzu, daß nämlich die Anforderungen und der Arbeitsanfall zu hoch sind, ist genau sowenig wünschenswert und zumutbar. Mitarbeiter wie Vorgesetzte werden unkonzentriert, unzufrieden und sogar krank, wenn sie von morgens bis abends den vielfältigen Anforderungen des Tagesgeschäftes ständig nachjagen müssen. Immer das Gefühl zu haben, sie hätten wieder nicht alles geschafft, ständig die Vorwürfe zu hören: »Warum haben Sie immer noch nicht …? Wann erledigen Sie endlich …? Was machen Sie eigentlich den ganzen Tag?« und dabei keine ruhigeren Arbeitsphasen zu erleben, in denen sie sich grundsätzlichen, langfristigen und gestaltenden Aufgaben zuwenden können, schafft ein ausgesprochenes Herzinfarkt-Klima.

Praktischer Tip: Bevor eine Stelle eingerichtet oder wiederbesetzt wird, prüfen Sie:

- Welche Aufgaben sollen hier erledigt werden?
- Welche Aufgaben könnten von anderen Stellen übernommen werden?
- Wieviele Wochenarbeitsstunden erfordert dieser Aufgabenbereich?
- Ist eine dauerhafte Auslastung auf absehbare Zeit gewährleistet?
- Welche fachlichen Qualifikationen sind vor allem gefordert?
- Was kostet diese Stelle – einschließlich der Neben- und anteiligen Gemeinkosten – unterm Strich?
- »Rechnet« sich die Stelle im Sinne einer Kosten-Nutzen-Analyse?

Es darf nicht Aufgabe der Organisation sein, die Steigerung der Effizienz durch einseitige Ausbeutung der menschlichen Arbeitskraft herbeizuführen, wie es z.B. der Taylorismus zeitweise anstrebte.

Es kommt vielmehr darauf an, die schon aus Wettbewerbsgründen erforderliche ständige Verbesserung der Effizienz in Übereinstimmung mit den Zielen einer humaneren Arbeitswelt zu erreichen. Dies verlangt, daß im Rahmen der arbeits-, sozial- und tarifrechtlichen Möglichkeiten der Einsatz menschlicher Arbeitskraft zusammen mit verbesserten Arbeitsmitteln und zeitgemäßen Arbeitsverfahren optimal kombiniert wird.

Effizienzsteigerung im Rahmen der Betriebsorganisation heißt also: mögliche Rationalisierungsmöglichkeiten erkennen und verwirklichen, nicht genutzte Reserven freilegen, neues Erfolgspotential schaffen, den technischen Fortschritt zugänglich machen, Arbeitsabläufe straffen, Mitarbeiter fördern und physische wie psychische Leistungshemmnisse beseitigen.

Grundregeln:

1. Organisatorische Maßnahmen sind wie Investitionen als Mittel langfristiger Effizienz- und Produktivitätssteigerung zu betrachten.
2. Wirtschaftlichkeit der Betriebsorganisation setzt voraus, daß die zur Lösung von Problemen in Frage kommenden Mittel, Methoden und Verfahren bekannt sind, bewertet werden können und eine im Hinblick auf das gestellte Ziel optimale Auswahl getroffen werden kann.
3. Einfache organisatorische Maßnahmen oder Mittel sind oft am wirksamsten und am wirtschaftlichsten, weil sie weniger aufwendig, für alle Beteiligten am verständlichsten und damit schnell und reibungslos realisierbar sind.
4. Vor neuen Aktivitäten, aber auch im Hinblick auf die vorhandenen hauseigenen Fertigungs- und Dienstleistungen, ist immer wieder zu prüfen, ob eine gleichwertige Leistung nicht günstiger »von draußen« eingekauft werden kann. Aufgeblähte Organisationen sind in jeder Beziehung eine Last; sie auf ein erforderliches Maß zurechtzustutzen ist schmerzhaft und teuer.
5. Es hat sich bewährt, Leistungsspitzen und -täler durch kurzfristigen Personalausgleich, verbesserte Zeitplanung und andere Koordinierungsmaßnahmen zu mildern, indem die bewährten Methoden der Arbeitsvorbereitung nicht nur der Produktion vorbehalten bleiben, sondern in allen Betriebsbereichen zur Anwendung kommen. Voraussetzung ist dabei ein hohes Maß an Flexibilität in der Organisations- und Personalplanung.
6. Eine zu ausgeprägte Arbeitsteilung kann eine zeitlich und kräftemäßig ausgeglichene Auslastung gefährden. Jede einzelne Abteilung sollte im Hinblick auf ihre fachlichen Besonderheiten prüfen, ob Einsatztiefe und Einsatzbreite der Arbeitsplätze insgesamt menschlich und wirtschaftlich vertretbar sind.
7. Flexible Arbeitszeit, Teilzeitarbeitsplätze, Einsatz externer Spezialisten, interner Personalausgleich, kollegiale

Hilfe und genaues Rechnen von Kosten und Nutzen können originelle Lösungen für eine wirtschaftliche Auslastung ermöglichen. Viele Personalentlassungen sind voreilig, unwirtschaftlich und oft nur Ausdruck für mangelnde Kreativität und Übersicht.

8. Effizienz und Wirtschaftlichkeit ist weder allein ein technisches noch ein betriebswirtschaftliches Phänomen. Wer sich bei Rationalisierungsmaßnahmen unangenehme Überraschungen ersparen möchte, muß immer auch den Menschen und die zwischenmenschlichen Beziehungen beachten. Organisation ist kein technokratisches Gebilde, sondern ein soziotechnisches und -ökonomisches Beziehungsgeflecht.

Check-Liste

Aussage zum Ist-Zustand	Selbsteinschätzung*)		
	+	+/–	–
1. Wir konzentrieren unsere geistige, personelle, finanzielle und organisatorische Kraft auf unsere ureigensten Aufgaben und Stärken.			
2. Regelmäßig wird bei uns geprüft, ob betriebliche Teilfunktionen, Produkte oder Leistungen besser im Hause oder besser außerhalb des Hauses erbracht werden sollten.			
3. Wir achten darauf, daß die größten Belastungsspitzen und -täler durch organisatorische Ausgleichsmaßnahmen abgebaut, entzerrt oder überbrückt werden können.			
4. Wir haben einen zuverlässigen Stamm von Teilzeit- und Aushilfskräften als »Spitzenbrecher«, der sich vorteilhaft auf unsere Kostenstruktur auswirkt.			

Aussage zum Ist-Zustand	Selbsteinschätzung*)		
	+	+/–	–
5. Bei unseren Kunden und übrigen Geschäftspartnern gelten wir als zuverlässig bei der Erfüllung unserer Verpflichtungen, leistungsstark in bezug auf Innovationen und flexibel gegenüber außergewöhnlichen Anforderungen.			
6. Wir bemühen uns ständig, das Kosten-Nutzen-Verhältnis für unsere Betriebsorganisation im Griff zu behalten, indem wir systematisch Wertanalysen sowohl bei den Gemein- als auch bei den Einzelkosten durchführen.			
7. Unsere Investitionen im Organisationsbereich amortisieren sich dadurch, daß sie sich kostensparend, leistungssteigernd und klimaverbessernd auswirken.			
8. Die Träger der Organisationsarbeit in unserem Haus gehören zu den innovationsfreudigsten Mitarbeitern, die sinnvollen technischen und organisatorischen Neuerungen stets aufgeschlossen gegenüberstehen.			

*) + = Stimmt genau! Ich kann zufrieden sein.
+/– = Es geht so! Ich muß aufpassen.
– = Stimmt nicht! Ich muß hier etwas tun.

Aufgaben:

Überprüfen Sie, bei welchen der gegenwärtig in Ihrem Hause wahrgenommenen Aufgaben es wirtschaftlicher sein könnte, wenn sie an externe Betriebe oder Spezialisten vergeben würden.

1. ______________________________

2. ______________________________

3. ______________________________

4. ______________________________

5. ______________________________

2.6 Organisation mit Augenmaß

»Schlendrian ist der Bruder, Bürokratie die Schwester der Organisation.«

Es gibt keine ideale Organisation. Vielmehr muß im Einzelfall unter den ganz konkreten Gegebenheiten und Bedingungen, die für einen bestimmten Betrieb gelten, untersucht werden, welche Form der Organisationsstruktur und welche sonstigen organisatorischen Merkmalsausprägungen die meisten Vorteile und die wenigsten Nachteile im Hinblick auf die Erfüllung des Betriebszweckes mit sich bringt.

Eine solche Untersuchung bringt nur selten eindeutige Ergebnisse. Häufiger kommt es vor, daß zwischen mehreren Anforderungen oder Lösungsmöglichkeiten Kompromisse geschlossen werden müssen, um nachteilige, durch die Organisation dann bereits programmierte Konflikte zu vermeiden.

Die häufigsten, geradezu klassischen Zielkonflikte im Rahmen der Gestaltung einer Betriebsorganisation, sollen hier nur kurz angedeutet werden:

- *Sachbezogenheit contra Personenbezogenheit.* In einseitiger Auslegung kann das eine Menschenfeindlichkeit, das andere Unwirtschaftlichkeit bedeuten.
- *Zentralisation contra Dezentralisation.* Während die auf eine zentrale Stelle zugeschnittene Organisationsstruktur in aller Regel Bürokratismus, Starrheit und Praxisferne

bedeutet (»Zentralismus«), ist das reine Gegenteil davon erfahrungsgemäß auch nicht sympathischer; denn es führt zu Wildwuchs und Orientierungslosigkeit.

– *Funktionsorientierung contra Objektorientierung.* Soll der Spezialist gefördert werden, der über immer weniger immer mehr weiß, oder der Generalist, der schließlich über alles nichts weiß?

Eine gute, tragfähige Organisation zu schaffen und fortzuentwickeln, kommt daher einer Wanderung auf einem schmalen Gebirgsgrat gleich. Links und rechts des Weges

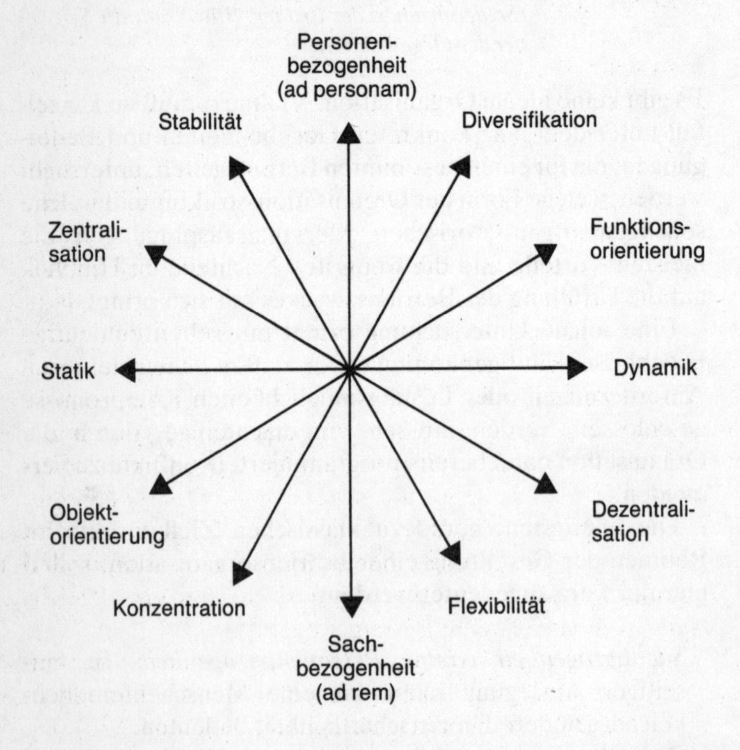

Organisation im Spannungsfeld gegensätzlicher Tendenzen. Auch zwischen Statik und Dynamik hat die Organisation das Optimum zu berücksichtigen.

lauern ständig Gefahren. Leicht kann man ausrutschen oder sogar abstürzen. Wer sich mit Organisation befaßt, begibt sich in ein Spannungsfeld, bei dem es die eigentliche Kunst ist, die widerstrebenden Kräfte im Gleichgewicht zu halten. Organisation ist die Kunst des Kompromisses.

Die Analyse einer Betriebsorganisation gerade im Bereich dieser Schnittstellen, dort, wo der Kompromiß zwischen den widerstrebenden Zielgrößen erkennbar wird, fördert wichtige Ergebnisse zutage: Welche Stellung hat der Mensch im Organisationsgefüge? Von welcher »Philosophie« ist die Betriebsleitung geprägt? Welche Schlüsse sind hinsichtlich der Firmenkultur zu ziehen?

Sieht man einmal von branchenspezifischen und traditionsbedingten Eigenarten ab, die ein Unternehmen prägen, so zeigt die Erfahrung, daß betont zentralistisch strukturierte Betriebe mit einer eher autoritären Grundeinstellung des obersten Managements einhergehen. Eine weitgehend dezentralisierte Organisation läßt dagegen auf eine eher kooperative Grundeinstellung schließen.

Ohne diese durch Erfahrung belegten Aussagen zu vertiefen, bleibt festzuhalten, daß in der Praxis die individuellen Merkmale einer Organisation nicht nur durch nüchterne, rationale und sachliche Überlegungen geprägt werden, sondern in einem hohen Maß auch durch die persönlichen Wertvorstellungen, Weltanschauungen, Erfahrungen und Bedürfnisse der Machtträger im Betrieb. Organisation sollte hier ausgleichend und neutralisierend wirken, wenn Einseitigkeit dem Ganzen schadet. Wo ein Übergewicht besteht, soll sie für einen Gewichtsausgleich sorgen. Wo Mangel herrscht, etwas dazutun. Wo sich Engpässe abzeichnen, für mehr Bewegungsraum sorgen.

Die dazu zur Verfügung stehenden organisatorischen Techniken und Mittel sind wie ein starkes Medikament zu betrachten. Es kann die gewünschte, heilende Wirkung haben, es kann aber auch zu unerwünschten, schädlichen Nebenwirkungen führen. Aufgabe der Organisationsträger, insbesondere der Unternehmensleitung, ist es dabei zu erreichen, daß die richtige Dosierung gewählt wird. Augenmaß heißt aber auch, die Augen überhaupt offen zu halten. Den Ist-Zustand des Betriebes ungeschminkt zur Kenntnis zu nehmen, ist bei weitem keine Selbstverständlichkeit. Ein gefährlicher Feind jeder lebendigen Organisation ist die Betriebsblindheit. Sie grassiert auf allen Ebenen, und wer nur lange genug zum Betrieb gehört, der ist ihr erlegen oder hat wenigstens mit ihr zu kämpfen.

Betriebsblindheit führt dazu, daß Schwachstellen nicht oder zu spät erkannt, schlechte Organisationszustände geduldet und notwendige Anpassungsmaßnahmen verschlafen werden. Wichtigste und einfachste Gegenmittel hierzu sind: die Kritikbereitschaft und -fähigkeit stärken, Organisationsbewußtsein fördern und hin und wieder darauf achten, was gut organisierte vergleichbare Betriebe tun. Wie wichtig eine solche »geistige Beweglichkeit« ist, wird jedem deutlich, wenn er sich mit der nötigen Dramatik vor Augen führt, was andernfalls geschehen wird: Pannen, Verluste, Imageschäden, enttäuschte Kunden, frustrierte Mitarbeiter und Schlimmeres.

Richtiges Augenmaß heißt also: Augen aufhaben im Betrieb, die Dinge so sehen, wie sie sind, und beim Gestalten der Organisation das richtige Maß finden.

Grundregeln:

1. Organisation kann Grundlage für den Unternehmenserfolg sein, sie kann aber auch – wenn das Augenmaß fehlt – das Unternehmen zugrunderichten.
2. Jede noch so geeignete organisatorische Maßnahme kann bei falscher Dosierung oder Handhabung auch oder sogar hauptsächlich schaden. Eine Ursache-Wirkungs-Analyse im Hinblick auf den konkreten betrieblichen Ist-Zustand sollte daher vorausgehen.
3. Eines der größten Probleme der Betriebsorganisation ist das Vermeiden und Überwinden bürokratischer Erscheinungen. Die Lösung dieses Problems liegt in der ausrei-

chenden Berücksichtigung der menschlichen Bedürfnisse und Verhaltensweisen.

4. Wer organisiert, darf weder »mit Kanonen auf Spatzen schießen« noch sich mit einem »Tropfen auf dem heißen Stein« begnügen. Die eingesetzten Mittel und Methoden müssen zieladäquat sein.
5. Die Bereitschaft, sich kritisieren zu lassen, und die Fähigkeit, konstruktive Kritik zu üben, sind eine gute Versicherung dafür, daß es in der Betriebsorganisation nicht zu schädlichen Gewöhnungszuständen kommt.
6. Feind jeder Organisation ist die Betriebsblindheit. Sie führt zu falschen Lagebeurteilungen und Entschlüssen. Um sie zu verhindern, sind breit angelegte, problembezogene, offene Diskussionen zwischen Mitarbeitern und Vorgesetzten über Fragen der Führung und Organisation ein empfehlenswerter Weg.
7. Es bewährt sich immer wieder, sich in gewissen Abständen von externen Fachleuten im Rahmen einer Betriebsanalyse den Spiegel vorhalten zu lassen.

Check-Liste

Aussage zum Ist-Zustand	Selbsteinschätzung*)		
	+	+/–	–
1. Wir sehen die erfreulichen wie auch die unerfreulichen Dinge in unserem Betrieb so wie sie sind. Es gibt für sachliche Kritik keine Tabus.			
2. Über den Organisationszustand unseres Hauses machen wir uns nichts vor; wir wissen über seine Stärken und vor allem über seine Schwächen recht gut Bescheid.			
3. Wenn wir an das Organisieren gehen und etwas verändern wollen, machen wir uns vorher bewußt, ob unser Vorgehen dem Zweck angemessen ist und			

Aussage zum Ist-Zustand	Selbsteinschätzung*)		
	+	+/–	–
mit welchen Gefahren und unerwünschten Nebenerscheinungen gerechnet werden muß.			
4. Persönliche Eigenarten von Führungskräften, die sich nachteilig auf den Ablauf und Erfolg unserer Betriebsorganisation niederschlagen, nehmen wir nicht einfach schweigend zur Kenntnis, sondern versuchen, sie in geeigneter Weise abzubauen oder zu neutralisieren.			
5. Gegen Betriebsblindheit setzen wir uns bewußt dadurch zur Wehr, daß wir offen über alle aufkommenden Fragen der Führung und Organisation sprechen und darüber hinaus unabhängige und unvoreingenommene erfahrene Berater hinzuziehen.			
6. Eigentlich kann man von unserer Betriebsorganisation ohne Übertreibung sagen, daß sie ausgewogen ist und nirgends Stellen aufweist, die Anlässe für betriebliche Konflikte oder für wiederholte Beschwerden darstellen.			
7. Bei uns ist Organisation stets den Menschen, Zielen und der Sache angemessen und nicht betriebsfremden Ideen, Modellen oder Theorien unterworfen.			
8. Durch Betriebsvergleich, Konkurrenzbeobachtung und Erfahrungsaustausch orientieren wir uns regelmäßig auch an externen Organisationsstandards.			

*) + = Stimmt genau! Ich kann zufrieden sein.
+/– = Es geht so! Ich muß aufpassen.
– = Stimmt nicht! Ich muß hier etwas tun.

Aufgabe:

Überlegen Sie, für welche Gefahren die Organisation in Ihrem Betrieb besonders anfällig ist? Was sind möglicherweise die Ursachen? Was könnte dagegen getan werden?

2.7 Organisation als Ausdruck der Firmenkultur

»Bürokratie ist eine gut organisierte Seuche.«

Jede Zeit hat ihre Modewörter – häufig sind es Begriffe, die aus dem Amerikanischen übernommen und »eingedeutscht« wurden. Auch in der Management-Literatur und im beruflichen Alltag sind solche Wörter »in«, oder besser gesagt: gebräuchlich. Dieses Buch liefert selbst zahlreiche Beispiele dafür: Motivation, Know-how, Image, Hardware und Software, Corporate Identity, Philosophy, Key-Account-Management, Job-Rotation, Team, Management by ...

Einige dieser Begriffe sind fester, dauerhafter Bestandteil unseres Wortschatzes geworden und haben den Modecharakter abgelegt. Andere Begriffe aber haben den Zenit bereits überschritten und werden durch andere Wörter verdrängt. Corporate Identity ist im Abklingen, das neue Wort heißt: Firmenkultur, wobei beide Begriffe nur ungefähr den gleichen Sachverhalt bezeichnen. Dieser gewisse Unterschied muß schon sein; denn nur dadurch ist die Einführung eines neuen Begriffs gerechtfertigt.

Während Corporate Identity das Erscheinungsbild eines Unternehmens in der Öffentlichkeit – im nachhinein betrachtet – recht plakativ und vordergründig zum Inhalt hatte, wird mit der Firmenkultur etwas stärker auch auf den inneren Zustand des Unternehmens eingegangen.

Firmenkultur umfaßt die Fülle der geschriebenen und ungeschriebenen Spielregeln, die das Miteinander, den »Korpsgeist« im Unternehmen und den sich daraus ergebenden Eindruck auf die Öffentlichkeit prägen. Diese Spielregeln basieren auf den Grundwerten und Zielvorstellungen, welche durch die Tradition und die Konzeption des Unternehmens bestimmt sind. Es sind auch die von den oberen Leitungskräften vorgegebenen und vorgelebten Orientierungen, Beispiele und Vorbilder, zu denen die durch andere betriebliche Institutionen (Betriebsrat, Personalabteilung oder informelle Führer) geprägten Grundeinstellungen und Umgangsformen hinzukommen.

Beispiel: Der Seniorchef der Maschinenfabrik Oberkaiser hatte alles auf sich zuorganisiert. Die Kompetenzstruktur war für ihn ideal: nichts lief ohne seine Genehmigung. Die nächste Führungsebene hatte im wesentlichen die Aufgabe, Entscheidungsvorschläge für ihn auszuarbeiten und ihm vorzulegen. Selbst in Detailfragen war es nicht möglich, dem Seniorchef einen Teil seiner Entscheidungslast abzunehmen. Qualifizierte Mitarbeiter blieben daher nicht lange im Unternehmen. Als der Seniorchef sich schließlich mit 78 Jahren aus gesundheitlichen Gründen aus dem Unternehmen zurückziehen mußte und ein neuer Geschäftsführer angestellt wurde, stand dieser vor einer außerordentlich schwierigen Situation. Die über Jahrzehnte hindurch eingeschliffenen Verhaltensweisen, insbesondere die fehlende Bereitschaft und Fähigkeit, eigenständig Entscheidungen zu treffen und somit Verantwortung zu übernehmen, führte zu gefährlichen Engpaßsituationen und sehr ernsten Konflikten im oberen Führungsbereich. Erst durch mühsame Erziehungsprozesse und personelle Maßnahmen, bei denen frisches Blut in das Management gelangte, normalisierte sich die Lage.

Wenn neue Leute in das Unternehmen kommen, werden Art und Güte der Firmenkultur besonders spürbar. Diese Mitarbeiter müssen besonders darauf achten, die Regeln und Ausprägungen der Firmenkultur zu erkennen, damit sie nicht gegen ungeschriebene Gesetze verstoßen, Tabus verletzen oder in anderer Weise – ohne eigentliches Verschulden – unangenehm auffallen. Gerade während der arbeitsrechtlich besonders wenig gesicherten Phase der Probezeit kann hier ein gesundes Maß an Sensibilität nicht schaden. Zum Abschied eines nach der Probezeit nicht übernommenen Mitarbeiters heißt es in solchen Fällen schlicht: »Wir haben das Gefühl, daß Sie doch nicht zu uns passen!«

Praktischer Tip: Bei der Auswahl neuer Mitarbeiter sollte auch darauf geachtet werden, ob und inwieweit der Bewerber in die (hoffentlich positive) Firmenkultur hineinpaßt oder ob er sogar eine wünschenswerte Bereicherung darstellen könnte.

Aus zahlreichen Untersuchungen geht hervor, daß eine stimmende Firmenkultur neben der innovativen Geschäftsidee wohl der wichtigste Erfolgsverursacher für ein Unternehmen ist. Sie bildet das Klima, in dem sich Mitarbeiter für ihren Aufgabenbereich engagieren, in dem Vorgesetzte ihren Mitarbeitern Erfolgserlebnisse vermitteln können und in dem Leistungen gedeihen, ohne daß dazu angetrieben werden muß. Eine schlechte Firmenkultur hingegen absorbiert viele wertvolle Energien, schafft Konflikt-Stress, bereitet einen fruchtbaren Boden für Intrigen unter den Mitarbeitern und treibt sie in die »innere Kündigung«, eine Ohne-mich-Haltung, bei der ein Mitarbeiter nur noch soviel tut, daß er arbeitsrechtlich nicht belangt werden kann.

Nicht zuletzt durch den Schock, den viele Betriebe durch den großen Erfolg japanischer Unternehmen erlebt haben, ist man auch bei uns auf das Phänomen der Firmenkultur aufmerksam geworden. Die wichtigste Erkenntnis, die bisher bei der Beschäftigung mit diesem Thema gewonnen werden konnte, ist wohl, daß das Erfolgsrezept für ein Unternehmen nicht die logische Schlüssigkeit seiner Strategien, die Perfektion seiner Organisation oder die Ausstattung mit modernster Technik ist, sondern eine entsprechende Ergänzung solcher »harten« Faktoren durch »weiche«, kulturprägende Faktoren stattfindet. Damit sind gemeint: Zusammengehörigkeitsgefühl, Fürsorge, Sicherheit, Vertrauen, Sympathien, Fairplay, Abwesenheit von Angst, gegenseitiger persönlicher und fachlicher Respekt, Sinnhaftigkeit der Arbeit und berufliche Zufriedenheit.

Bestimmen mehrere »Präger« mit ihren unterschiedlichen Wertvorstellungen und Ausstrahlungen die ihnen jeweils nachgeordneten Bereiche, so können sich innerhalb desselben Betriebes recht unterschiedliche, teilweise miteinander konkurrierende »Subkulturen« bilden. Nahezu klassisch sind die innerbetrieblichen kulturellen Gräben und Gegensätze zwischen Technikern und Kaufleuten. Auch der Vertriebsbereich – typisch für ihn die Pflege einer »Frontkämpfer«-Mentalität – steht in seiner Werteorientierung und seinen Umgangsformen oft im Gegensatz zum technischen und kaufmännischen Bereich. Deren Vertreter sitzen aus der Sicht der Vertriebsleute gewöhnlich am grünen Tisch und haben vom Markt keine Ahnung.

Die folgenden Fragen sollen dies verdeutlichen:
- Welches Verhalten wird im Betrieb besonders anerkannt?
- Welches Verhalten erweckt Mißfallen oder wird sogar geahndet?
- Was gilt betriebsintern als Tugend (z.B. Pünktlichkeit, Fleiß, Verschwiegenheit, Ergebnisorientierung, Selbstbewußtsein, Kreativität, Offenheit)?
- Was wird besonders scharf kontrolliert; was hingegen wird nur nachlässig überwacht?

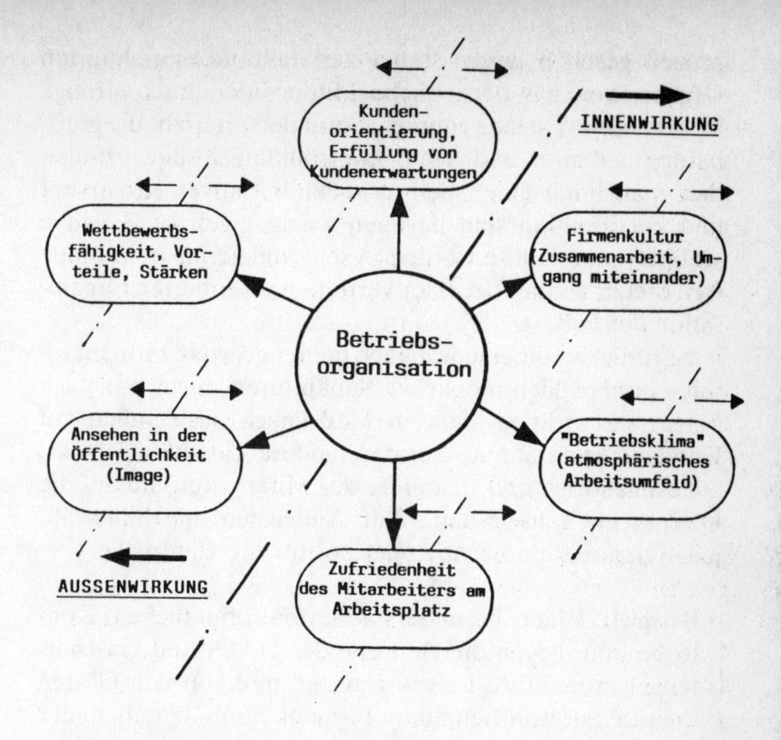

»Psychologische« Wirkungen der Betriebsorganisation nach innen und außen.
Die jeweiligen Einzelwirkungen haben einen Echo-Effekt, d. h. sie wirken auch wieder zurück und überlagern sich dabei.

Mit den Antworten auf diese und ähnliche Fragen läßt sich leicht erfahren, wie die Leute an der Spitze im Betrieb denken und fühlen, welche Wertvorstellungen bei ihnen vorherrschen; letztlich welches Menschenbild sie haben. Nicht umsonst unterscheiden wir »vertrauensorientierte« und »mißtrauensorientierte« Organisationen. Beide unterscheiden sich grundsätzlich in ihrem Menschenbild. Während bei Firmen mit einer auf Vertrauen basierenden Organisation etwa die Zusammenarbeit als gemeinsamer Lernprozeß gesehen wird, ist bei der mißtrauensorientierten Organisation das betriebliche Miteinander durch strenge hierarchische Distanz geprägt. Formale Kriterien, die greifbarer, meßbarer und damit kontrollfähiger sind, erfüllen hier manchmal einen Selbstzweck. Initiative, Kreativität und Partizipation sind dagegen weniger gefragt. Positive schöpferische Kräfte werden in sehr viel geringerem Maße freigesetzt, als dies bei einer vertrauensorientierten Organisation der Fall ist.

Natürlich wirkt eine wie auch immer geartete Firmenkultur, einschließlich möglicher Subkulturen, nicht nur nach innen; sie wirkt in starkem Maße auch nach außen auf Kunden, Lieferanten, Berater, andere Geschäftspartner, auf Angehörige und Bekannte der Mitarbeiter und auf die Öffentlichkeit insgesamt. Auf Außenstehende hinterläßt jede Organisation negativ oder positiv ihre Eindrücke.

Beispiel: Einer besonders scharfen öffentlichen Kontrolle unterliegen die Betriebe des Hotel- und Gaststättengewerbes. Ihre Leistungen und ihre von den Gästen unmittelbar wahrnehmbare Firmenkultur – vor allem der »gute Ton« – werden stets aufmerksam registriert, weil es hier in ausgeprägter Form um das persönliche Wohlbefinden geht, für das der Mensch eine besonders empfindsame Wahrnehmungsfähigkeit besitzt. Ein Geschäftsführer, der nicht von Anfang an darauf achtet, daß in seinem Betrieb der Geist unter den Mitarbeitern wie auch die Service- und Qualitätsorientierung gegenüber dem Gast stimmt, kann seinen Betrieb gleich wieder schließen. Lange dürfte es nicht dauern, bis sich überall herumgesprochen hat, daß in diesem Restaurant die Bedienung langsam und unhöflich oder das Essen teuer und schlecht portioniert ist.

Sozialwissenschaftler haben festgestellt, daß die schlechte Nachricht gegenüber der guten Nachricht eine etwa fünfmal höhere Verbreitung erfährt. Die negativen Erfahrungen eines Kunden mit Firmen oder Behörden werden in dessen Bekannten- und Kollegenkreis durchschnittlich mit der fünffachen Häufigkeit weitergegeben als die positiven Erfahrungen. Wie schwer oder auch wie teuer wird es da für einen Betrieb mit einer eher negativen Ausstrahlung, das Vertrauen der Kunden zu erhalten und um Sympathie zu werben.

Der Zusammenhang zwischen Unternehmenszielen, Unternehmenskonzeption, aktiven Prägern in den Leitungspositionen, Firmenkultur und Organisation ist denkbar eng. Ein Betrieb, der auf individuelle Problemlösungen für anspruchsvolle Zielgruppen gerichtet ist (z.B. ein Software-Haus, eine Werbeagentur oder eine Kongreßhalle) benötigt eine andere Firmenkultur als ein Betrieb, der z.B. für einen homogenen Markt ein Einfachprodukt herstellt und es über den Handel vertreiben läßt.

Grundregeln:

1. Firmenkultur ist Ausdruck für die Ziele und Werte, an denen sich der bestimmende oder prägende Teil der Firmenmitglieder orientiert, für deren Umgangsformen miteinander und gegenüber anderen Mitarbeitern sowie für den Grad der Identifikation der Mitarbeiter mit ihrem Betrieb.
2. Firmenkultur schlägt sich sowohl im internen Bereich positiv oder negativ nieder (z. B. Arbeitsklima, Arbeitsleistung, Zusammenarbeit) als auch nach außen (z. B. Image, Vertrauen, Sachkompetenz, Attraktivität der Arbeitsplätze).
3. Unternehmensziele, Unternehmenskonzeption, Organisation, Management und Firmenkultur beeinflussen sich gegenseitig und sollten zueinander passen.
4. Firmenkultur ist nur scheinbar ein schicksalhaftes, wenig beeinflußbares Ergebnis der vielfältigen persönlich und sachlich bedingten betrieblichen Faktoren. Es kann vielmehr mittelbar – nämlich durch bewußte

Gestaltung dieser Faktoren – gezielt beeinflußt und gesteuert werden.

5. Änderungen in der Firmenkultur setzen meistens Änderungen in der Einstellung ihrer Präger oder neue Präger voraus. Nur glaubwürdige Änderungen in Haltung und Meinung der Präger führen zu dauerhaften Änderungen in der Firmenkultur.
6. Firmenkulturen sind zählebig. Sie zu ändern, bedarf der Übersicht über die kulturprägenden Faktoren und deren Zusammenhänge, der Geduld und der Konsequenz.
7. Betont konservativ geprägte Firmenkulturen sind in den meisten Branchen eher eine Belastung für die weitere Unternehmensentwicklung; es sei denn, konservativ bedeutet, sich stets am Fortschritt zu orientieren.
8. Eine mißtrauensorientierte Organisation führt in der Firmenkultur zu einem taktisch-angepaßten, vor allem auf Sicherheit bedachten Verhalten der Führungskräfte und Mitarbeiter. Vor allem die personenbezogene Kontrolle kann hier zu einem Störfaktor allergrößten Ausmaßes geraten.
9. Eine stark vertrauensorientierte Organisation setzt hingegen viele schöpferische Kräfte frei; da jedoch auch hier Abweichungen vorkommen, bedarf es ebenfalls der Kontrolle, allerdings in überwiegend sachbezogener Form.
10. Firmenkultur kann als ein Multiplikator für die Produktivität im Betrieb und die Rentabilität eines Unternehmens angesehen werden. Die Firmenkultur stimmt dann, wenn dieser Multiplikator – theoretisch betrachtet – größer als 1 ist.

Check-Liste

Aussage zum Ist-Zustand	Selbsteinschätzung*)		
	+	+/–	–
1. Der Begriff »Firmenkultur« ist für unseren Betrieb nicht neu. Auch andere Begriffe, die etwa den gleichen Sachverhalt beschreiben (Corporate Identity, Human und Public Relations, Firmenimage u.ä.) fanden bisher bei uns gebührende Beachtung.			
2. Wir kennen die wesentlichen Ausprägungen unserer Firmenkultur, deren verursachenden Faktoren sowie deren Ausstrahlung nach innen und außen. Mit dieser Thematik setzen wir uns im Zusammenhang mit konzeptionellen Überlegungen oder im Rahmen von Ursachenforschungen bewußt auseinander.			
3. Unsere Organisation ist vertrauensorientiert. Hierarchie, Kontrolle und Autorität sind nicht sonderlich betont und haben eine überwiegend zweckgebundene, sachliche Bedeutung.			
4. Im Zweifel gilt bei uns der Grundsatz, Kompetenzen zu dezentralisieren und Verantwortung zu delegieren, wobei die notwendige Kontrolle nicht als Ausdruck des Mißtrauens, sondern als notwendiger Schritt der Entlastung, der Steuerung und des Lernens verstanden wird.			
5. Kommunikation geschieht bei uns offen. Informationen nehmen ungehindert ihren von der Sache her bestimmten Weg. Entscheidungen werden			

Aussage zum Ist-Zustand	Selbsteinschätzung*)		
	+	+/–	–
schnell und ohne komplizierte Verfahrensweisen getroffen.			
6. Zusammenarbeit zwischen Vorgesetzten und Mitarbeitern ist weniger durch die hierarchische Struktur als vielmehr durch gemeinsame Ziele und Aufgaben geprägt.			
7. Mitarbeiter, die von Entscheidungen oder Maßnahmen wesentlich berührt sind, werden frühzeitig in den Meinungsbildungs- und Planungsprozeß einbezogen.			
8. Das Klima in unserem Hause ist innovationsfreundlich. Mitdenken, Kreativität und loyale Kritik werden bei uns als Stärken unserer Mitarbeiter angesehen und daher gefördert.			
9. Die Zusammenarbeit mit dem Betriebs- bzw. Personalrat ist vertrauensvoll. Dort, wo es notwendigerweise um unterschiedliche Positionen geht, werden die legitimen Interessen der Gegenseite respektiert, Kompromißfähigkeit bewahrt und die Konflikte sachlich ausgetragen.			
10. Wir sind alles in allem mit der Firmenkultur unseres Hauses zufrieden, wobei uns bewußt ist, daß wir immer wieder bemüht sein müssen, die positiv prägenden Faktoren zu pflegen und weiterzuentwickeln.			

*) + = Stimmt genau! Ich kann zufrieden sein.
+/– = Es geht so! Ich muß aufpassen.
– = Stimmt nicht! Ich muß hier etwas tun.

Aufgaben:

1. Setzen Sie sich mit Kollegen und Mitarbeitern zusammen, beschreiben Sie kurz die wesentlichen Merkmale der Firmenkultur Ihres Betriebes und überprüfen Sie deren Ausprägungen unter dem Gesichtspunkt von Stärken und Schwächen.
2. Untersuchen Sie in einem weiteren Schritt die prägenden Faktoren als Verursacher dieser Stärken und Schwächen. Welche Möglichkeiten sehen Sie, auf diese Faktoren lenkenden Einfluß zu nehmen?
3. Wenn Firmenkultur als Multiplikator (Mf) für Produktivität und Rentabilität gesehen wird, wie schätzen Sie diesen Multiplikator für Ihren Betrieb ein: Ist dieser kleiner ($Mf < 1$), gleich ($Mf = 1$) oder größer ($Mf > 1$) als 1?

2.8 Gefahren, Probleme und Widerstände beim Organisieren

»Wir erleiden leichter ein Übel, als daß wir es ändern wollen.«
(William Shakespeare)

Es ist nur allzu verständlich, daß sich viele Menschen vor Veränderungen sträuben; führt doch im beruflichen Bereich jede Änderung eines bestehenden Zustandes zunächst einmal zu einem Erfahrungsverlust. Außerdem entspricht es dem angeborenen Bedürfnis nach Sicherheit, wenn die Angst vor Neuerungen größer ist als die Neugier darauf. Und schließlich ist ebenfalls eine bewährte menschliche Eigenschaft, die Bequemlichkeit der Anstrengung vorzuziehen. Bequem ist es ganz gewiß, ohne Veränderungen auszukommen; denn das weiß jeder: Neuerungen sind mit Umdenken und Umlernen verbunden, und so etwas strengt an.

Je weniger Menschen gewohnt sind, sich aktiv mit veränderten Organisationsbedingungen auseinanderzusetzen –

das kann z.B. heißen: andere Aufgaben, andere Vorgesetzte, Mitarbeiter und Kollegen oder andere Arbeitsweisen – desto größer ist die Gefahr, nicht mehr fähig und bereit zu sein, sich im notwendigen Umfang auf Veränderungen einzustellen. So, wie im körperlich-gesundheitlichen Bereich die Anpassungsfähigkeit an Klima-, Höhen- oder andere Umweltbedingungen Grundlage einer stabilen Gesundheit ist, so bleiben die geistigen und handwerklichen Kräfte im Arbeitsbereich vor allem dann frisch und lebendig, wenn Mitarbeiter es gewohnt sind, sich veränderten Anforderungen anzupassen.

Für den betrieblichen Bereich richtet sich die Frage nach der Anpassungsfähigkeit und -bereitschaft – wie in so vielen Dingen – vor allem wieder an die Inhaber der Leitungsfunktionen.

Die Betriebsleitung, die Geschäftsführung, der Vorstand oder die Amtsleitung sind es, die mit ihrer persönlichen Flexibilität bestimmen, ob und wie erfolgreich organisatorische Veränderungen im Betrieb greifen. Wenn die Mitglieder der Betriebsleitung nicht bereit sind, neue Ziele anzustreben, die Organisation in diese Richtung anzupassen und die für sie persönlich geltenden Veränderungen zu akzeptieren, dann haben es die Mitarbeiter auf den nachgeordneten Ebenen um so schwerer.

Wohl jeder kennt praktische Beispiele, in denen vergangenheitsorientierte Organisationen schließlich bürokratisch erstarrten, weil das Management ängstlich jede Änderung blockierte.

Schon der Gedanke, daß die geliebten täglichen Rituale nicht mehr stattfinden würden, löst bei manchen Führungskräften und Mitarbeitern Horrorgefühle aus. Eine so stark verinnerlichte Abneigung gegen Neuerungen ist beispielsweise bei solchen Betrieben festzustellen, die weniger dem Druck des Marktes ausgesetzt sind, etwa bei Unternehmen mit einer Monopolstellung oder in Unternehmensbereichen, in denen die Frage nach Produktivität, Wirtschaftlichkeit und Effizienz als unpassend gilt.

Beispiel: Die Firma Tabletto GmbH, Tochtergesellschaft eines internationalen Pharma-Konzerns, hatte auf Grund von Patenten jahrelang eine Vormachtstellung auf ihrem speziellen Forschungs- und Produktionssektor, die der Mutter jedes Jahr ansehnliche Gewinne sicherte. Mit Ablauf der Patentfristen drängten – eigentlich nicht unerwartet – preisaggressive Wettbewerber mit sogenannten »Generika« auf den Markt. Diese Medikamente hatten die gleiche Wirkung, lagen aber in Einzelfällen im Preis um mehr als die Hälfte niedriger. Umsatz und Rendite der Tabletto GmbH gingen rapide zurück. Mitarbeiter mußten entlassen werden. Zu spät begann man über notwendige strategische Änderungen nachzudenken. Mit Hilfe eines Beratungsunternehmens wurden in Form von Workshops, an denen Mitarbeiter aller Ebenen und Bereiche beteiligt waren, eine neue Konzeption erarbeitet. Der Service sollte entscheidend aktiviert, die Fertigung rationalisiert und bisher vernachlässigte Vertriebswege sollten ausgebaut werden. Dies hatte erhebliche organisatorische Änderungen zur Folge, die fast keinen Mitarbeiter im Hause verschonten. In diesen Umdenkungs- und Umstellungsprozeß wurde der Betriebsrat frühzeitig eingeschaltet. Auch wenn nicht alle unpopulären Maßnahmen personeller und organisatorischer Art abgewendet werden konnten, so war es doch dank der gemeinsamen Anstrengungen und Opfer möglich, wieder Tritt zu fassen.

Jahrelang in einem geschützten Raum zu arbeiten und das Privileg zu genießen, praktisch gefahrlos ansehnliche Gewinne zu erwirtschaften, hat eben auch seine Schattenseite. Dann nämlich, wenn plötzlich der rauhe Wind des Wettbewerbs einsetzt. Erst durch die Erfahrung dieses Schocks, wenn der Leidensdruck die erträgliche Grenze überschritten hat, sind die meisten Menschen willens, Änderungen herbeizuführen, zu erdulden oder sogar mitzutragen.

Besonders problematisch sind solche Organisationsveränderungen, die von der Betriebsleitung bewußt als Überfall geplant werden. Die Ahnungslosigkeit des Gegners – hier die Mitarbeiter – in Rechnung zu stellen, das Überraschungsmoment zu nutzen und damit das Gesetz des Handelns zu bestimmen, ist sicherlich eine Taktik, die höchst selten einen dauerhaften Erfolg ermöglichen kann. Eine Unternehmensleitung, die auf diese Weise organisatorische Veränderungen erzwingt, zerstört wohl gleichzeitig mehr als sie aufbaut. Sie zerstört vor allem das, was bereits in einem vorangegangenen Abschnitt als Firmenkultur bezeichnet und beschrieben wurde. Nur dort, wo die Firmenkultur bereits verkümmert oder zerstört ist, werden Organisationsveränderungen mit den Mitteln der List und Gewalt keinen größeren Schaden mehr anstellen können.

Beispiel: Die Geschäftsleitung eines großen Backwarenunternehmens, anerkannter Hersteller exquisiter Feingebäcksorten, war in ihren konzeptionellen Überlegungen zu dem Ergebnis gekommen, den Außendienst radikal abzubauen und nur noch einige Verkaufsberater zu behalten. Damit stand fest, daß rund 90 Prozent der Reisenden, meist über Jahrzehnte treu und fleißig im Dienst des Unternehmens stehend, innerhalb von Jahresfrist zu entlassen waren. Mitten in der Urlaubszeit wurde der große Schlag ausgeführt. Mit Aufhebungsverträgen, Abfindungszahlungen und Druck wurden die Reisenden einer nach dem anderen mit der geballten Macht von Personalabteilung und Rechtsabteilung zur Unterschrift gebracht. Eine Unterstützung des Betriebsrates gab es praktisch nicht; denn er war nicht nur gerade personell schwach besetzt, sondern zeigte ohnehin kein großes Interesse am Schicksal der Außendienstkollegen, die sich nie für die Betriebsratsarbeit interessiert hatten. Das Kalkül der Geschäftsleitung ging in soweit auf: es kam zu keinem einzigen Arbeitsgerichtsverfahren. Allerdings war von nun an das Betriebsklima noch stärker durch

Mißtrauen und »innere Kündigungen« belastet. Da die Medien über das rabiate Vorgehen der Geschäftsleitung ebenso ausführlich wie emotional berichteten und zahlreiche Kunden die Marken-Produkte boykottierten, trat schließlich auch ein spürbarer Umsatzrückgang ein. Der Wechsel auf ein kostengünstigeres Vertriebssystem wurde damit erheblich teurer als geplant.

Natürlich geht es bei organisatorischen Veränderungen auch um Macht. Macht abzugeben, heißt für viele Menschen, Einfluß zu verlieren, von geringerer Bedeutung zu sein und weniger Anerkennung zu erhalten. Daher sind in manchen Betrieben die Organisationsstrukturen weniger vom Prinzip der Zielorientierung als vielmehr von dem des Machterhaltes geprägt. Abteilungen und Fachbereiche ähneln in ihrer Struktur und ihrem Gebaren »Stammesherzogtümern«. Wenn sich solche Zustände bereits auf der obersten Führungsebene breitmachen, sind Lösungen äußerst schwierig. Um derartige Strukturen transparent zu machen, aufzuweichen und sinnvoll zu erneuern, bedarf es des ungeteilten Rückhaltes der Betriebsleitung. Selbst dann ist man in solchen Fällen oft noch auf zusätzliche Hilfe von außen angewiesen, etwa in Person eines moderierenden Beraters, der nicht »von der Parteien Haß und Gunst verzerrt« ist.

Praktischer Tip: Geben Sie den von organisatorischen Änderungen betroffenen Mitarbeitern immer Gelegenheit, ihre Sorgen und Bedenken mitzuteilen, auch dann, wenn sie Ihnen sachlich als unbegründet erscheinen.

Widerstände und Risiken lassen sich beim Organisieren mit dem besten Willen und bei gewissenhaftester Vorbereitung nicht völlig ausschalten. Ihnen kann jedoch vorgebeugt werden und mögliche Gefahren auf das unvermeidbare Mindestmaß reduziert werden, wenn die Grundregeln der Organisationsentwicklung beachtet werden. Die betroffenen Mitarbeiter an den Organisationsarbeiten weitestgehend beteiligen und sie aktiv mitgestalten lassen; denn nur durch Mitwissen, Einsicht und Mitwirken kann die Angst vor Neuerungen abgebaut oder vermieden werden.

Grundregeln:

1. Notwendige organisatorische Änderungen lassen sich vor allem dann ohne unnötige Konflikte und ohne Rückschläge durchführen, wenn im Betrieb ein Klima des Vertrauens herrscht.
2. Da es im Hinblick auf die Natur des Menschen normal ist, sich gegen Änderungen in ihren Lebens- und Arbeitsbedingungen, die von ihnen nicht gewollt sind oder die sie nicht beeinflussen können, zu sträuben, ist es grob fahrlässig, diesem Umstand bei organisatorischen Änderungen nicht ausreichend Rechnung zu tragen.
3. Ohne Kenntnis solcher organisationspsychologischen Grundlagen und deren Berücksichtigung in der Organisationsarbeit, sind Organisationsmaßnahmen oft nicht nur vergeblich, sondern sogar schädlich.
4. Für die Betriebsorganisation und ihre laufende Anpassung an die sich ändernden Umweltbedingungen ist jeder Betriebsangehörige auch Träger der Organisation. Je mehr die Notwendigkeit bestimmter organisatorischer Ausprägungen akzeptiert wird, je leichter sind sie umsetzbar und je besser fällt das angestrebte Ergebnis aus.
5. Bei organisatorischen Änderungen haben die Inhaber der betrieblichen Leitungsfunktionen gegenüber den ihnen nachgeordneten Mitarbeitern mit gutem Beispiel voranzugehen.
6. Organisationsveränderungen sind leichter durchführbar, wenn vorangegangene Veränderungen aus der Sicht aller Beteiligten erfolgreich waren.

7. Wer organisatorisch in das bestehende Betriebsgeschehen eingreift, sollte sich klarmachen, wie der Punkt, an dem er ansetzt, vernetzt ist. Zufügen ist gleichzeitig Wegnehmen, Entlasten bedeutet zugleich Belasten, was der eine als Verbesserung für sich ansieht, betrachtet ein anderer als persönliche Benachteiligung.
8. Rechtzeitiges Einschalten aller Betroffenen und des Betriebs- bzw. Personalrates hilft, mögliche Widerstände offenzulegen, sie zu kanalisieren und Reibungsverluste zu vermindern.
9. Organisatorische Veränderungen sind insbesondere dann erfolgreich, wenn sie für die Betroffenen (auch) Vorteile mit sich bringen oder wenn unvermeidbare Nachteile durch eine geeignete »Entschädigung« angemessen ausgeglichen werden.
10. Die alte Erfahrung, daß in Wirklichkeit alles länger dauert, als man vorher angenommen hatte, trifft auf Organisationsveränderungen in ganz besonderer Weise zu.

Check-Liste

Aussage zum Ist-Zustand	Selbsteinschätzung*)		
	+	+/–	–
1. Bei organisatorischen Änderungen wissen und akzeptieren wir, daß die Betroffenen den Maßnahmen zunächst einmal mit Vorbehalten gegenüberstehen.			
2. In solchen Fällen verlassen wir uns nicht auf taktische Manöver, sondern bemühen uns aufrichtig, Notwendigkeit und Konsequenzen mit Vor- und Nachteilen für den Betroffenen aufzuzeigen und Widersprüche gemeinsam mit ihm zu erörtern.			

Aussage zum Ist-Zustand	Selbsteinschätzung*)		
	+	+/–	–
3. Auch wenn wir merken, daß Einwände und Widerstände gegen Organisationsmaßnahmen nur scheinbar sachlich orientiert sind, nehmen wir sie ernst und versuchen, durch Berücksichtigung der vorgetragenen Bedenken und Alternativen, den Mitarbeiter für unsere Auffassung zu gewinnen.			
4. Wir machen uns nichts vor: der Mitarbeiter auf der Sachbearbeiterebene vertritt in solchen Situationen in gleicher Weise seine legitimen persönlichen Interessen, wie es die Mitglieder der obersten Leitungsebene tun würden und auch tatsächlich tun.			
5. Für Konfliktsituationen – nicht nur auf Grund von organisatorischen Maßnahmen – gibt es bei uns Mittel und Wege, sie zu kanalisieren und für sie Lösungen zu finden. Dazu gehört auch das Mittel der Beschwerde.			
6. Damit es jedoch gar nicht erst zu unnötigen Konfliktsituationen kommt, verfolgen wir im Rahmen unserer Organisationsentwicklung das Ziel, bereits im Vorfeld organisatorischer Veränderungen durch Beteiligung der betroffenen Mitarbeiter eine für alle akzeptable Lösung zu finden.			

Aussage zum Ist-Zustand	Selbsteinschätzung*)		
	+	+/–	–
7. Schließlich wissen wir, daß informierte Mitarbeiter, die sich auch in Organisationsfragen auskennen, die beste Voraussetzung dafür sind, daß die notwendigen Maßnahmen der Organisationsentwicklung gemeinsam getragen und zu einem erfolgreichen Abschluß gebracht werden.			
8. Im Zusammenhang mit allen Fragen der betrieblichen Organisation arbeiten wir mit dem Betriebs- bzw. Personalrat vertrauensvoll zusammen.			

*) + = Stimmt genau! Ich kann zufrieden sein.
+/– = Es geht so! Ich muß aufpassen.
– = Stimmt nicht! Ich muß hier etwas tun.

Aufgabe:

Überlegen Sie, welche zwischenmenschlichen Konflikte und sachlichen Probleme größeren Ausmaßes es in der Vergangenheit anläßlich von Organisationsmaßnahmen gegeben hat. Was waren die Gründe hierfür? Welche Fehler wurden begangen? Wie könnte man es in ähnlicher Situation das nächste Mal besser machen?

3 Aufbau- und Ablauforganisation

3.1 Die Verzahnung von Aufbau- und Ablauforganisation zu einer leistungsfähigen Betriebsorganisation

»Betriebsorganisation erweist sich oft als Nadelöhr für den Unternehmenserfolg.«

Bei der Beschreibung der Organisationsstruktur eines Unternehmens geht es ähnlich zu wie beim Kreuzworträtsel: man muß den senkrechten und den waagerechten Linien folgen und stellt dabei fest, daß die einzelne Stelle sowohl Teil der senkrecht angelegten Aufbauorganisation als auch der waagerecht verlaufenden Ablauforganisation ist.

Die Seite der Betriebsorganisation, die sich mit Fragen

- der Stellengliederung,
- des Über- und Unterstellungsverhältnisses von Stellen,
- der Gruppen-, Abteilungs- und Ressortbildung und
- der vertikalen Unternehmens- oder Konzernstruktur

befaßt, wird Aufbauorganisation genannt. Sie ist nicht allein auf Unternehmen beschränkt, sondern gilt auch für Behörden, Verbände, Vereine, ja, im Prinzip für alle Gruppen von Menschen, die zu einem gemeinsamen Zweck zusammenarbeiten oder zusammenleben. Sie entspricht dem vielfach auch in der Natur vorkommenden Ordnungsprinzip, wonach Gruppen von Lebewesen sich hierarchisch formieren, um bestmöglich zu leben und zu überleben.

Anders hingegen ist es mit der Ablauforganisation, die man als ein zwangsläufiges Ergebnis zunehmender Arbeitsteilung im Hinblick auf betriebliche Zwecke und wirtschaftliche Ziele ansehen muß. Um eine bestimmte Leistung zu erbringen, werden viele Menschen unterschiedlicher Ausbildung und Erfahrung gebraucht. Jeder einzelne von ihnen

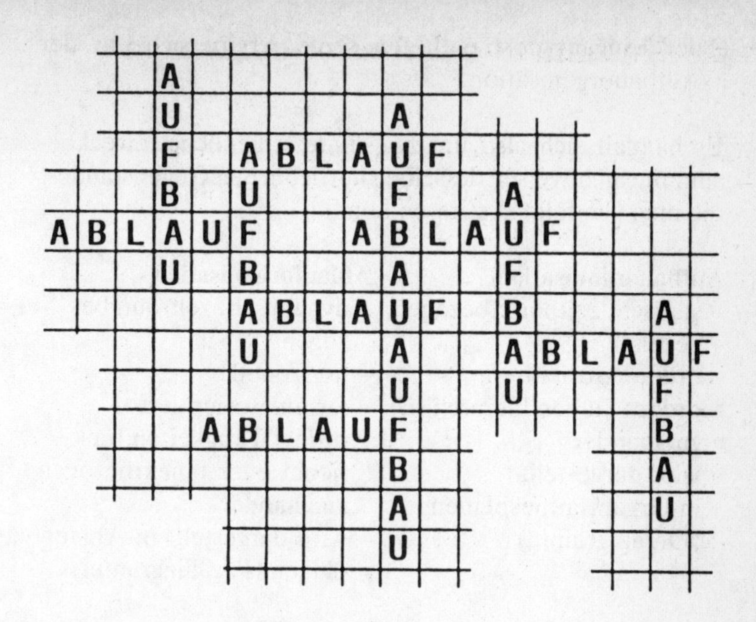

Aufbauorganisation (senkrecht) und Ablauforganisation (waagerecht) verzahnen sich wie bei einem Kreuzworträtsel.

bringt – unterstützt durch Betriebs- und Hilfsmittel – seine Teilleistung, die mit anderen Teilleistungen ergänzt wird, so daß letztlich das gewünschte und auch entsprechend geplante Gesamtergebnis erreicht wird.

Beispiele: Ob der Fuhrpark dem Leiter Technik oder dem Leiter Vertrieb unterstellt wird, ist in erster Linie eine aufbauorganisatorische Frage; wie beide ihren Dienstwagen beim Fuhrpark anfordern und zur Verfügung gestellt bekommen, eine ablauforganisatorische. – Wenn sich mit der Öffnung und Verteilung der Eingangspost der Chef selbst befaßt, und nicht seine Sekretärin, ist dies vor allem eine Angelegenheit der Ablauforganisation. Daß der Chef eine Sekretärin hat, die ihn nach Möglichkeit von Aufgaben wie das Sichten und Sortieren der Eingangspost entlasten sollte, ergibt sich aus der Aufbauorganisation.

Es handelt sich also um zwei unterschiedliche, zweckbestimmte Sichtweisen desselben betrieblichen Gegenstandes, die man wie folgt skizzieren könnte:

Aufbauorganisation	**Ablauforganisation**
– statisch, zeitpunktbezogen	– dynamisch, zeitraumbezogen
– vertikal	– horizontal
– ordnungsorientiert	– leistungsorientiert
– ordnet Stellen hierarchisch zueinander	– ordnet Tätigkeiten funktional oder objektbezogen zueinander
– wird dargestellt in Organisationsplänen (Organigramm)	– wird dargestellt in Ablaufplänen (Flußdiagramm)

Womit fängt man nun an? Was ist wichtiger: die Aufbau- oder die Ablauforganisation? Wird ein Betrieb ganz neu geplant, sozusagen auf die grüne Wiese gebaut, und ist man also nur wenig durch vorhandene Sachverhalte gebunden, so sollte die Ablauforganisation so weit wie möglich im Vordergrund stehen. Hier bieten sich einmalige und für die Zukunft bindende Chancen, Arbeitsabläufe mit hoher Produktivität zu installieren, kostengünstig zu produzieren, attraktive Arbeitsplätze zu schaffen und umweltschonende Technologien einzusetzen.

Da jedoch in den meisten Fällen von einem konkret bestehenden Betrieb ausgegangen werden muß, wird man zunächst die gegebene Aufbaustruktur zu beachten haben; denn sie zu verändern, bedeutet zumeist, einigen Mitarbeitern etwas zu nehmen, anderen zu geben, Mitarbeiter umzusetzen oder neu einzuarbeiten; in jedem Fall aber Unruhe. Jedoch muß von den Gegebenheiten der Aufbauorganisation stets sofort der Bogen zu den Notwendigkeiten der Ablauforganisation geschlagen werden. Aufbauorganisation darf also nicht ohne Blick auf die Ablauforganisation (und umgekehrt) erfolgen.

Praktischer Tip: Neben der graphischen Darstellung von Aufbau- und Ablauforganisation in Form von Organigrammen und Diagrammen ist die Stellenbeschreibung ein besonders geeignetes Mittel, die sinnvolle Verknüpfung beider Organisationsansätze anschaulich, überprüfbar und entwicklungsfähig zu machen. Als Beschreibung einer Stelle wird der aufbauorganisatorische Aspekt deutlich. Legt man – bildlich gesprochen – alle Stellenbeschreibungen entsprechend der Stellengliederung über- und nebeneinander, so müßten sich anhand der Aufgabenformulierungen die vollständigen Abläufe in den beteiligten Stellenbeschreibungen widerspiegeln.

Der aufbauorganisatorische Ist-Zustand eines Betriebes kann oft nur historisch erklärt und begründet werden. Es wird in einem bestimmten Bereich organisiert, um erkannte Mängel zu beseitigen oder die Wiederholung aufgetretener Fehler künftig zu vermeiden (»aus gegebener Veranlassung«), noch häufiger unterbleiben aber organisatorische Neuerungen, weil es schon immer so und noch nie anders gemacht wurde.

Beispiel: Es ist erstaunlich, was die Chefsekretärinnen mancher Firmen seit Jahren neben den eigentlichen Sekretariatsaufgaben noch alles für Aufgaben wahrzunehmen haben: Personalverwaltung, Gehaltsabrechnung, Einkauf, Angebotskalkulation, Werbung, Buchführung, Gebäude- und Grundstücksverwaltung usw. Das mag ursprünglich eine zweckmäßige Lösung gewesen sein, aber inzwischen ist der Betrieb gewachsen. Die Aufgaben hätten schon lange an andere Abteilungen und Stellen abgegeben werden müssen. Es bleibt jedoch beim alten Zustand, weil man nicht daran denkt oder sich nicht traut, von einmal getroffenen Organisationsentscheidungen wieder abzurücken.

Ein Organisationsplan ist jedoch kein Kunstwerk von steigendem Wert. Er wird nicht für die Ablage im Archiv angefertigt, sondern zum Gebrauch als Planungs-, Informations- und Entscheidungsunterlage. Damit soll er ebenso zur Verwirklichung der Unternehmenszielsetzung beitragen, wie etwa der Finanzplan, der Produktionsplan oder der Verkaufsplan. Aufbauorganisation soll also nicht traditionsbedingter, zufälliger Ist-Zustand und auch nicht die Hierarchie der Statussymbole, der Ränge oder anderer Eitelkeiten sein, sondern die im Hinblick auf das Gesamtziel strategisch günstigste Aufgliederung des Gesamtunternehmens und die ablaufbedingt optimale Formation aller Stellen im Betrieb.

Für die strukturorganisatorische Gestaltung eines Betriebes bieten sich heute sehr viel mehr bewährte Lösungsmöglichkeiten mit zusätzlichen Regelungsdimensionen an als den meisten Betrieben bekannt oder bewußt sind. Divisonalisierung, Spartenorganisation, Matrixorganisation, die organisatorische Integration externer Stellen, »Querschnittsfunktionen« wie Projektmanager, Systemmanager, Manager mit besonderem Auftrag oder mit Sondervollmachten, Koordinatoren usw. – jeweils einzeln für sich, aber auch im Sinne einer Tensor-Organisation mehrfach untereinander kombinierbar – bieten eine Fülle von Ansatzpunkten zu effizienten und wirtschaftlichen Lösungen für maßgeschneiderte Organisationsstrukturen. Maßstab für deren Eignung ist und bleibt jedoch letztlich der Mensch, der dafür fähig und dazu willens sein muß, wenn anspruchsvollere organisatorische Lösungen im Betrieb mit Erfolg angewendet werden sollen.

Ob die betriebliche Aufbauorganisation nun gut oder schlecht ist, ob sie wirtschaftlich oder unwirtschaftlich ist, ob man sie als aufgebauscht oder als schmalbrüstig bezeichnen kann oder im Hinblick auf den Betriebszweck als geeignet oder ungeeignet ansehen muß, hängt eben vom Unterneh-

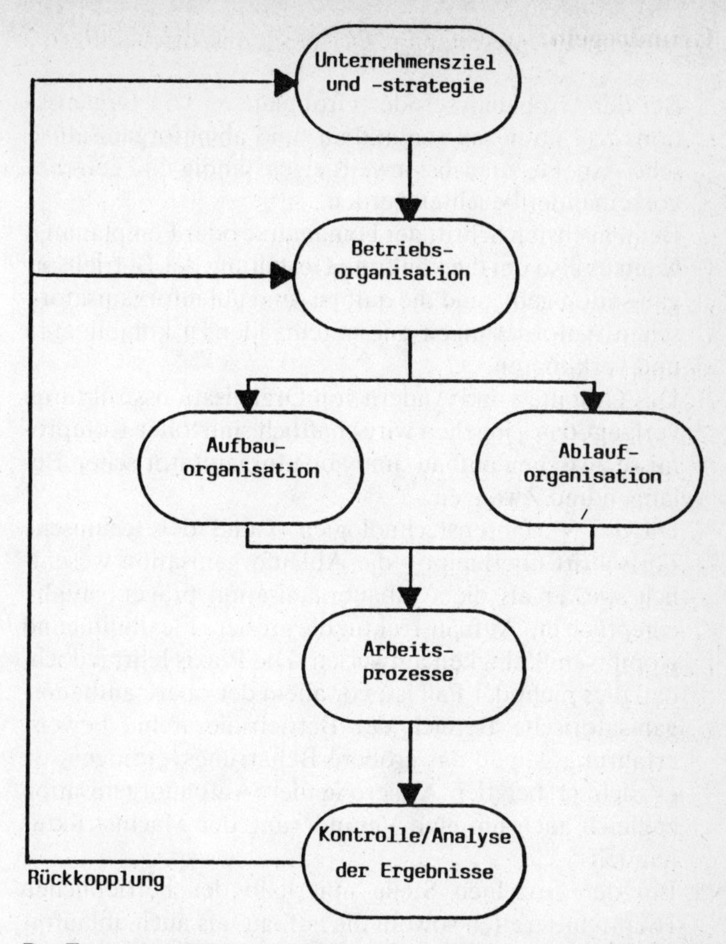

Der Zusammenhang von Unternehmensziel und Betriebsorganisation. Die Richtungspfeile deuten logische Abhängigkeiten an.

menszielund den daraus für die nachgeordneten Bereich abgeleiteten Teilzielen ab. Erst wenn diese Zielvorgaben eindeutig feststehen und die wesentlichen übrigen Anforderungen – auch von der Ablauforganisation her – definiert sind, kann beurteilt werden, ob der organisatorische Aufbau des Unternehmens optimal ist.

Grundregeln:

1. Bei der Grobanalyse oder Grobplanung von Organisationsstrukturen müssen aufbau- und ablauforganisatorische Aspekte zunächst jeweils eigenständig und getrennt von einander beachtet werden.
2. Beim nächsten Schritt der Feinanalyse oder Feinplanung, wenn es also um die konkrete Gestaltung der Betriebsorganisation geht, sind die aufbau- und ablauforganisatorischen Anforderungen eng miteinander zu kombinieren und verknüpfen.
3. Das Gestalten und Ändern von Organisationsstrukturen verlangt das Eingehen wirtschaftlich sinnvoller Kompromisse zwischen aufbau- und ablauforganisatorischen Belangen und Zwängen.
4. Da die Verfahrenstechnologien – und der technische Fortschritt überhaupt – die Ablauforganisation wesentlich stärker als die Aufbauorganisation prägen, müßte eigentlich die Aufbaustruktur die größere Flexibilität und Kompromißfähigkeit aufweisen. Die Praxis lehrt jedoch, daß dies nicht der Fall ist; vor allem der obere aufbauorganisatorische Bereich der Betriebshierarchie beweist erfahrungsgemäß das größere Beharrungsvermögen, da es sich ja bei der Änderung der Aufbauorganisation zugleich auch um eine Veränderung der Machtstruktur handelt.
5. Bei der einzelnen Stelle innerhalb der betrieblichen Hierarchie treffen sowohl die aufbau- als auch ablauforganisatorischen Merkmale aufeinander. Die Stellenbeschreibung ist dabei ein doppeltes Puzzle-Stück: sie muß sich nahtlos sowohl in die Aufbau- als auch in die Ablaufstruktur einfügen.
6. Für Betriebe mit besonders anspruchsvollen oder komplexen Leistungsprozessen bieten sich zunehmend flexiblere und kompromißfreundlichere strukturorganisatorische Modelle an, die über die klassische Linien- oder Stab-Linien-Organisation hinausgehen (Manager mit

»Querschnittsfunktion«, Sparten-, Projekt-, Matrix-, Tensor-Organisation).

7. In der Verknüpfung von aufbau- und ablauforganisatorischen Belangen können Organisationsmodelle stets nur einen Anhalt geben. Jeder Betrieb muß selbst sein zieladäquates gesamtorganisatorisches Optimum finden.
8. Organisationsstrukturen müssen sichtbar gemacht werden. Sie gehören zur Grundinformation aller Mitarbeiter über ihren Betrieb. Wem die Aufbau- und Ablaufstrukturen geläufig sind, dem fällt es leichter, mit anderen Stellen sachbezogen und sachverständig zusammenzuarbeiten.

Check-Liste

Aussage zum Ist-Zustand	Selbsteinschätzung*)		
	+	+/–	–
1. Bei uns sind Aufbau- und Strukturorganisation recht gut miteinander verknüpft, weil uns die Wechselbeziehung zwischen beiden Organisationsansätzen bewußt ist.			
2. Wir können anhand von Organisationsplänen und anderen graphischen Unterlagen die Struktur unserer Betriebsorganisation in ihrer früheren und heutigen Ausprägung belegen und sie für die Zukunft planen und fortschreiben.			
3. Wenn es ablauforganisatorisch zwingend erforderlich ist, stellen wir auch die Gliederung unserer Fachbereiche und Abteilungen in Frage, planen geänderte oder neue Organisationseinheiten und gliedern tatsächlich auch um.			

Aussage zum Ist-Zustand	Selbsteinschätzung*)		
	+	+/–	–
4. Auch die Unternehmensleitung und die oberen Führungsebenen stellen notwendigen strukturorganisatorischen Anpassungen keine unüberwindlichen persönlichen Vorbehalte entgegen, auch wenn es ihren persönlichen Verantwortungsbereich betrifft.			
5. Würde man bei uns alle Stellenbeschreibungen im Gesamtzusammenhang analysieren, dann würde man sicherlich feststellen können, daß sie insgesamt alle wesentlichen betrieblichen Abläufe weitgehend vollständig enthalten.			
6. Wir setzen zur Überwindung von strukturellen betrieblichen Engpässen und zur Verbesserung der Effizienz auch besondere aufbau- und ablauforganisatorische Sonderformen ein, etwa Produkt-, Projekt-, System-Manager oder andere Beauftragte und Bevollmächtigte mit sogenannter »Querschnittsfunktion«.			
7. Wir haben uns im Hinblick auf die gestiegenen betriebsorganisatorischen Anforderungen auch intensiv mit den Möglichkeiten einer Matrix-Organisation befaßt. Wir sind der Meinung, daß wir dabei zu einem richtigen Ergebnis gekommen sind.			
8. Uns ist bewußt, daß es bei der Frage nach der optimalen Organisations-			

Aussage zum Ist-Zustand	Selbsteinschätzung*)		
	+	+/–	–
struktur nicht um Papierlösungen geht, sondern um solche, die für die Mitarbeiter begreifbar, durchführbar und annehmbar sind.			

*) + = Stimmt genau! Ich kann zufrieden sein.
+/– = Es geht so! Ich muß aufpassen.
– = Stimmt nicht! Ich muß hier etwas tun.

Aufgabe:

Überlegen Sie, wo bei der Organisationsstruktur Ihres Betriebes die Stärken und Schwächen liegen. Berücksichtigen Sie dabei neben den wirtschaftlich und technisch wirksamen Kriterien auch soziale und atmosphärische.

Stärken	Schwächen

3.2 Stellen, Abteilungen und andere Organisationseinheiten

»In einer hierarchischen Organisation nimmt das Durcheinander mit jeder höheren Stufe zu.«
(Dow'sches Gesetz)

Die kleinste Organisationseinheit im Betrieb ist die Stelle. Sie wird in der Regel durch einen Mitarbeiter besetzt, der für die Wahrnehmung der Aufgaben dieser Stelle gewöhnlich seine gesamte Arbeitszeit einbringt. Teilzeitstellen, mehrfach besetzte Stellen im Rahmen des Job-Sharings oder des Schichtbetriebes sowie Bruchteilstellen, etwa auf Grund von Personalunions-Regelungen (z.B. ein Mitarbeiter besetzt gleichzeitig zwei Stellen, und zwar zu zwei Dritteln die Stelle *Leiter Revision* und zu einem Drittel die Stelle *Datenschutzbeauftragter),* bilden hierzu an sich die Ausnahme. Für bestimmte Betriebe oder in bestimmten Situationen kann eine solche Ausnahme allerdings auch Regelcharakter haben.

> **Beispiel:** Die Firmengruppe Maurer besteht im wesentlichen aus drei Schwesterfirmen, die alle im Bau- und Wohnungsmarkt tätig sind. Jede dieser drei Firmen hat einen technischen und einen Vertriebsbereich mit eigenen Mitarbeitern. Im Bereich der kaufmännischen Verwaltung jedoch sind die meisten vergleichbaren Positionen mit denselben Mitarbeitern besetzt. In der Betriebsabrechnung gilt für jeden dieser Mitarbeiter ein dreigeteilter Schlüssel zur Verteilung der Lohn- und Gehaltskosten entsprechend seines tatsächlichen Arbeitsaufwandes für jede dieser drei Firmen. Dies verlangt schon das Finanzamt.

Der Spezialisierungsgrad der Aufgaben einer Stelle steht gewöhnlich im umgekehrten Verhältnis zur Betriebsgröße. Je größer der Betrieb, desto stärker die Spezialisierung in den einzelnen Stellen. Je mehr Spezialisierung allerdings, desto notwendiger eine übergeordnete Koordination. Dieser Sachzusammenhang trägt wesentlich dazu bei, daß Betriebe hierarchisch aufgebaut sind. Um die Übersicht zu behalten und die Führungsfähigkeit zu sichern, werden mehrere Stellen zu einer Organisationseinheit nächsthöherer Größenordnung zusammengefaßt und der Leitung eines Vorgesetzten anvertraut. Eine solche hierarchisch strukturierte Gruppe (im Gegensatz zum hierarchiefreien Team), etwa unter einem Gruppenleiter, Sachgebietsleiter, Kolonnenführer oder Referatsleiter als Vorgesetzten, stellt nicht nur eine Ansammlung von Stellen dar, sondern bildet eine eigene Organisationseinheit. Deren Ziele und Aufgaben schlagen sich dann in der Stellenbeschreibung des Vorgesetzten nieder.

Beispiel: In der Stellenbeschreibung des Gruppenleiters Gewerbliche Ausbildung heißt es: »Der Leiter der Gruppe *Gewerbliche Ausbildung* hat *gemeinsam* mit seinen Mitarbeitern und den ihm zugeordneten Ausbildern dazu beizutragen, daß alle Auszubildenden eine solide, praxisnahe Ausbildung erhalten als Grundlage für einen bestmöglichen Ausbildungsabschluß, für einen weiterhin erfolgreichen Berufsweg und als Voraussetzung für eine anforderungsgerechte weitere Verwendung innerhalb des Betriebes ...«

Die Gruppe ist also mehr als die Summe der ihr zugehörigen Stellen; denn sie hat ein eigenständiges, gemeinsames übergeordnetes Ziel, das für ein möglichst hohes Maß an Übereinstimmung der Interessen der Gruppenmitarbeiter sorgt.

Auf allen Ebenen der betrieblichen Hierarchie wiederholt sich dieser Vorgang der Bildung von Organisationseinheiten, der schließlich den betrieblichen Organisations- und Leitungsaufbau zum Ergebnis hat. Schematisch gesehen läuft dieser Vorgang wie folgt ab:

1. Vermehrung der Organisationseinheiten wegen zunehmender quantitativer und qualitativer Anforderungen;

2. Verlust an Übersicht und Führbarkeit bzw. Mehrbedarf an Koordination und Führung;
3. Aufteilen bzw. Zusammenfassen dieser Organisationeinheiten zu neuen eigenständigen Organisationseinheiten gleicher bzw. nächsthöherer Ordnung;
4. Bestimmen des Leiters dieser neuen Organisationseinheit, der gegenüber den direkt nachgeordneten Stellen im Hinblick auf den hierarchischen Aufbau eine Leitungsinstanz darstellt und im Hinblick auf die Personalführung Vorgesetzter wird;
5. Anpassen der Organisationsunterlagen (Organisationsplan, Stellenbeschreibungen, Ablaufregelungen) an die geänderte Organisationsstruktur.

Beispiel: Die Einrichtung zweier neuer Sachbearbeiterstellen im Bauamt einer Kommunalverwaltung führte auf Grund der geltenden Richtwerte für die Arbeitsplatzbewertung dazu, daß eine zusätzliche Sachgebietsleiterstelle und als Folge dieser Veränderung wenig später eine weitere Abteilungsleiterstelle eingerichtet wurden. Die abschließende Bilanz sah wie folgt aus: Einrichtung zweier neuer Sachbearbeiterstellen, Beförderung eines Sachbearbeiters zum Sachgebietsleiter und eines Sachgebietsleiters zum Abteilungsleiter, wobei letztlich nicht nur die Stellen der Beförderten angehoben wurden, sondern auch die Stelle des Amtsleiters selbst.

Das Einrichten, Ändern oder Streichen von Stellen kann weitreichende Nebenwirkungen haben, insbesondere dann, wenn sie am Rande des organisatorisch Möglichen und menschlich Zumutbaren vorgenommen werden. Geschickte Karriereschmiede wissen solche Nebenwirkungen für ihr persönliches Wohl zu nutzen. Eine zusätzliche Stelle kann nun mal – je nach Auslastungsgrad der Führungsspanne des Vorgesetzten – in der Konsequenz die Bildung einer zusätzlichen Gruppe notwendig machen.

Praktischer Tip: Es muß nicht immer gleich eine neue Stelle sein. Bevor Sie eine neue Stelle beantragen, genehmigen oder einrichten, prüfen Sie erst, ob nicht eine andere Aufgabenverteilung möglich ist. Manchmal reicht es, einen vorhandenen Mitarbeiter durch Schulung zusätzlich zu qualifizieren, so daß dieser zwar einen Teil seiner bisherigen Aufgaben an einen anderen Mitarbeiter abgibt, dann aber doch in der Lage ist, die neuen Aufgaben zusätzlich zu übernehmen.

Das Problem der optimalen Führungsspanne soll allerdings an anderer Stelle behandelt werden. Hier gilt es zunächst weiterzuverfolgen, wie sich der Organisationsaufbau auf den oberen Ebenen eines Betriebes oder gar im Rahmen eines Komplexes von mehreren Betrieben entwickelt. Klassisch ist der nachfolgende schematische Aufbau über die folgenden Organisationsstufen: Stelle – Gruppe – Abteilung – Hauptabteilung – Bereich/ Ressort – Betrieb/Unternehmen – Unternehmensgruppe/Konzern.

Stellen, Gruppen und Abteilungen sowie bei großen Betrieben auch die Hauptabteilungen stellen in der klassischen verrichtungsorientierten Betriebsorganisation Organisationseinheiten mit gleicher Funktionszugehörigkeit dar. Bei Bereichen bzw. Ressorts bündeln bzw. verbinden sich mehrere, möglichst verwandte Funktionen zu einem Organisationsverband. So kann der Bereich Technik als Organisationsverband etwa die Hauptabteilungen Forschung und Entwicklung, Werkstechnik, Produktion und Technische Stäbe als Organisationseinheiten umfassen. Die Organisationseinheit Hauptabteilung Personal schließt die Abteilungen Personalverwaltung, Vergütungsabrechnung, Sozialwesen sowie Aus- und Weiterbildung als kleinere Organisationseinheiten ein.

Diesen Organisationsaufbau findet man im Prinzip in allen großen Organisationen wieder, ob im Bereich der Wirtschaft, der öffentlichen Verwaltung, des Verbandswesens, des Militärs oder der kirchlichen Institutionen. Da für

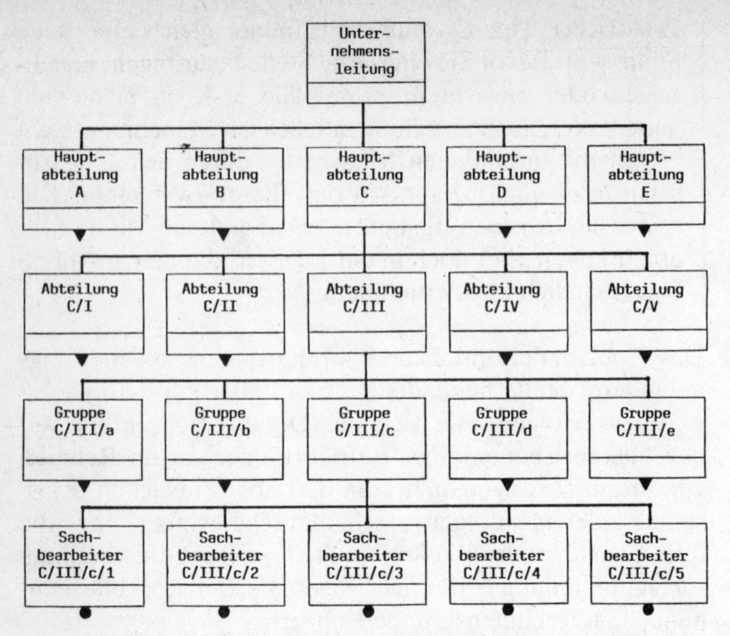

Schematischer Aufbau von Stellen, Gruppen, Abteilungen und Hauptabteilungen eines Unternehmens. Die Führungsspanne beträgt jeweils fünf Stellen. Die schwarze Pfeilspitze am unteren Rand des Kästchens deutet an, daß jeweils weitere Stellen nachgeordnet sind. Der schwarze Punkt bedeutet, daß keine weiteren Stellen mehr folgen.

jede Organisationseinheit eine Leitungsposition ausgewiesen wird, ergibt sich aus dem Organisationsaufbau im allgemeinen auch die Ranghierarchie. Die Organisationsstufe bildet dabei die Grundlage der Rangstufe:

Organisationsstufe	**Rangstufe**
– Gruppe	– Gruppenleiter
– Abteilung	– Abteilungsleiter
– Hauptabteilung	– Hauptabteilungsleiter
– Bereich	– Bereichsleiter

Eine Fülle von Abweichungen und Ergänzungen sind hierzu nicht nur denkbar, sondern auch tatsächlich in der Wirklich-

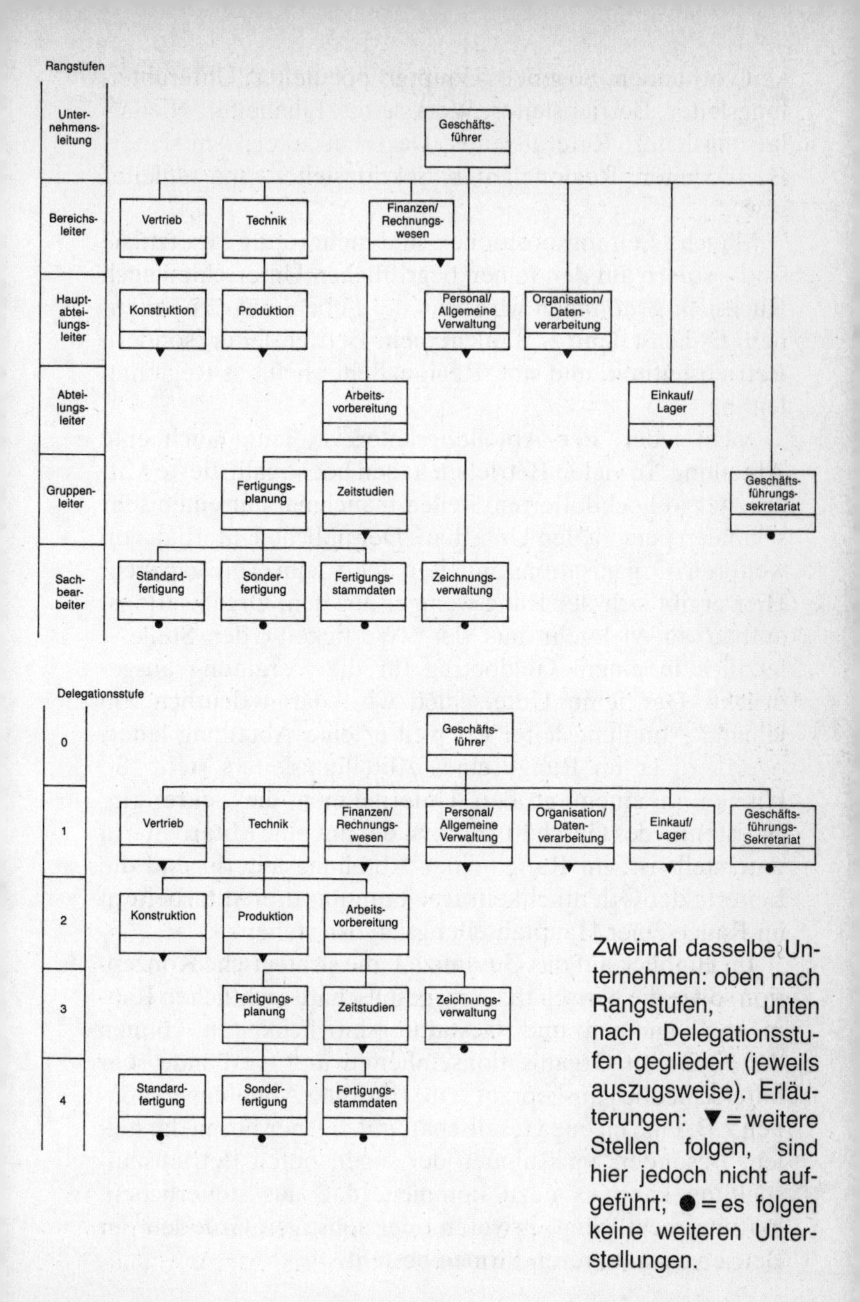

Zweimal dasselbe Unternehmen: oben nach Rangstufen, unten nach Delegationsstufen gegliedert (jeweils auszugsweise). Erläuterungen: ▼ = weitere Stellen folgen, sind hier jedoch nicht aufgeführt; ● = es folgen keine weiteren Unterstellungen.

keit vorhanden. So gibt es Hauptgruppenleiter, Unterabteilungsleiter, Betriebsleiter, Werksleiter, Filialleiter, Niederlassungsleiter, Referatsleiter, Dezernatsleiter, Amtsleiter, Bezirksleiter, Regionalleiter, Sektionsleiter, Spartenleiter usw.

Manche Leitungspositionen sind mehrköpfig besetzt; sie sind – sofern auf den feinen begrifflichen Unterschied auch Rücksicht genommen wird – an der Silbe »-ung« zu erkennen. Es heißt dann z. B. nicht mehr Betriebsleiter, sondern Betriebsleitung, und statt Regionalleiter heißt es Regionalleitung.

Nicht jeder, der Abteilungsleiter ist, leitet auch eine Abteilung. In vielen Betrieben haben hochqualifizierte Mitarbeiter in hochdotierten Stellen manchmal nur einen sehr schmalen personellen Unterbau. Der übliche Unterbau von weiteren Organisationseinheiten fehlt zum Teil gänzlich. Hier ergibt sich der Rang weniger aus dem Organisationsaufbau als vielmehr aus der »Wertigkeit« der Stelle – letztlich in einem Geldbetrag für die Vergütung ausgedrückt. Der feine Unterschied wird daran deutlich, ob jemand Abteilungsleiter ist, weil er eine Abteilung leitet, oder weil er im Range eines Abteilungsleiters steht. So können in einem großen Unternehmen die Sekretärin/Assistentin des Geschäftsführers, der nur eine Mitarbeiterin unterstellt ist, im Range einer Abteilungsleiterin und die Leiterin der Öffentlichkeitsarbeit mit nur drei Mitarbeitern im Range einer Hauptabteilungsleiterin stehen.

Im Hinblick auf das Gesamtziel, die strategische Konzeption sowie die wirtschafts- und gesellschaftsrechtlichen Rahmenbedingungen und Gestaltungsmöglichkeiten können die einzelnen Organisationseinheiten und -verbände sehr unterschiedlich ausgeprägt sein. Einzelne Abteilungen können z.B. eine eigene Gesellschaft mit eigener Firma darstellen. Besonders im Rahmen der sogenannten Betriebsaufspaltung kann es dazu kommen, daß aus steuerlichen, haftungsrechtlichen, privaten oder sonstigen Gründen der Betrieb aus mehreren Firmen besteht.

Beispiel 1: Auf Anraten ihres Steuerberaters hat die Firma Klunker Natursteine GmbH & Co. KG ihre umfangreichen Grundstücke in eine eigene Grundstücksgesellschaft eingebracht und mit ihr die erforderlichen Pacht- und Nutzungsverträge abgeschlossen, damit ihr die Grundstücke wie bisher auch künftig zur Verfügung stehen.

Beispiel 2: Das Versandhaus Fritz hat seine umfangreiche EDV-Abteilung einschließlich des Letter-Shops in eine eigene EDV-Service-Firma umgewandelt und und ist dort gleich selbst der größte und treueste Kunde geworden. Die neugegründete Firma führt jetzt auch für andere Betriebe EDV-Aufträge durch.

Zumeist in größeren Unternehmen werden die Organisationseinheiten und -verbände zunehmend nach strategischen Gesichtspunkten formiert und integriert. Mit Hilfe sogenannter »Strategischer Geschäftseinheiten (SGE)« wird versucht, den vielfältigen vorrangigen Erfordernissen des Marktes noch besser gerecht zu werden, um gegenüber dem Wettbewerb eine noch günstigere Ausgangsposition einzunehmen. Konzerne organisieren sich nach dem Spartenprinzip, gliedern sich durch Divisionalisierung in selbständige Tochterunternehmen und bilden Profit-Centers nach unterschiedlichsten Kriterien. Solche »Unternehmen im Unternehmen« können sich z.B. an Zielgruppen, Produktgruppen, Produktanwendungsbereichen, regionalen und internationalen Märkten oder auch an Produktionsstufen orientieren.

Auch hier geht es darum, möglichst starke und weitestgehend autonome Organisationsverbände zu schaffen, die bei eigener Ergebnisverantwortung eigenständige Strategien für den Markt entwickeln und auch umsetzen. Die oberste zentrale Instanz solcher strategischen Organisationsverbände ist dann häufig nur noch eine Holding-Gesellschaft relativ bescheidenen Ausmaßes. Eine solche Verwaltungsgesellschaft betreibt selbst keine Geschäfte mehr, sondern ist im wesentlichen damit beschäftigt, ihre Beteiligungen am mehr oder weniger langen Zügel mit Vorgaben zu steuern, die Ergebnisse zu kontrollieren, die Ressourcen zu verteilen, große Investitionen zu genehmigen und neue Strategien – insbesondere auch durch organisatorische Strukturierung der von ihr beeinflußten Unternehmen – zu entwickeln.

Die Umstrukturierung vom klassischen, funktionsorientierten Unternehmen auf einen strategisch formierten Unternehmensverband fällt erfahrungsgemäß um so schwerer, je größer und traditionsreicher das betreffende Unternehmen ist. Schnell gewachsene oder zusammengekaufte Firmen und Firmengruppen verfügen eher über Erfahrungen und Übungen in den Prozessen der organisatorischen Umstrukturierung. Management und Mitarbeiter finden sich leichter mit den manchmal schmerzhaften Operationen ab und akzeptieren schneller die auch für sie spürbaren positiven wie negativen Veränderungen in ihrem Arbeitsbereich. Hier kommt es darauf an, durch die bewußte Stärkung der Grundsätze der Organisationsentwicklung zu erreichen, daß strukturelle organisatorische Änderungen in der Form sanft, im Inhalt überzeugend und im Ergebnis effizient durchgeführt werden.

Grundregeln:

1. Beim Organisationsaufbau eines Betriebes wird von der einzelnen Stelle als der kleinsten Organisationseinheit ausgegangen, wobei durch eine an Zielen, Funktionen, Effizienz und an die Notwendigkeit der Zusammenarbeit orientierte Stellenbündelung die nächstgrößere Organisationseinheit gebildet wird.
2. Hierarchisch strukturierte Gruppen im Rahmen der Linienorganisation sollen ebenso wie hierarchiefreie Teams den Erkenntnissen der Gruppendynamik Rechnung tragen. Der Gruppenleiter als Vorgesetzter und seine Mitarbeiter sollen eine kooperative Einheit bilden.

3. Maßgeblich für das Zusammenfassen von Organisationseinheiten zu nächstgrößeren Organisationseinheiten ist die zumutbare Führungsspanne des Vorgesetzten, die wiederum durch zahlreiche qualitative und quantitative Merkmale seines Umfeldes geprägt wird.
4. Hauptkriterium bei der Auswahl der zusammenzufassenden Organisationseinheiten ist die Funktionszugehörigkeit. Bei funktionaler Orientierung erfolgt die Zusammenfassung von gleichen oder verwandten Funktionen, bei strategischer Orientierung werden unterschiedliche Funktionen zu einem möglichst autonomen Organisationsverband zusammengefaßt.
5. Mit der Integration unterschiedlicher Funktionen zu einer Strategischen Geschäftseinheit (SGE) haben Unternehmen die Möglichkeit, sich optimal auf bestimmte Marktsegmente auszurichten.
6. Die Schaffung organisatorisch autonomer SGE kann, muß aber nicht auch die rechtliche Selbständigkeit nach sich ziehen. Umgekehrt können einzelne Organisationseinheiten rechtlich verselbständigt werden, ohne daß sie über ein eigenständiges strategisches Konzept verfügen, sondern nur einen Teil davon darstellen.
7. Je stärker die Marktausrichtung, desto weniger werden Organisationseinheiten und -verbände unter dem Gesichtspunkt funktionaler Einheitlichkeit zusammengestellt und desto stärker richtet sich die strukturelle Gliederung nach den marktstrategischen Erfordernissen.

Check-Liste

Aussage zum Ist-Zustand	Selbsteinschätzung*)		
	+	+/–	–
1. In unserem Betrieb stellt sich die Organisationsstruktur nicht nur als folgerichtiges Ergebnis des Delegationsprozesses von oben nach unten und we-			

Aussage zum Ist-Zustand	Selbsteinschätzung*)		
	+	+/–	–
sentlicher querverlaufender Abläufe, sondern auch der Aufbauorganisation von unten nach oben dar.			
2. Gruppen, Abteilungen, Hauptabteilungen oder andere Organisationseinheiten sind bei uns nicht aus Tradition oder Willkür festgelegt, sondern alles in allem systematisch entwickelt und strukturiert.			
3. Damit ist auch die Struktur unseres Betriebes im unteren wie im oberen Bereich nicht bloß die Folge nachgeordneter Funktionsbereiche oder unserer zurückliegenden Entwicklung, sondern sie entspricht vor allem auch den Erfordernissen unserer strategischen Konzeption und damit auch den Anforderungen des Marktes.			
4. Wir haben zwar auch Abteilungsleiter und andere Führungskräfte, die einer Rangstufe zugehören, ohne daß ihnen eine entsprechende Organisationseinheit zugeordnet ist, dennoch kann bei uns nicht die Rede davon sein, daß es bei uns zuviele Häuptlinge und zuwenige Indianer gibt.			
5. Rangstufen (Gruppen-, Abteilungs-, Hauptabteilungsleiter usw.) sind zwar in unserem Betrieb vorhanden, sie sind jedoch weniger Titel und Statussymbol als vielmehr notwendige Organisationsbegriffe, um Positionen zu definieren und deren Leitungskompetenz zu charakterisieren.			

Aussage zum Ist-Zustand	Selbsteinschätzung*)		
	+	+/–	–
6. Gleichgültig ob es bei uns SGE gibt oder nicht gibt – auf jeden Fall ist man sich in unserem Hause der Notwendigkeit und der Möglichkeiten bewußt, das Unternehmen nach strategischen Erfordernissen zu strukturieren			
7. Aus diesem Grunde wird die Organisationsstruktur unseres Betriebes regelmäßig dahingehend überprüft, ob und inwieweit sie sowohl ein Optimum im Hinblick auf unsere strategische Konzeption darstellt als auch den aktuellen äußeren Bedingungen entspricht.			

*) + = Stimmt genau! Ich kann zufrieden sein.
+/– = Es geht so! Ich muß aufpassen.
– = Stimmt nicht! Ich muß hier etwas tun.

Aufgabe:

Bitte, beantworten Sie für sich kurz die nachfolgenden Fragen:

– Wieviele Organisationsstufen gibt es in Ihrem Betrieb?

____

____

____

– Glauben Sie, daß damit Ihr Betrieb eher zu tief oder zu breit oder daß er gerade richtig strukturiert ist?

____

____

____

– Wie würden Sie den Organisationsaufbau anders gestalten, wenn die vorhandene personelle Situation einmal ganz außer Betracht bleiben kann?

____

____

____

– Entsprechen die Rangstufenbezeichnungen der Führungskräfte in Ihrem Betrieb den vorhandenen Organisationsstufen? Welche ggfs. nicht?

____

____

– Wo, glauben Sie, könnte die Aufbaustruktur Ihres Betriebes unter marktstrategischen Gesichtspunkten – vor allem, wenn Sie an Ihre Kunden und an den Wettbewerb denken – noch verbessert werden?

____

____

____

3.3 Vertikale und horizontale Zusammenarbeit

»Zusammenarbeit soll Lust, nicht Last sein.«

Nur im Ein-Mann-Betrieb gibt es keine Probleme mit der Zusammenarbeit. Tritt eine zweite Person hinzu, zeigt es sich, ob die damit einhergehende neue Qualität einer innerbetrieblichen Zusammenarbeit eher als Erfolgs- oder als Mißerfolgsfaktor zu bewerten ist.

Handelt es sich bei der zweiten Person, die in das bisherige Ein-Mann-Unternehmen eintritt, um einen angestellten Mitarbeiter, so haben die beiden Beteiligten – der bisherige Ein-MannUnternehmer als Vorgesetzter und der neue Angestellte als sein Mitarbeiter – sich mit den Formen der vertikalen (senkrechten) Zusammenarbeit auseinanderzusetzen. Ist die hinzugekommene Person ein gleichberechtigter Partner, ein Mitunternehmer also, so dürften in Zukunft die Spielregeln und Probleme horizontaler (waagerechter) Zusammenarbeit diese Partnerschaft beschäftigen.

Beispiel 1: Rechtsanwalt Domus schafft schon seit einiger Zeit die anfallende Arbeit nicht mehr. Jedes Wochenende sitzt er in seiner Kanzlei, um Akten aufzuarbeiten und Schriftsätze zu verfassen. Bei aller Freude über den steigenden Umsatz seines Anwaltsbüros, stößt ihm der Verlust an Freizeit doch recht sauer auf. Da er Unterstützung braucht, aber sein eigener Herr bleiben will, entschließt er sich, einen jungen Juristen anzustellen. Dieser Mitarbeiter schafft zwar nach mehreren Monaten Einarbeitungszeit etwas Luft, jedoch bei weitem nicht die Entlastung, die Domus sich versprochen hat. Denn alle Schriftsätze und Konzepte seines Mitarbeiters muß er überprüfen, besprechen und oft auch überarbeiten. Als er seinen Mitarbeiter endlich so fitgemacht hat, daß er weitgehend selbständig arbeiten kann, kündigt dieser, um ein eigenes Anwaltsbüro zu eröffnen.

Beispiel 2: Rechtsanwalt Sozius hat sich hingegen, als er die Arbeitsmenge nicht mehr bewältigen konnte, einen Teilhaber gesucht, um das Anwaltsbüro künftig gemeinsam fortzuführen. Sein Kompagnon übernimmt einen Teil der Mandanten und holt sich neue Mandanten hinzu, die er selbständig betreut. Zwischen ihm und Sozius laufen viele Gespräche und Diskussionen über interessante oder schwierige Rechtsfälle, die von beiden als fruchtbar empfunden werden. Konflikte gibt es allerdings wiederholt wegen der gegenseitigen Stellvertretung und Information, der Abrechnung ihrer Einnahmen, der Inanspruchnahme der gemeinsamen Mitarbeiterinnen und schließlich wegen der Abgrenzung der Betriebskosten.

Vertikale Zusammenarbeit deckt die Aufbauorganisation ab, während sich horizontale Zusammenarbeit vorrangig nach der Ablauforganisation ausrichtet. So, wie sich Aufbau- und Ablauforganisation zu einer leistungsfähigen Gesamtstruktur des Betriebes ergänzen müssen, so sind auch vertikale und horizontale Zusammenarbeit zwei sich ergänzende Kooperationstypen, mit denen die formelle »Vernetzung« aller Stellen im Betrieb hergestellt wird.

Beide Grundtypen der innerbetrieblichen Zusammenarbeit sind grundsätzlich anspruchsvoll, was die persönlichen, zwischenmenschlichen Verhaltensweisen und den Stellenwert der allgemeinen Pflichten von Vorgesetzten, Mitarbeitern und Kollegen angeht. Dennoch unterscheiden sie sich zum Teil erheblich in bezug auf die Konsequenzen für das Verhalten, die Verbindlichkeit und die Verantwortung der Beteiligten. Die vertikale Zusammenarbeit ist in der Regel gegenüber den Formen horizontaler Zusammenarbeit wesentlich enger, direkter und verbindlicher. Der Vorgesetzte dominiert. Auch wenn sicherlich beide – der Vorgesetzte wie der Mitarbeiter – in einem gegenseitigen Abhängigkeitsverhältnis stehen, ist der Mitarbeiter doch in einem wesentlich stärkeren Maße abhängig. Die Struktur der Zusammenarbeit wird daher von einem Ungleichgewicht der Macht geprägt, bei dem im Prinzip der Vorgesetzte überlegen und der Mitarbeiter unterlegen ist.

Damit soll nicht gesagt sein, daß dieses durch Arbeitsteilung bedingte strukturelle Ungleichgewicht auch die tägliche Zusammenarbeit zwischen Vorgesetzten und Mitarbeitern im betrieblichen Alltag so prägen muß. Ebenfalls soll dies nicht heißen, daß nicht auch die horizontale Zusammenarbeit sehr eng, direkt und verbindlich sein kann oder sogar sein muß.

Beispiel: Wer die Gebrüder Kaufmann, die Gründer und Inhaber einer sehr erfolgreichen Lebensmittel-Filialkette, besucht, ist überrascht, wie wenig die beiden dem Bild entsprechen, das man sich allgemein von Unternehmern und Millionären macht. Beide haben ein gemeinsames, technisch gut ausgestattetes Büro, jedoch ohne eine besonders elegante Möblierung, tragen tagsüber einen Arbeitskittel wie ihre Mitarbeiter und packen sogar schon mal mit an, wenn Not am Mann ist. Eine Distanz oder Hemmschwelle zu den Mitarbeitern ist kaum feststellbar. Wenn ein Mitarbeiter einen der Chefs sprechen will, geht das denkbar unkompliziert: er spricht ihn einfach an. Ein Außenstehender, der die beiden nicht kennt, würde auf den ersten Blick vermuten, daß es sich hier um zwei Kollegen der übrigen Mitarbeiter handelt.

Vertikale Zusammenarbeit kommt dort zum Tragen, wo die hierarchische Struktur der Über- und Unterstellung die Zusammenarbeit überlagert und prägt – also im Vorgesetzten-Mitarbeiter-Verhältnis – gleichgültig, ob es sich um den direkten Vorgesetzten, den Personal- oder Disziplinarvorgesetzten oder um einen Fachvorgesetzten handelt. Die Zusammenarbeit im Vorgesetzten-Mitarbeiter-Verhältnis tut sich gegenüber der horizontalen Kooperation insofern etwas leichter, als hier die wesentlichen Grundregeln bereits rechtlich, vor allem arbeitsrechtlich, verbindlich vorgegeben sind. Verantwortung, Kompetenzen, Rechte und Pflichten sind klar verteilt, nämlich ungleich. Der Vorgesetzte hat gegenüber seinem Mitarbeiter ein generelles Weisungsrecht; der Mitarbeiter ist hingegen verpflichtet, alle zulässigen Weisungen des Vorgesetzten zu befolgen. Tut er es nicht, verletzt er die »Spielregeln«. Dies kann erhebliche Sanktionen nach sich ziehen bis hin zur fristlosen Kündigung.

Diese von vornherein hierarchisch strukturierte, quasi auf Befehl und Gehorsam begründete Zusammenarbeit gilt es in der Praxis vernünftig zu modifizieren. Wer sich gegenüber dem Mitarbeiter wiederholt auf Amt und Status des Vorgesetzten berufen muß, um sich durchzusetzen, hat sich als solcher bereits disqualifiziert. Wer gegenüber seinen Mitarbeitern nur mit Befehlsautorität auftritt, wird entweder an ihnen scheitern oder nur solche Mitarbeiter an sich binden können, die eigenständiges Mitdenken und selbständiges Handeln als Todsünde ansehen. Es kommt also darauf an, trotz der vorgegebenen autoritären Grundstruktur die vertikale Zusammenarbeit von ihrer Handhabung her »demokratisch« zu gestalten. Tatsächlich wäre es ein Anachronismus, wenn für Staat und Gesellschaft die demokratischen Spielregeln gelten, während in Wirtschaft und Verwaltung noch der Absolutismus herrschen würde.

Ohne die im Sinne einer organisatorisch notwendigen Arbeitsteilung unvermeidbare Aufteilung in Fach- und Führungsaufgaben in Frage stellen zu wollen, sollten Vorgesetzte die vertikale Zusammenarbeit daran orientieren, daß sie nur dort die Vorgesetztenautorität bewußt einsetzen, wo es ohne sie nicht geht.

Horizontale Zusammenarbeit birgt hingegen eine größere Vielfalt möglicher Organisationsstrukturen in sich, nämlich die Zusammenarbeit aller Stellen innerhalb des Betriebes, die nicht demselben Instanzenzug angehören. Dabei bedeutet »Instanzenzug« die Verbindung aller Stellen, die miteinander im Über- und Unterstellungsverhältnis verkettet sind. So bilden z.B. der Reisende, sein Verkaufsleiter, dessen Vertriebschef und wiederum dessen Vorgesetzter, der Geschäftsführer, einen Instanzenzug. Innerhalb dieses Instanzenzuges herrschen die Grundsätze vertikaler Zusammenarbeit, zu den Stellen außerhalb des Instanzenzuges die der horizontalen Zusammenarbeit.

Neben der allgemeinen »kollegialen« Form der horizontalen Zusammenarbeit, vor allem durch die Notwendigkeit der Querinformation und der gegenseitigen Abstimmung geprägt, gibt es spezielle Organisationsformen, mit denen die horizontale Zusammenarbeit intensiviert werden kann.

Was ist ein Team?

1. Das Team ist eine Arbeitsgruppe, die für eine bestimmte Zeitdauer, manchmal auch als ständige Einrichtung gebildet wird, um Aufträge auszuführen und Probleme

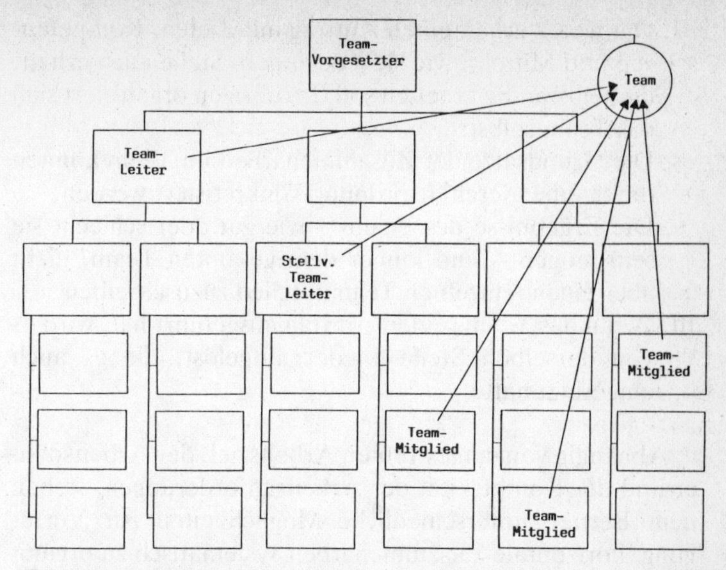

Zusammensetzung eines Teams. Aus der Hierarchie werden die fachlich geeigneten Mitarbeiter in das Team berufen. Das Team als Ganzes wird einem Vorgesetzten unterstellt. Innerhalb des Teams gibt es kein Über-/Unterstellungsverhältnis.

zu lösen, für die unterschiedlicher Sachverstand erforderlich ist.

2. Das Team wird einem Vorgesetzten zugeordnet, der gegenüber dem gesamten Team die üblichen Führungsaufgaben wahrzunehmen hat.
3. Zum Teamleiter (Vorsitzender, Sprecher) wird ein Teammitglied gewählt oder bestimmt.
4. Innerhalb des Teams sind die Mitglieder – unabhängig von ihrer eigentlichen hierarchischen Einordnung – gleich.
5. Der Teamleiter ist Erster unter Gleichen, also nicht Vorgesetzer gegenüber den übrigen Teammitgliedern.
6. Teamangehörige sollen die Interessen ihres Fachbereiches zurückstellen und ihr gesamtes Wissen und Können vorbehaltslos zur Erfüllung des Teamauftrages einsetzen.

7. Das Team erhält einen Auftrag mit Zielen, Kompetenzen und Mitteln, wie sie jede andere Stelle auch erhält, die selbständig arbeiten soll. Im übrigen organisiert sich das Team selbst.
8. Die Grundsätze der Zusammenarbeit im Team können durch eine Geschäftsordnung konkretisiert werden.
9. Die Ergebnisse des Teams – wie gut oder schlecht sie sein mögen – sind immer dem gesamten Team, nicht aber einem einzelnen Teammitglied zuzuschreiben.
10. Wenn das Team seinen Auftrag ausgeführt hat, wird es von derselben Stelle wieder aufgelöst, die es auch eingesetzt hatte.

Abhängig vom angestrebten Arbeitsziel, der Arbeitsdauer und der Komplexität der Arbeitsanforderungen, stehen dem Betrieb unterschiedliche Möglichkeiten zur Verfügung, horizontale Zusammenarbeit systematisch zu organisieren. Dabei handelt es sich vor allem um:

- Rundgespräche (z.B. themenbezogene Sitzungen, Konferenzen, Workshops, Erfahrungsaustausch-(Erfa-)Gespräche);
- Team-Organisation (z.B. Arbeitsgruppen, Ausschüsse, Kommissionen, Task-Forces);
- Projekt- und Objekt-Management, z.B. verantwortliche Betreuer für befristete Vorhaben (Projekte) oder für Produkte und Dienstleistungen (Objekte), Budget- oder Etat-Verantwortliche, Kundenbetreuer (Key-Account-Manager) oder als »Beauftragte« oder »Bevollmächtigte« für bestimmte betriebliche oder unternehmensstrategisch wichtige Schwerpunkte.

Praktischer Tip: Achten Sie bei der Auswahl von Bewerbern für Führungspositionen nicht nur auf fachliche Qualifikationen, sondern auch darauf, wie ein Bewerber menschlich zu Ihnen, den Mitarbeitern und ggfs. auch zu Ihren Kunden paßt. Wenn möglich, erkundigen Sie sich bei früheren Vorgesetzten und Mitarbeitern des Bewerbers, um zu hören, ob er tatsächlich so kooperativ ist, wie er sich beim Vorstellungsgespräch dargestellt hat.

Für die horizontale Zusammenarbeit sind bestimmte persönliche Eigenschaften und Verhaltensweisen besonders wünschenswert: Teamfähigkeit, die Fähigkeit, Vorgänge auch aus der Sicht anderer sehen und beurteilen zu können, Kompromißfähigkeit und schließlich auch die Fähigkeit, eigene Interessen gegenüber übergeordneten Interessen zurückzustellen. Einer der größten Störfaktoren für die horizontale Zusammenarbeit sind Machtstreben und Machtbewußtsein. Wer nicht in der Lage ist, persönlichen Ehrgeiz gegenüber der Notwendigkeit einer engen, vertrauensvollen Zusammenarbeit zu zügeln und zurückzunehmen, taugt an sich wenig für eine obere Führungsposition. Nicht nur, daß er ein schlechtes Vorbild abgibt, das nicht auch noch durch Beförderung belohnt werden sollte, sondern daß er das Entstehen und Wachsen fruchtbarer Zusammenarbeit einschließlich der dabei freiwerdenden synergetischen Kräfte be- oder gar verhindert.

Beispiel: Der als sehr sachkundig geltende Leiter der Abteilung Organisation/Datenverarbeitung, Herr Pascal, hat leider auch den Ruf, recht überheblich zu sein. Dies erschwert für ihn die Zusammenarbeit mit den Leitern der Fachabteilungen, die er bezüglich der großen Möglichkeiten der EDV fast alle für Ignoranten hält. Die Folge dieser Disharmonie ist, daß die teuere EDV-Anlage vieles produziert, das weder auf die betrieblichen Zwecke noch auf den speziellen Bedarf der einzelnen Fachabteilungen abgestimmt ist.

Von daher ist die horizontale Abstimmung der Ziele – die sogenannte Selbstkoordination auf gleicher Ebene – besonders wichtig. Ohne dieses Einvernehmen untereinander bestünde die Gefahr, daß keine in sich stimmigen und widerspruchsfreien Zielbündel der beteiligten Stellen zustandekommen.

Wer den Erfolg dieses Vorganges an irgendwelchen Statusfragen, an persönlichen Vorbehalten oder am »Dienst nach Vorschrift« scheitern läßt, handelt pflichtwidrig gegen das Gesamtwohl des Unternehmens.

Nützlich für die Zusammenarbeit, sei sie vertikal oder horizontal, ist es allemal, wenn die formell-statischen organisatorischen Merkmale (z. B. Dienstwege, Vorgesetzte, Instanzen, Rangstufen, Normen) gegenüber den organisch-dynamischen Merkmalen (z. B. Ziele, Strategien, Aufgaben, Problemlösungen, Leistungen, Entwicklungen, Innovationen) zurücktreten. Die Forderung, bestimmte mechanistische oder gar bürokratische Regeln einzuhalten, ist hinsichtlich ihrer Erfüllung wesentlich weniger reizvoll und motivierend für alle Beteiligten als anspruchsvolle Ziele zu verfolgen, sinnvolle Aufgaben zu erfüllen oder sich mit seinen besten Fähigkeiten für die Lösung von Problemen einzusetzen.

Letzteres hat für eine enge, als selbstverständlich empfundene Zusammenarbeit einen wesentlich höheren Motivationswert.

Fakten sind stärker als Normen.

Grundregeln:

1. Jede Organisation ist nur so leistungsfähig, wie sie von ihrer Struktur her in der Lage ist, die notwendige Zusammenarbeit zwischen den Stellen zu ermöglichen.
2. Doch noch stärker als durch die Struktur der Organisation wird die Zusammenarbeit jedoch durch die Kooperationsfähigkeit der handelnden Personen im Betrieb geprägt, sei es als Vorgesetzte, als Mitarbeiter oder als Kollegen.
3. Vertikale Zusammenarbeit wird im Rahmen des Vorgesetzten-Mitarbeiter-Verhältnisses praktiziert. Je kooperativer der Führungsstil im Sinne einer Delegation von

Verantwortung unter Respektierung der jeweiligen Zuständigkeiten, desto weniger Konflikte ergeben sich.

4. Horizontale Zusammenarbeit ist um so wichtiger, je komplexer der Betrieb strukturiert ist. Je mehr sich Funktionen und Projekte/Objekte von der Ablauforganisation her überlagern, desto größer wird der Bedarf an Team- und Querschnittsarbeit.
5. Anspruchsvolle organisatorische Formen der Zusammenarbeit setzen besonders erfahrene oder geschulte Vorgesetzte und Mitarbeiter voraus. Diese Fähigkeiten können in manchen Schlüsselfunktionen betrieblicher Kooperation ebenso wichtig sein wie fachliche Kenntnisse.
6. Es ist richtig, im Betrieb Grundsätze für die Zusammenarbeit zu normieren. Noch besser ist es, auf diesen Grundsätzen aufbauend, Zusammenarbeit zu ritualisieren. Aus Gewöhnung oder aus Einsicht heraus zu kooperieren, ist wertvoller, als es aus Zwang zu tun.
7. Anzustreben ist, daß Mitarbeiter die Zusammenarbeit mit anderen Menschen als eigenständigen Motivationsanreiz empfinden, der stärker ist als ein möglicherweise damit konkurrierendes Macht- und Erfolgsstreben.
8. Kollegiale Zusammenarbeit und gegenseitiges Helfen im Betrieb müssen daher durch Belohnung bestätigt und verstärkt werden.

Check-Liste

Aussage zum Ist-Zustand	Selbsteinschätzung*)		
	+	+/–	–
1. Die Zusammenarbeit in unserem Betrieb ist nicht dem Zufall oder dem Faustrecht überlassen. Wir pflegen bewußt gute Zusammenarbeit. Wo sie nicht klappt, bemühen wir uns gezielt um Verbesserungen.			

Aussage zum Ist-Zustand	Selbsteinschätzung*)		
	+	+/–	–
2. Wir wissen, daß jeder in unserem Betrieb seinen Beitrag für die betriebliche Zusammenarbeit leisten muß, daß dabei jedoch der Betriebsleitung und den oberen Führungskräften eine besondere Vorbildfunktion zukommt.			
3. Die Fähigkeit zur Zusammenarbeit ist bei uns für alle, besonders aber für Vorgesetzte, ein Qualifikationsmerkmal, dem wir große Beachtung schenken.			
4. Die Grundsätze der Zusammenarbeit – wie auch die der Führung und Organisation – sind bei uns schriftlich und allgemein verbindlich fixiert. Wir wissen jedoch, daß sie damit noch nicht verwirklicht sind, sondern uns vielmehr ständig auffordern, danach zu handeln.			
5. Wir lassen den beteiligten Mitarbeitern und Vorgesetzten für die Gestaltung vertikaler und horizontaler Formen der Zusammenarbeit in bestimmten Arbeitssituationen oder -bereichen möglichst viel Spielraum, da wir wissen, daß ein zu enges Korsett von Normen eine lebendige, fruchtbare Kooperation ersticken kann.			
6. Wer sich bei uns mit der Zusammenarbeit schwertut oder sie sogar belastet, hat – sofern auch Maßnahmen im Bereich des Verhaltenstrainings ohne Erfolg bleiben – bei uns nur geringe Karrierechancen.			

Aussage zum Ist-Zustand	Selbsteinschätzung*)		
	+	+/–	–
7. Der Nur-Einzelgänger, der weder fähig noch bereit ist zum mannschaftsdienlichen Spiel, ist daher bei uns nicht gefragt.			
8. Teamarbeit ist bei uns nicht nur ein Schlagwort. Sie findet bei uns nicht pauschal überall, sondern tatsächlich nur dort statt, wo Arbeitsgruppen und Ausschüsse als Teams eingesetzt sind und auch bewußt nach den Grundsätzen eines Teams arbeiten.			
9. In diesem Sinne kann unsere mehrköpfige Betriebsleitung (Vorstand, Geschäftsführung, Geschäftsleitung) mit Fug und Recht als Team bezeichnet werden.			

*) + = Stimmt genau! Ich kann zufrieden sein.
+/– = Es geht so! Ich muß aufpassen.
– = Stimmt nicht! Ich muß hier etwas tun.

Aufgabe:

Nehmen wir an, Sie müßten für Ihren Betrieb einen besonders wichtigen Auftrag ausführen, z.B. eine umfangreiche, technisch aufwändige Investition vorbereiten und abwickeln oder eine eigene Niederlassung im Ausland errichten. Hierzu können Sie sich eine Arbeitsgruppe mit vier weiteren Mitarbeitern zusammenstellen.

- Wen unter Ihren Mitarbeitern, Kollegen oder anderen bekannten Personen würden Sie auswählen?
- Wie würden Sie sich die Zusammenarbeit in Ihrer Projektgruppe vorstellen?
- Wie würden Sie dabei Ihre eigene Rolle als Leiter dieser Gruppe spielen?

3.4 Projekt-Management und Matrix-Organisation

»Von anderen lernen, heißt kapieren, nicht kopieren.«

Es hat sich in der Praxis gezeigt, daß die im Organisationsplan fixierte Organisation als Grundorganisation häufig überfordert ist, wenn es gilt, einmalige, komplexe, zeitlich begrenzte Vorhaben mit wesentlicher Bedeutung für das Unternehmen zu realisieren. Hier hat sich als ergänzende Organisationsform das Projektmanagement bewährt. Solche Projekte können etwa sein: umfangreiche Investitionen, neue Produkte, neue Vertriebswege, Beteiligungen oder Fusionen, aber auch die Organisationsentwicklung selbst in einer bestimmten Phase. Auf jeden Fall handelt es sich um Innovationen, also um Neuerungen und Vorhaben, die nicht zur täglichen Routine gehören und aufgrund ihrer Vielgliedrig- und Vielschichtigkeit nicht einer einzelnen Abteilung zugeordnet werden können.

Beispiel: Ein Unternehmen der Textilindustrie plant einen wesentlichen Erweiterungsbau für ihre Produktion. Ein Projektmanagement wird frühzeitig ins Leben gerufen, wobei der technische Geschäftsführer als Projektverantwortlicher sich zunächst 14-tägig, nach Baubeginn wöchentlich berichten läßt. Der Leiter Produktion wird zum nebenamtlichen Leiter der Projektgruppe »Neubau Produktionshalle 3« ernannt. In der Projektgruppe stehen ihm die Leiter Werksplanung, Arbeitsvorbereitung, Einkauf/Lager, Organisation/Datenverarbeitung und Kostenkontrolle/Revision zur Seite. Auch der Betriebsrat kann eines seiner Mitglieder in die Projektgruppe entsenden. Als externe Fachleute nehmen der Architekt und ein auf Produktionsverfahren im Textilbereich spezialisierter Unternehmensberater teil. Die Sekretärin des Produktionsleiters führt bei den Sitzungen der Projektgruppe das

Protokoll, besorgt die Abwicklung des Schriftverkehrs und hilft bei der Terminverfolgung. – Der Neubau kann am Ende termingerecht, im Rahmen der ursprünglichen Kostenplanung und weitgehend den Anforderungen der beteiligten Abteilungen entsprechend in Betrieb genommen werden.

Es sind einige wichtige Voraussetzungen zu erfüllen, damit das Projektmanagement erfolgreich ist. Es muß nämlich:

1. ein klarer Projektauftrag erteilt werden (in der Regel von der Unternehmensleitung), der auch die Zielsetzung, Einzelaufgaben, besondere Kompetenzen sowie die zur Verfügung stehenden Mittel für das Projekt vorgibt;
2. ein Projektleiter oder Projektbeauftragter ernannt werden, der den Projektablauf moderiert und die beteiligten Stellen und Fachabteilungen koordiniert;
3. sofern es sich um eine Projektgruppe handelt, eine möglichst »handverlesene« Auswahl ihrer Mitglieder stattfinden, wobei die Fachabteilungen zu beteiligen sind;
4. festgelegt werden, ob und welche externen Fachleute in welcher Form an dem Projekt mitarbeiten;
5. ein Projektverantwortlicher (häufig ein Mitglied der Unternehmensleitung) als Vorgesetzter des Projektbeauftragten, Projektleiters oder der Projektgruppe bestimmt werden, dem regelmäßig zu berichten ist und der die üblichen Vorgesetztenpflichten gegenüber den Projektmitarbeitern wahrnimmt;
6. ein Zeit- und Kostenplan erstellt werden (nach Möglichkeit durch Netzplan, Balkendiagramme oder andere Planungshilfen visualisiert);
7. geklärt sein, wie an den »Schnittstellen« des Projektes, also zu den betrieblichen Stellen und Fachabteilungen hin, die Informations- und Entscheidungsabläufe zwischen den Beteiligten zu organisieren sind;

8. die notwendigen Kontrollen vorgeplant werden (Terminverfolgung, Arbeitsablauf und -aufwand, Zwischenergebnisse sowie die Ergebniskontrolle);
9. dazu von den Projektmitarbeitern eine Dokumentation über den Ablauf der Projektarbeit erstellt werden (Planunungsunterlagen, Protokolle, Gesprächsnotizen, Zwischenberichte, Abrechnungen, Ergebnisse u.ä.);
10. sichergestellt sein, daß die von den Projektbeteiligten erarbeiteten Vorschläge und Ergebnisse, die einer Entscheidung der Unternehmensleitung bedürfen, mit Hilfe des Projektverantwortlichen ohne Verzug auch beraten und entschieden werden (Annahme, Ablehnung oder Änderung der Vorlagen bzw. Fortsetzung oder Abschluß des Projektes);
11. eine Rückkopplung an die Projektmitarbeiter über den Erfolg ihrer Arbeit und die weiteren Ergebnisse erfolgen, wobei mit Anerkennung oder auch konstruktiver Kritik nicht gespart zu werden braucht;
12. schließlich eine Nachbereitung stattfinden, bei der festgestellt wird, mit welchem Aufwand und Erfolg das Projekt durchgeführt und realisiert wurde und welche praktischen Erfahrungen für künftige Projekte gewonnen werden konnten.

Praktischer Tip: Seien Sie vorsichtig, wenn Sie in Betrieben manchmal auf Projekt- oder andere Arbeitsgruppen stoßen, die zwar einen klangvollen, oft aber nur wenig konkreten Namen tragen (z. B. »Koordinations-Gruppe«, »Planungs-Team«, »Arbeitskreis Humanisierung der Arbeitswelt« oder »Sparkommission«). Die Einsetzung einer Arbeitsgruppe kann auch – wie bei vielen parlamentarischen Untersuchungsausschüssen – lediglich die Scheinlösung eines tatsächlich vorhandenen Problems bedeuten.

Eine besondere Schwierigkeit ergibt sich für das Projekt-Management bei der Auswahl der Beteiligten. Da in der

Regel für das Projekt besonders initiativreiche, qualifizierte Mitarbeiter erforderlich sind, ist es mitunter sehr schwer, gerade diese, in jedem Betrieb wohl knappen Mitarbeiter vorübergehend völlig oder teilweise aus ihrem eigentlichen Aufgabenbereich herauszuziehen.

Grundsätzlich sollte die Auswahl weniger nach Rangstufe als vielmehr nach fachlicher Kompetenz, Teamfähigkeit, Betroffenheit (z. B. durch Änderung des eigenen Aufgabengebietes), zeitliche Verfügbarkeit (vollständige oder nur teilweise Zurückstellung der üblichen Aufgaben) oder nach sonstigen individuellen Eignungsmerkmalen erfolgen. Hier muß die Betriebsleitung Prioritäten setzten, d.h. festlegen, welche Aufgaben wichtiger und dringlicher sind.

Zu vermeiden ist nach Möglichkeit, daß innerhalb einer Projektgruppe Mitglieder tätig sind, die sonst in einem Vorgesetzten-Mitarbeiter-Verhältnis zueinander stehen. Die Befangenheit, aber auch die Konfliktträchtigkeit, die sich hieraus ergeben könnte, wäre womöglich sowohl für das Team insgesamt als auch für die einzelnen Beteiligten eine zu große Belastung. Es sollte im übrigen selbstverständlich sein, daß die Rangstufen der Mitglieder einer Projektgruppe, zumal wenn sie unterschiedlich sind, aufgehoben sind und keine Rolle spielen dürfen, wenn die Gruppe arbeitet.

Sind die vorgenannten Bedingungen erfüllt, kann Projektmanagement ein außerordentlich schlagkräftiges organisatorisches Instrument sein, um Innovationen zu entwikkeln und umzusetzen. Gerade die schnelle, wirtschaftliche Durchsetzung von Ideen und Neuerungen hilft entscheidend, die Wettbewerbsfähigkeit eines Unternehmens zu verbessern. Ein Betrieb, der nicht oder nur unter Schwierigkeiten fähig ist, eine leistungsfähige und gut zusammenarbeitende Projektorganisation aufzustellen, muß manchmal erhebliche Nachteile auf sich nehmen.

Beispiel: Von der Abteilung Forschung und Entwicklung eines bekannten Herstellers pharmazeutischer Laienpräparate wird mit großem Aufwand eine neue

Produktserie entwickelt, die zahlreiche innovative Eigenschaften aufweist. Ihre Vermarktung müßte eigentlich bei überdurchschnittlichen Ertrags-Chancen möglich sein. Leider wurden – ob aus Vergeßlichkeit, aus Gründen der Vertraulichkeit oder aus Profilierungssucht des zuständigen Geschäftsführers – alle übrigen Abteilungen, selbst der Vertrieb und die Produktion, in diese Entwicklung weder fachlich einbezogen noch überhaupt eingeweiht. Die Folge ist, daß die neue Serie vom Leiter Marketing/Vertrieb als nicht marktgerecht verworfen wird. Der Produktionsleiter lehnt sie wegen ungenügender Produktionsreife ab. So wird eine im Grunde gute Idee zum kostspieligen Mißerfolg.

Handelt es sich nicht nur um die vorübergehende Betreuung eines für den Betrieb wichtigen Vorganges, geht es also nicht nur um ein (befristetes) »Projekt«, sondern um ein (dauerhaftes oder stetig zu wiederholendes) »Objekt«, dann bietet es sich an, das Projekt-Management von seinem Zweck sowie seiner Arbeits- und Einsatzweise her als festes Strukturmerkmal der Betriebsorganisation zu installieren. Es heißt dann beispielsweise »Produkt-Management«. Der erste entscheidende Schritt dazu kann z. B. dadurch gemacht werden, daß der bisherige nebenamtlich und nur befristet für ein bestimmtes, neu zu entwickelndes Produkt tätige Projekt-Manager nunmehr zum hauptamtlichen Produkt-Manager für alle Produkte dieser Kategorie ernannt wird.

Beispiel: Ein Mehrzweckhallenbetrieb in einer Großstadt war das Wagnis eingegangen, ein internationales Sportturnier als eigene Veranstaltung durchzuführen. Man wollte nicht nur die vorhandenen Hallenkapazitäten besser auslasten, sondern sich auch ein sportliches Image geben. Zur Absicherung des Veranstaltungserfolges wurde der Assistent der Geschäftsführung als Projektleiter vorübergehend abgestellt, der nun vollauf damit beschäftigt war, diese Sonderaufgabe zu planen, vorzubereiten und durchzuführen. Das Turnier wurde in jeder Hinsicht ein großartiger Erfolg, auf den die Geschäftsführung auch in Zukunft setzen wollte. Sie ernannte ihren Assistenten zum Produkt-Manager für alle Sportveranstaltungen. In dieser Funktion trug er nun weitgehende Verantwortung für die Konzeption, Produktion und Ergebnisse aller Veranstaltungen in diesem neuen Bereich.

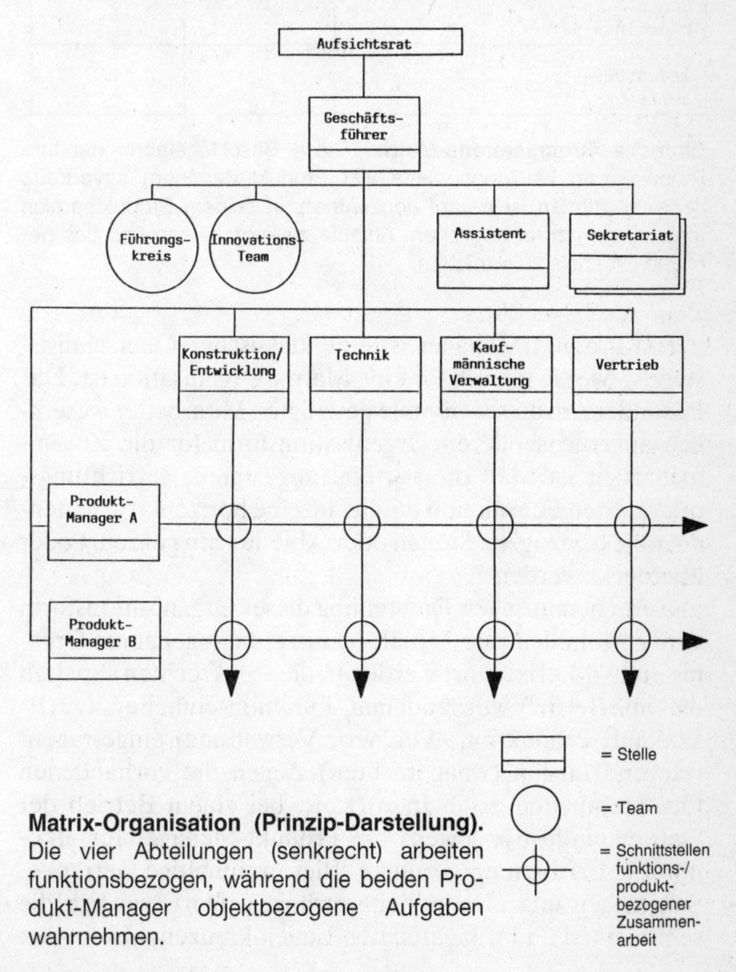

Matrix-Organisation (Prinzip-Darstellung). Die vier Abteilungen (senkrecht) arbeiten funktionsbezogen, während die beiden Produkt-Manager objektbezogene Aufgaben wahrnehmen.

Funktions-bereich / Produkt-bereich	Entwicklung	Fertigung	Vertrieb
Fenster- und Türenbeschläge			
Sicherheits-beschläge			
Boots-beschläge			
Industrie-aufträge			

Einfache Organisations-Matrix. Diese Beschlägefabrik hat ihre Produkt- und Leistungspalette vier Produkt-Managern anvertraut. Jeder von ihnen ist darauf konzentriert, in seinem Produktbereich Innovationen zu ermöglichen, Abläufe zu koordinieren und das geplante Ergebnis zu erreichen.

Ein Produkt-Manager ist eine klassische »Querschnittsstelle«, wie sie typisch für eine Matrix-Organisation ist. Das Besondere an dieser, für alle beteiligten Mitarbeiter wesentlich anspruchsvolleren Organisationsform für die Zusammenarbeit ist, daß die vertikal angelegten, verrichtungsorientierten Funktionen durch einzelne horizontal arbeitende, objektbezogene Stellen oder Abteilungen gekreuzt oder überdeckt werden.

Zur schematischen Darstellung dieser Organisationsform wird gewöhnlich eine Tabelle benutzt, die sogenannte Organisations-Matrix. Dort werden in die (senkrechten) Spalten die im Betrieb vorhandenen Funktionseinheiten (z. B. Einkauf, Produktion, Vertrieb, Verwaltung) eingetragen, während in den (waagerechten) Zeilen die vorhandenen Objekteinheiten erscheinen (z. B. bei einem Betrieb der Getränkeindustrie jeweils die Produkt-Manager für alkoholfreie Erfrischungsgetränke, Bier, weinhaltige Getränke, Spirituosen und Gesundheitsgetränke). Dort, wo sich die senkrechten und waagerechten Linien kreuzen, also in den einzelnen Feldern dieser Tabelle als Ausdruck gemeinsamer Aktivitäten, arbeiten die jeweiligen Funktions- und Objektverantwortlichen zusammen.

Bei hochkomplizierten, technisch aufwendigen Produkten, aber auch bei Markenartikeln oder Dienstleistungen, die ein gleichbleibend hohes Qualitätsniveau oder auch eine zuverlässige und pünktliche Ablieferung gewährleisten müssen, ist es üblich, in Form einer solchen Matrix-Organisation die strukturorganisatorischen Voraussetzungen zu verbessern. Es reicht dabei erfahrungsgemäß nicht, wenn die notwendige Umorganisation einfach durch Korrekturen auf dem Organisationsplan bewerkstelligt wird. Die an den »Kreuzungsstellen« der Matrix-Organisation tätigen Mitarbeiter müssen in der Regel besonders befähigt werden, die Verhaltensweisen für die Zusammenarbeit zu beherrschen. Hierzu bedarf es nicht nur der Überzeugung, gemeinsam für Ziel und Sache zu arbeiten, sondern auch zusätzlicher Informationen über die beteiligten Arbeitsbereiche sowie kooperativer Verhaltens- und Handlungsweisen.

Beispiel: Bei internationalen Konzernen der Luft- und Raumfahrtindustrie, bei denen die Bauteile und Aggregate aus mehreren eigenen Werken und viele Zulieferteile von vielen Firmen aus verschiedenen Herkunftsländern kommen, gibt es neben den Produkt-Managern für einzelne Bauteile und wichtige Aggregate noch zusätzliche System- und Koordinations-Manager. In sogenannten »Assessment-Centers« werden die Führungskräfte für solche schwierigen Aufgaben ausgewählt und in Spezialseminaren fitgemacht. – Man ahnt, wie schwierig es hier ist, wichtige Entscheidungen herbeizuführen, wenn alle Beteiligten auch wirklich beteiligt sein sollen.

Werden mehrere vertikale und horizontale Organisationsformen miteinander kombiniert, etwa ein Konzern mit verrichtungsorientierter Holding-Gesellschaft, unterhalb der mehrere sowohl geographisch als auch nach Produkten gegliederte »Divisions« eingerichtet sind, von denen jede sich in strategische Geschäftseinheiten (SGE) mit eigenen Projekt-, Produkt-, System- und Koordinations-Managern gliedert, dann nennt man dieses in seiner Organisationsstruktur kaum noch überschaubare Gebilde »Tensor-Organisation«. Das Problem dieser »relativen« Organisationsform ist jedoch nicht das Aufzeigen ihrer Struktur, sondern sind die natürlichen Grenzen der multifunktional eingesetzten Führungskräfte und Mitarbeiter, derartig komplizierte Rollen noch beherrschen zu können.

Ein weiteres Problem sich überdeckender Organisationsstrukturen ist die erhebliche Verwischung der Grenzen für Kompetenzen, Zuständigkeiten und Verantwortung und das damit einhergehende Kompetenzgerangel einerseits; andererseits aber auch der zunehmende Verlust eigentlicher unternehmerischer Verantwortung, also für notwendige Wagnisse bereit- und auch einzustehen. So schön es klingen mag, wenn im Zusammenhang mit Projekt- und Matrix-Organisation von klar aufgeteilter Objekt- oder Funktionsverantwortung die Rede ist – jeder kann immer nur dafür verantwortlich sein, was er tatsächlich getan oder unterlassen hat. Mancher Produkt- oder System-Manager träumt von einer soliden Linienposition, wo es hinsichtlich der Kompetenzen und Verantwortung (scheinbar) eindeutige Verhältnisse gibt.

Grundregeln:

1. Die praktische Betriebsorganisation bietet mehr Lösungs- und Gestaltungsmöglichkeiten als nur die reine verrichtungsorientierte Linienorganisation.
2. Neben Ergänzungen durch Zentral- und Stabseinheiten, kann eine Linienorganisation vor allem durch spezielle Formen der horizontalen Zusammenarbeit flexibler und dynamischer gestaltet werden.

3. Als eine besonders bewährte Form zeitlich befristeter, horizontaler Zusammenarbeit hat sich das Projekt-Management bewährt, das viele Gestaltungsmöglichkeiten für eine maßgeschneiderte betriebliche Lösung offen läßt.
4. Für das Projekt-Management ist es wichtig, daß nach dem Projektanstoß der Projektauftrag sorgfältig mit den voraussichtlich am Projekt beteiligten Stellen geplant und formuliert wird.
5. Produkt-Management sowie andere Formen der Matrix-Organisation sind ein auf unbestimmte Dauer angelegter, struktureller Bestandteil der Betriebsorganisation. Sie stellen hohe Anforderungen an alle beteiligten Führungskräfte und Mitarbeiter.
6. Das Organisations-Niveau stellt im Zusammenhang mit Kundenorientierung, Service-Denken, fachlichem Know-how, Qualität der Produkte und Dienstleistungen, Firmenkultur und Mitarbeiter-Qualifikation einen wesentlichen Teil des in sich schlüssigen Kreises betrieblicher Erfolgs-Attribute dar.
7. Für alle horizontal arbeitenden »Querschnittsstellen« ist es wichtig, daß die Schnittstellen der Zusammenarbeit, insbesondere ihre Kompetenzen gegenüber den vertikal ausgerichteten Funktionsbereichen, klar definiert sind.
8. Nicht alle Mitarbeiter sind gleich gut qualifiziert oder qualifizierbar für Positionen innerhalb von Matrix- oder Tensor-Organisationen. Ihre Beurteilung, Auswahl, Schulung, Einarbeitung und Führung sind daher besonders wichtig.
9. Wenn in einer Organisation auf Grund ihrer überdeckenden Struktur nicht nur senkrecht und waagerecht, sondern auch kreuz und quer sinnvoll zusammengearbeitet werden muß, dann bedarf es in ganz besonderem Maße verbindlich festgelegter, anerkannter und angewandter Grundsätze für Führung, Organisation und Zusammenarbeit.

10. Komplizierte Organisationsformen stellen nicht immer die beste Lösung für anspruchsvolle betriebliche Anforderungen dar. Sie sehen dann nicht nur aus wie ein Dschungel, sondern sind es auch. In dieser Form schaffen sie dann mehr zusätzliche Probleme als sie zu lösen in der Lage sind.

Check-Liste

Aussage zum Ist-Zustand	Selbsteinschätzung*)		
	+	+/–	–
1. Uns ist bewußt, daß eine anspruchsvolle, kundenorientierte Unternehmensphilosophie und eine wirksame strategische Konzeption zur Folge haben, daß auch erhöhte Anforderungen an die Betriebsorganisation, an den Führungsstil und an die Qualifikation des Managements sowie aller Mitarbeiter gestellt werden.			
2. In unserem Haus ist es durchaus üblich, zeitlich begrenzte komplexe Aufträge einem Projektleiter oder einer Projektgruppe zur Wahrnehmung zu übertragen.			
3. Da Projekt-Management bei uns gut vorbereitet wird und die beteiligten Mitarbeiter in den besonderen Anforderungen der Zusammenarbeit bereits gut eingeübt sind, haben wir an sich nur gute Erfahrungen hiermit machen können.			
4. Die vielfältigen Möglichkeiten sich überdeckender Organisationsstrukturen, insbesondere die im Sinne einer Matrix-Organisation strukturierten			

Aussage zum Ist-Zustand	Selbsteinschätzung*)		
	+	+/–	–
Formen horizontaler Zusammenarbeit und persönlicher Verhaltensweisen, sind uns wohl bewußt. Wir praktizieren sie allerdings immer nur dann, wenn wir dafür wirklichen Bedarf haben.			
5. Bei der Gestaltung solcher besonderen Organisationsformen ist uns klar, daß sie nicht komplizierter sein dürfen als sie unbedingt müssen. Deswegen gehen wir wiederholt kritisch an unsere Organisationsstruktur mit dem Vorsatz heran, sie den aktuellen und absehbaren Anforderungen entsprechend noch einfacher, klarer, straffer und wirksamer maßzuschneidern.			
6. Strukturorganisatorische Muster, Modelle oder Lösungsvorschläge, die wir in der Praxis oder durch die Fachliteratur kennen lernen, geben uns Anstöße, unsere Betriebsorganisation zu überprüfen, und ggfs. noch besser zu gestalten oder dienen uns als Vorlage, wenn wir eine individuelle maßgeschneiderte Lösung selbst entwickeln. Sie sind jedoch kein Dogma.			
7. Es gibt bei uns keine Arbeitsgruppen, Objekt-Manager oder Sonderbeauftragten, die – genau genommen – nur eine Alibifunktion wahrnehmen.			

Aussage zum Ist-Zustand	Selbsteinschätzung*)		
	+	+/–	–
8. Mitarbeiter, die als Projekt-Manager oder im Rahmen von Matrix- oder Tensor-Organisationen bei uns vorgesehen sind, werden gezielt im Hinblick auf die besonderen Anforderungen ausgewählt und darauf vorbereitet.			
9. Im Rahmen von individuellen Karriere-Plänen und systematischem Job-Rotation für unseren Führungskräfte-Nachwuchs wird jeder, der bei uns etwas werden will, wenigstens einmal im Rahmen eines Projekt- oder Objekt-Managements verantwortlich eingesetzt.			
10. Wir fördern besonders solche Mitarbeiter in ihrem weiteren Fortkommen, die sich auch in schwierigen Aufgaben als Projekt- oder Objekt-Verantwortlicher bewährt haben.			

*) + = Stimmt genau! Ich kann zufrieden sein.
+/– = Es geht so! Ich muß aufpassen.
– = Stimmt nicht! Ich muß hier etwas tun.

Aufgabe:

Stellen Sie sich vor, Sie werden vorübergehend mit dem Auftrag betraut, ein neues Produkt von seiner Entwicklung bis zu seiner erfolgreichen Markteinführung als Projektleiter zu betreuen. – Wie würden Sie zunächst vorgehen? – Welche Forderungen hinsichtlich der organisatorischen, personellen und sonstigen Voraussetzungen würden Sie stellen? – Welche Kompetenzen würden Sie gegenüber den Funktionsbereichen in Ihrem Betrieb für sich beanspruchen?

4 Führungsorganisation

4.1 Worauf kommt es bei der Organisation der Unternehmensspitze an?

»Viele Manager ergeben noch kein Management«

In der Organisationslehre gilt der Grundsatz: man muß eine Treppe immer von oben kehren! In der betrieblichen Wirklichkeit wird dieses Prinzip leider häufig nicht befolgt. Vielfach beschränkt man sich darauf, die Abläufe auf unteren und mittleren Ebenen im Detail genau und nach neuesten Kenntnissen rationeller Arbeitsorganisation zu regeln, allenfalls die oberen Führungsebenen noch allgemein organisatorisch zu erfassen.

Die Organisation der Unternehmensspitze bleibt hingegen gewöhnlich – zum Leidwesen aller, die ihr angehören oder mit ihr zusammenarbeiten – weitgehend unklar, unverbindlich und wenig effizient. Nicht selten gilt dieser Bereich, selbst bei prominenten Großunternehmen, als organisatorische Tabuzone. So leicht es sich die Leitung manchmal macht, auf nachgeordneter Ebene herumzuorganisieren, so schwer fällt es ihr, den engeren eigenen Bereich auszuleuchten und ihn an den geltenden Organisationsmaßstäben messen zu lassen. Hat man etwa Angst, sich festlegen zu müssen? Glaubt man, für sich selbst eine Ausnahmesituation geltend machen zu können? Oder geht man hier ganz einfach nach dem Motto vor: »Wer an der Spitze nicht zur Geltung kommt, ist selber schuld.«?

Dies gilt ganz besonders für Inhaberunternehmen, meistens also mittelständischen Firmen. Hier kommt hinzu, daß in der Regel kein Kontrollorgan in Form eines Aufsichtsrates oder Beirates von der Unternehmensleitung Rechenschaft fordert. Es bedarf daher im hohen Maße der Fähigkeit zur Selbstkritik, wenn die Unternehmensleitung ihre eigene Organisation als unzureichend bewerten soll. Wonach soll sie sich bei dieser Bewertung auch ausrichten? Woher bekommt sie den rechten Maßstab? Und wer kann sie schon zu unerfreulichen Erkenntnissen zwingen?

Die Tatsache, daß ein Inhaber oder ein Mitglied der Unternehmensleitung tagtäglich zehn, zwölf oder noch mehr Stunden im Unternehmen arbeitet und gar auf Urlaub verzichtet, ist noch kein Beweis, daß er ein fähiger Unternehmer bzw. eine gute Führungskraft ist. Es ist auch kein Beweis dafür, daß er erfolgreich arbeitet. Sicherlich ist es ein Indiz für seine Anstrengung und sein Engagement. Genau so gut kann es aber auch anzeigen, daß er zu wenig effizient arbeitet. Die Gründe hierfür können in seinen unzureichenden persönlichen Fähigkeiten liegen. Häufiger aber ist der Grund für Ineffizienz und übermäßigen persönlichen Stress im übertriebenen Machtstreben, im Mißtrauen gegenüber anderen und nicht zuletzt im mangelhaften Organisationszustand der Unternehmensspitze zu suchen.

Die häufigsten Fehler sind dabei erfahrungsgemäß:

- personell über- oder unterbesetzte Unternehmensleitung,
- unausgewogene formelle und/oder informelle Machtverteilung,
- persönlich bedingte Vorbehalte untereinander,
- Konkurrenz- und Rivalitätsdenken,
- mangelnde fachliche Kompetenz einzelner,
- fehlende oder unzweckmäßige Geschäftsverteilung,
- unzureichende Delegation auf nachgeordnete Führungsebenen,
- zuviele Häuptlinge, zuwenige Indianer,
- unzweckmäßige Ressortaufteilung,
- Ressortegoismus führt zu fehlender Identifikation mit dem Gesamtinteressen des Unternehmens,
- Mißtrauen gegenüber der Qualifikation und Lauterkeit der Kollegen und Mitarbeiter,
- »Rosinenpickerei«, d. h. einzelne machen nur das, was

ihnen Spaß macht und vernachlässigen andere Pflichten zu Lasten anderer,
- zuviele Nebenverpflichtungen,
- mangelhafte Information und Kommunikation,
- Unfähigkeit oder Ungeübtheit in der Teamarbeit,
- falsche Rituale im Umgang miteinander,
- fehlende Kontrolle.

Diese Fehler schleichen sich besonders häufig bei Mittelbetrieben ein, weil hier die persönliche Ausprägung der Inhaber oder Geschäftsführer sich meist relativ »ungebremst« auf den Zustand des Unternehmens auswirken kann. Hier ist manchmal die »Duftnote« der Unternehmensspitze noch bis in die hinterste Kellerecke des Verwaltungsgebäudes zu verfolgen. Eine rein personenbezogene Organisation, d. h. eine Organisation, die im wesentlichen durch die persönlichen Ambitionen der Unternehmensleitung geprägt wird, kann sicherlich eine große Stärke sein, kann aber auch vor allem deswegen so gefährlich sein, weil häufig wichtige unternehmerische Aufgaben nicht oder zu wenig wahrgenommen werden und die einzelnen Mitglieder der Unternehmensleitung gern ihren persönlichen Betriebs-Hobbys frönen.

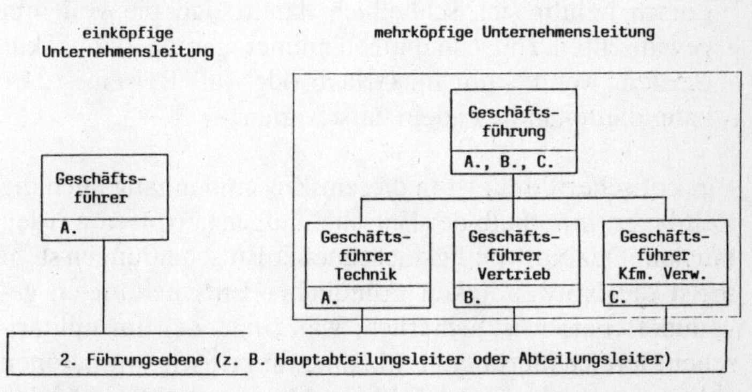

Gegenüberstellung von einköpfiger und mehrköpfiger Unternehmensleitung. Die Geschäftsführer der mehrköpfigen Leitung sind ressortgebunden.

Ein ähnliches Problem ist zu erkennen, wenn man die Unternehmensspitze als die wichtigste Entscheidungsinstanz im Unternehmen betrachtet und untersucht, wie sie diesem Anspruch der Praxis gerecht wird. Der Alleininhaber oder -geschäftsführer hat es hier noch leicht, weil er sich nicht mit anderen Kollegen abzustimmen braucht. Sein Fehler ist jedoch häufig, daß er wichtige Entscheidungen vor sich herschiebt oder daß er über die Köpfe seiner Mitarbeiter hinweg entscheidet.

Eine Unternehmensleitung mit zwei, drei oder mehr Mitgliedern hat vor allem das Problem, daß sie einen gemeinsamen Entscheidungsprozeß organisieren muß. Dies erfordert Teamgeist und Kompromißbereitschaft. Wo es damit nicht zum besten steht, erlebt man die merkwürdigsten Entscheidungsprozeduren.

Beispiel: Geschäftsführer Stuhr, für den kaufmännischen Bereich zuständig, und Geschäftsführer Forsch, dem Einkauf und Vertrieb unterstehen, haben bestimmte wichtige Entscheidungen gemeinsam zu treffen. Nur selten kommt es zur Einigkeit, weil Stuhr immer wieder Einwände geltend macht, während Forsch meist alles ganz problemlos sieht.
Forsch behilft sich schließlich damit, daß die von ihm gewünschten Entscheidungen immer gerade dann akut werden, wenn Stuhr im Urlaub oder auf Reisen ist. Er kann dann nämlich allein entscheiden.

Ein kritischer Punkt ist in diesem Zusammenhang auch die Zeitdauer, innerhalb der Entscheidungen getroffen werden müssen. Der Notwendigkeit schneller Entscheidungen steht meist die Notwendigkeit gründlicher Entscheidungen gegenüber. Falsch ist sicherlich, was lange Zeit im militärischen Bereich hierüber als Maxime für kritische Situationen galt: »Egal, ob der Befehl richtig ist; wichtig ist, daß überhaupt etwas befohlen wird!« Ebenso falsch aber ist es wohl auch, wenn die Entscheidung so lange dauert, daß die

Voraussetzungen gar nicht mehr stimmen, alle Chancen verpaßt sind oder sie so kompliziert mit vielen Wenn und Aber ausfällt, daß sie sich nur noch negativ auswirken kann. Für manche Unternehmensleitung trifft dann die sarkastische Äußerung zu: »Bei uns wird entschieden, daß später entschieden wird.«

Beispiel: Die Unternehmensleitung hatte sich – weil es ein Präzedenzfall war – mit der Frage zu befassen, ob man dem Prokuristen K. ausnahmsweise 50 statt 42 Pfennige Kilometergeld für Dienstfahrten mit seinem privaten PKW erstatten sollte. Die Angelegenheit zog sich monatelang hin. Schließlich beschloß man, allen fünf Prokuristen der Firma ein Dienstfahrzeug zur Verfügung zu stellen.

Zu schnelle Entscheidungen können unüberlegt, kurzsichtig und unvollständig sein. Ihre für das Unternehmen oft weittragenden Auswirkungen werden erst sehr viel später erkannt. Vor allem strategische Entscheidungen sind sorgfältig vorzubereiten und bedürfen einer intensiven Beratung; denn je klarer für alle die Strategie ist, desto besser läßt sie sich umsetzen und desto einfacher fallen dann die ausführenden Einzelentscheidungen. Zu langwierige Entscheidungen hingegen können dazu führen, daß das Unternehmen nicht rechtzeitig handelt, die Konkurrenz Vorteile daraus zieht und es seine Anpassungsfähigkeit an Markt- und Umweltveränderungen verliert. Ein oft tödlicher Vorgang.

Ein weiteres sehr wesentliches Kriterium, das im Hinblick auf die Organisationsstruktur der Unternehmensspitze beachtet werden muß, ist die Wichtigkeit der einzelnen Aufgaben, die sie sich selbst vorbehält. Nicht alle Aufgaben sind von gleicher Wichtigkeit für das Unternehmen. Eine Aufgabe wird ja nicht dadurch bereits bedeutungsvoll, daß sie von der Unternehmensleitung wahrgenommen wird. Nur wenige und relativ selten anfallende Aufgaben gibt es, die wirkliche von »schicksalsentscheidender« Bedeutung für das Unternehmen sind. Hingegen haben die meisten Aufgaben der Unternehmensleitung eine eher mittelmäßige oder gar nebensächliche Bedeutung. Das heißt aber noch nicht, daß sich alle diese Aufgaben ohne weiteres delegieren lassen.

Beispiel 1: Firmeninhaber Kaspar läßt es sich nicht nehmen, den wichtigsten Kunden – und das sind immerhin 35 an der Zahl – wenigstens einmal im Jahr einen Besuch abzustatten und ihnen einen persönlichen Brief zu schreiben. Direkte Umsätze ergeben sich dabei kaum. Dennoch ist Kaspar der Meinung, daß diese persönliche Pflege der Kundenkontakte unerläßlich ist und daß nur er selbst sie wahrnehmen sollte, erfährt er doch auf diesem Wege einiges über die Stärken und Schwächen seiner Firma aus der Sicht der Kunden. Für Kaspar sind dies sehr wichtige Informationen.

Beispiel 2: Betriebsleiter Biene geht täglich durch die Fertigungshallen und das Lager. Das kostet ihn jedesmal eine Stunde seiner überaus kostbaren Zeit. Er mag die Aufgabe dennoch nicht auf seinen Assistenten übertragen, weil er die tägliche Anwesenheit im Betrieb aus psychologischen Gründen für wichtig hält – und weil er Angst hat, sonst noch mehr den Bezug zur Praxis zu verlieren.

Festzuhalten ist, daß es nicht Sache der Unternehmensleitung sein kann, von morgens bis abends nur solche Aufgaben wahrzunehmen, die von »schicksalsschwerer« Bedeutung für das Unternehmen sind. Damit wäre sie wohl auch überfordert. Wichtig ist jedoch, daß die Unternehmensleitung die Bedeutung und Priorität ihrer Aufgaben im einzelnen erkennt, sich vom zeitlichen Aufwand und von der Intensität her entsprechend diesen Aufgaben widmet, und allen Aufgabenballast über Bord kippt – sprich: delegiert –

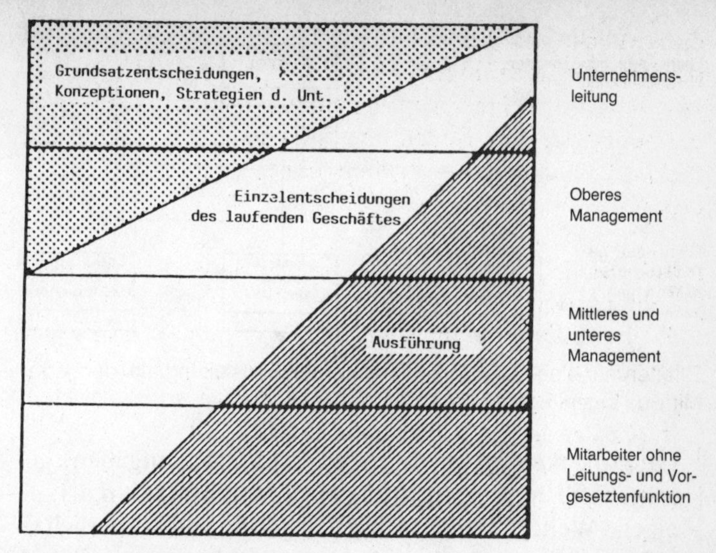

Grundsatzentscheidungen, Einzelentscheidungen und ausführende Tätigkeiten in Abhängigkeit von der Leitungsebene (nach Ulrich/Staerkle).

der sie lediglich davon abhält, sich um die wichtigeren Dinge zu kümmern.

Was sind nun die wirklich wichtigen Dinge, mit denen sich die Unternehmensleitung intensiv befassen sollte? Hier kann mit der folgenden Übersicht nur ein Anhalt gegeben werden:

- gesetzliche und satzungsgemäße Pflichten;
- Unternehmensziele und Strategien festlegen, die Unternehmenspolitik formulieren, sie verdeutlichen, vorleben und durchsetzen, an die Zukunft denken, Impulse geben;
- Führungspflichten gegenüber Mitarbeitern (Auswahl, Einarbeiten, Zielvorgabe, Koordination, Information, Kontrolle, Beurteilen, Fördern);
- wichtige Grundsatz- und Einzelentscheidungen (z.B. Investitionen, Personaleinstellungen, Verträge, Organisation);

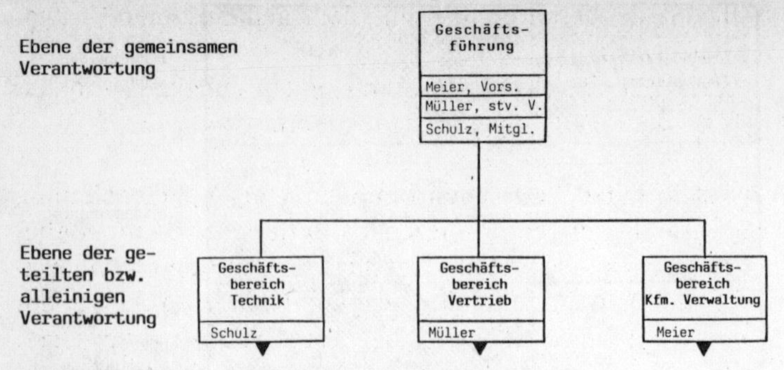

Gliederung einer dreiköpfigen Unternehmensleitung, in der jedes Mitglied einen eigenen Verantwortungsbereich hat.

- Öffentlichkeitsarbeit und Repräsentationsaufgaben, gesellschaftliche Verpflichtungen, Verbandsarbeit u.ä.);
- eigene Weiterbildung, sich selbst geistig und körperlich fit halten;
- und – last not least – Zeit haben für spontane, innovative Einfälle oder Bedürfnisse, mit Mitarbeitern, Kunden, Lieferanten oder Kollegen sprechen, etwas selbst ausprobieren, eine Idee weiterverfolgen oder sich mit seinem eigenen professionellen Selbstverständnis auseinanderzusetzen; das also tun, was die amerikanischen Autoren Peters und Austin als »Management by wandering around« (MBWA) bezeichnen.

Bei einer mehrköpfigen Unternehmensleitung kommt hinzu, daß das einzelne Mitglied zusätzlich ein eigenes Ressort zu führen hat und hierfür allein schon eine Reihe von Fach- und Führungsentscheidungen zu treffen hat.

Eine Unternehmensleitung, die in dieser Weise organisiert ist, braucht folgende Organisationsmittel, damit sowohl die gemeinsamen als auch die alleinigen Zuständigkeiten und das Zusammenspiel zwischen ihren Mitgliedern ausreichend klar geregelt sind:
- die gemeinsame Geschäftsordnung mit dem Geschäftsverteilungsplan,

– die Stellenbeschreibung mit dem gemeinsamen Aufgabenbereich,
– die Stellenbeschreibungen für jedes einzelne Mitglied über seinen alleinigen Aufgabenbereich.

Jedes Mitglied einer mehrköpfigen Unternehmensleitung hat also neben einer Geschäftsordnung zwei Stellenbeschreibungen: eine Stellenbeschreibung mit den gemeinsamen und eine mit den allein wahrzunehmenden Aufgaben. Diese Unterlagen gibt sich die Unternehmensleitung selbst.

Die Geschäftsordnung der Unternehmensleitung sollte alles enthalten, was für eine gute Zusammenarbeit im Bereich der Unternehmensleitung an Regelungen erforderlich ist. Ihr Inhalt könnte sich etwa wie folgt gliedern:

Geschäftsordnung

1 Zusammensetzung der Unternehmensleitung

2 Allgemeine Beschreibung des Zieles und der Aufgaben

3 Geschäftsverteilung:

– gemeinsame Zuständigkeiten

– federführende Zuständigkeiten

– alleinige Zuständigkeiten

4 Aufgaben des Vorsitzenden der Unternehmensleitung

5 Verfahrensmodalitäten (Sitzungen, Beschlußfassungen, Protokollführung, Besonderheiten)

6 Stellvertretung innerhalb der Unternehmensleitung

7 Vertretung des Unternehmens durch die Unternehmensleitung nach außen

8 Vertraulichkeitsverpflichtung

9 Regelung für das Inkraftsetzen oder Ändern der Geschäftsordnung.

Mit diesen Unterlagen kann sich das einzelne Mitglied der Unternehmensleitung allerdings nur ein ungefähres Bild davon machen, wie groß die zeitliche und physische Beanspruchung auf Grund seiner Verpflichtungen insgesamt ist. Hier muß er laufend beobachten, wie er die Erfüllung seiner Pflichten mit seinen zeitlichen Möglichkeiten in Einklang bringt. Da dies vorrangig ein gemeinsames Problem der Unternehmensleitung ist, sollte es auch von allen ihren Mitgliedern durch Kompromißbereitschaft und persönliche Disziplin mitgelöst werden.

Inhaber oder Geschäftsführer, die sich im Alltagsgeschäft verzehren und häufig das Gefühl haben, daß sie für alles zu wenig Zeit haben, sich oft zu spät mit wichtigen Vorgängen befassen und nicht selten zu wenig über die tatsächlichen wichtigen Dinge informiert sind, verlieren leicht den Überblick. Sie sind dann nicht mehr in der Lage, die Zukunft des Unternehmens initiativ und aktiv zu gestalten. Jeder Mensch hat nur begrenzte Kräfte. Aufgabe einer guten Organisation muß es daher sein, dem Menschen zu helfen, diese Kräfte so effektiv wie möglich einzusetzen. Daher gilt für die Organisation der Unternehmensleitung das Goethe-Wort: »In der Beschränkung zeigt sich erst der Meister!« im ganz besonderen Maße.

Beispiel 1: Herr Kummer ist Geschäftsführer eines größeren Möbeleinzelhandelsgeschäftes. Er ist ein leidenschaftlicher Verkäufer und war früher Abteilungsleiter der Küchen-Abteilung bei einer anderen Firma. Daher wendet er der Küchen-Abteilung besondere Aufmerksamkeit zu, während er die anderen Abteilungen seines Hauses geradezu sträflich vernachlässigt. Er hat offensichtlich nicht den Sprung vom Abteilungsleiter zum Chef geschafft.

Beispiel 2: Als der amerikanische Milliardär Rockefeller einen seiner Direktoren dabei antraf, wie der einen unwichtigen Brief diktierte, warf er ihm vor, daß er ihm seine Geld stehle; denn wenn eine hochbezahlte Führungskraft Aufgaben verrichte, die auch ein Sachbearbeiter wahrnehmen könne, dann stehle er der Firma Geld.

Zur Organisation der Unternehmensspitze gehört auch die Einbeziehung von Stellen, die unmittelbar im Umfeld der Unternehmensleitung liegen. In erster Linie sind dies die Stellen auf der zweiten Führungsebene, also die direkten Mitarbeiter der Unternehmensleitung sowohl in den Linien- als auch in den Stabsstellen.

Besonders beim Klein- und Mittelbetrieb merkt man hier noch häufig, daß die Gliederung der zweiten Führungsebene als eine persönliche Angelegenheit des jeweiligen Geschäftsführers betrachtet wird, in die sich die übrigen Geschäftsführer nicht einmischen möchten.

Beispiel: Während der technische und der kaufmännische Geschäftsführer sich nur vier bzw. fünf Mitarbeiter direkt unterstellt haben, hält es der Geschäftsführer Vertrieb für nötig, sich insgesamt 17 Mitarbeiter direkt zu unterstellen. Warum er das macht, interessiert seine Kollegen nur wenig; denn sie betrachten es als dessen ureigene Angelegenheit.

Die Gliederung und Besetzung der Stellen auf der zweiten Führungsebene ist grundsätzlich eine gemeinsame Angelegenheit der Unternehmensleitung. Sie sollte hierüber gemeinsam entscheiden. Nur so kann sie ihrer Gesamtverantwortung für das Unternehmen nachkommen. Von Vorteil ist es oft auch – und dies gilt insbesondere für Inhaberunternehmen oder generell für einköpfig geführte Unternehmen – einzelne wichtige Führungskräfte der zweiten Führungsebene zu einem »Führungskreis« (manchmal auch als »Geschäftsleitung«, »Prokuristenrunde«, »Bereichsleitersitzung« u. ä. bezeichnet) zusammenzufassen.

Ein solcher Führungskreis hätte vor allem die folgenden Funktionen:

- die Unternehmensleitung durch die zusammengefaßte Beratung aller wesentlichen Fachbereiche bei deren Entscheidungen zu unterstützen;
- sich untereinander zu informieren und und bereichsübergreifende Planungen abzustimmen (Selbstkoordination);
- unternehmenspolitisch wichtige Fragen und Vorhaben als Einzelauftrag der Unternehmensleitung zu klären, vorzubereiten und Vorschläge hierfür zu erarbeiten;
- eine reibungslose Ausführung von Entscheidungen der Unternehmensleitung zu gewährleisten;
- sich geschäftsführungsfähig zu halten, um bei Abwesenheit oder gar bei Ausfall der Unternehmensleitung die Stellvertretung zu übernehmen.

Eine ähnlich wichtige Bedeutung – wiederum vor allem für einköpfig geleitete Unternehmen, insbesondere für Familienunternehmen – kann ein Unternehmens- oder Firmenbeirat haben. Diese aus qualifizierten und in der Praxis stehenden, erfahrenen Persönlichkeiten zusammengesetzte Runde kann für das Unternehmen und zugleich für die Inhaberfamilie die beste Versicherung gegen Krisen sein. Immer häufiger wird auch bei Personengesellschaften die Institution eines Beirates im Gesellschaftsvertrag verankert.

Ein Beirat ersetzt nicht nur – mehr oder weniger – den bei Aktiengesellschaften zwingend vorgeschriebenen und auch bei anderen Kapitalgesellschaften manchmal vorhandenen Aufsichtsrat als Kontrollorgan, sondern kann auch ein ausgezeichnetes Beratungsgremium für Gesellschafter und Unternehmensleitung sein. Ganz entscheidend kommt es hier darauf an, daß der Unternehmer für dieses Gremium fachlich versierte, persönlich integre und teamfähige Beiratsmitglieder gewinnt.

Beispiel: In der Geschäftsordnung eines Beirates wird die Zielsetzung dieses Gremiums wie folgt umrissen: »Der Beirat hat unter Beachtung der geltenden Gesetze und der

Gesellschaftsverträge wirksam dazu beizutragen, daß
- die rechtliche Selbständigkeit, die finanzielle Unabhängigkeit als Familienunternehmen und die weitere erfolgreiche wirtschaftliche Entwicklung des Unternehmens auf Dauer gewährleistet bleiben;
- die Unternehmensleitung bei wichtigen Entscheidungen sowie in allen schwierigen Situationen nach besten Kräften mit Rat und Tat unterstützt wird;
- bei einem Ausfall der Unternehmensleitung die Fortführung des Unternehmens in ihrem Sinn und Geist gemeinsam mit den leitenden Mitarbeitern gewährleistet wird;
- bei Meinungsverschiedenheiten unter mehreren Gesellschaftern oder innerhalb der Unternehmensleitung vermittelt und auf eine einheitliche, dem Gesamtwohl des Unternehmens dienende Willensbildung hingewirkt wird.«

Nicht selten gehen Inhaber sogar soweit, daß sie wichtige Vorgänge (Investitionen, Jahresplanungen, Personalentscheidungen für die erste und zweite Führungsebene u. ä.) gemeinsam mit ihrem Beirat beschließen – und hierbei sogar bereit sind, sich von der Mehrheit des Beirates überstimmen zu lassen.

Praktischer Tip: Wer sich mit dem Gedanken trägt, für sein Unternehmen einen Beirat einzurichten, sollte vorher bereits die möglichen Kandidaten für die zu vergebenden Beiratssitze in Betracht ziehen und sie einer diskreten Prüfung unterziehen: Was bringt er an Wissen und Erfahrung ein? Was kann ich davon gebrauchen? Wie paßt er zu mir? Wie zu den möglichen anderen Kandidaten? Ist er teamfähig? Wird er mein Vertrauen und das meiner Familie oder der übrigen Gesellschafter bestätigen? Wird er ausreichend Zeit und Engagement für die Beiratstätigkeit aufbringen?

Eine gut organisierte und mit qualifizierten Persönlichkeiten besetzte Unternehmensleitung ist schon mehr als der halbe Unternehmenserfolg. Denn in mehr als achtzig Prozent aller Fälle werden die Krisen und Zusammenbrüche von Unternehmen an der Unternehmensspitze verursacht, nicht nur durch Fehlentscheidungen in der Sache, sondern z. B. auch durch Fehler in der Personalführung. Dies muß man wissen, wenn man sich die Organisation der Unternehmensleitung im eigenen Hause vor Augen führt.

Grundregeln:

1. Bei der Festlegung oder Überprüfung der gesamten Organisationsstruktur sollte grundsätzlich bei der Unternehmensleitung begonnen werden, allerdings ohne die übrige Organisation aus den Augen zu verlieren.
2. Ohne Einigkeit über das Unternehmensziel ist Einigkeit über die organisatorische Gestaltung der Unternehmensspitze kaum zu erwarten. Daher muß sich die Unternehmensleitung erst zu einem gemeinsamen Ziel und einer einheitlichen Strategie bekennen.
3. Die Unternehmensleitung soll ihre Arbeit und Kraft auf die Aufgaben mit dem größerem Multiplikator konzentrieren und die anderen Aufgaben nach Möglichkeit reduzieren oder delegieren.
4. Bei mehrköpfigen Unternehmensleitungen sollen die interne Geschäftsverteilung und die Grundregeln der Zusammenarbeit in einer Geschäftsordnung verbindlich festgelegt sein.
5. Darüber hinaus soll durch Stellenbeschreibungen klar festgelegt sein, welche Aufgaben von der Unternehmensleitung gemeinsam und welche von den einzelnen Mitgliedern wahrgenommen werden.
6. Für die Mitarbeiter unterhalb der Unternehmensleitung müssen klare Unterstellungsverhältnisse bestehen – jeder soll nur einem Herren dienen, d. h. nur einen

Vorgesetzten haben. Wer einem mehrköpfigen Gremium unterstellt ist, sollte ein federführendes Mitglied des Gremiums als Ansprechperson haben.

7. Die Zuständigkeits- und Federführungsbereiche für die Mitglieder der Unternehmensleitung müssen so klar und eindeutig sein, daß Übergriffe in die Geschäftsbereiche der Kollegen ausgeschlossen sind.
8. Eine den praktischen Anforderungen genügende Stellvertretungsregelung für die Unternehmensleitung muß sicherstellen, daß das Unternehmen nie »kopflos« wird.
9. Die zweite Führungsebene ist so zu organisieren, daß sie für die Unternehmensleitung eine größtmögliche Unterstützungs- und Entlastungsfunktion hat und selbst gut zu führen ist.
10. Unternehmensleitungen, die über sich kein Aufsichtsorgan haben, sollten sich freiwillig einen Beirat zulegen, der überwacht, berät, unterstützt, gegebenenfalls schlichtet und notfalls vorübergehend einspringt.

Check-Liste

Aussage zum Ist-Zustand	Selbsteinschätzung*)		
	+	+/–	–
1. Bei uns ist die Unternehmensleitung insgesamt so organisiert, daß eine gute, sachliche Zusammenarbeit in der Unternehmensspitze gewährleistet ist.			
2. Für die Unternehmensleitung liegen eine Geschäftsordnung sowie Stellenbeschreibungen in aktueller, praktikabler Form vor.			
3. Mit Hilfe dieser Unterlagen ist auch klar festgelegt, wie welche Entschei-			

*) + = Stimmt genau! Ich kann zufrieden sein.
+/– = Es geht so! Ich muß aufpassen.
– = Stimmt nicht! Ich muß hier etwas tun.

Aussage zum Ist-Zustand	Selbsteinschätzung*)		
	+	+/–	–
dungen von der Unternehmensleitung gemeinsam und welche von den einzelnen Mitgliedern allein getroffen werden.			
4. Es gibt im Hinblick auf die Entscheidungsabläufe keine Flaschenhalssituationen im Bereich der Unternehmensspitze. Es wird weder übereilt noch zu zögerlich entschieden.			
5. Unsere Organisation gewährleistet eine enge Einbeziehung der zweiten Führungsebene in den Prozeß der Meinungsbildung und der Entscheidungen der Unternehmensleitung.			
6. Die Frage, ob wir bei uns zur Unterstützung der Unternehmensleitung einen Beirat einrichten, wurde grundsätzlich geprüft. Wir haben für diese Frage die richtige Lösung gefunden.			
7. Etwa zwanzig Prozent ihrer Zeit verwenden die Mitglieder unserer Unternehmensleitung für zukunftsbezogene Arbeit (Innovationen anregen, Ideen aufnehmen, kreativ-konzeptionell planen, neue Erfolgspotentiale suchen).			
8. Etwa fünf Prozent meiner zur Verfügung stehenden Zeit investiere ich in meine eigene Weiterbildung.			

Aufgaben:

1. Überlegen Sie, welches Ihrer Meinung nach die fünf wichtigsten Aufgaben einer Unternehmensleitung sind, die sich nicht delegieren lassen.

   1. ______________________________

   2. ______________________________

   3. ______________________________

   4. ______________________________

   5. ______________________________

2. Prüfen Sie, wieviel Zeit Ihre Unternehmensleitung erfahrungsgemäß für die Erledigung dieser Aufgaben investieren sollte und wieviel sie tatsächlich dafür aufwendet.

	Soll	Ist
1.		
2.		
3.		
4.		
5.		

4.2 Delegation von Verantwortung

> *»Richtig zu delegieren, ist die Kunst zu wissen, was man selbst tun, andere tun lassen oder überhaupt sein lassen muß – und dieses Wissen dann in die Tat umzusetzen!«*

»Delegation von Verantwortung« ist auch heute noch eines der am meisten gebrauchten Schlagworte in der Management-Literatur. Delegieren bedeutet übertragen. Delegation von Verantwortung heißt, daß die Leitung des Betriebes den Mitarbeitern nicht nur Arbeit, sondern auch Ziele, Aufgaben und Kompetenzen überträgt. Für deren erfolgreiche Wahrnehmung ist dann der Mitarbeiter verantwortlich.

Ziel der Delegation von Verantwortung ist es, die Initiative der Mitarbeiter zu wecken und zu stärken, ihre Motivation für die Arbeit zu verbessern, sie für höhere Anforderungen zu qualifizieren und ein weitgehend selbständig handelndes Management heranzubilden und zu erhalten. Das geschieht nicht nur aus einer Werteorientierung heraus, wonach in einer demokratisch geprägten Gesellschaft auch in der Arbeitswelt ein größtmögliches Maß an Selbstverwirklichung und Mitbestimmung für den einzelnen Mitarbeiter anzustreben ist. Es geht dabei auch um die sachnotwendige Entlastung der Betriebsleitung.

Durch sinnvolle Anwendung des Delegationsprinzips werden jedoch nicht nur die übergeordneten Träger der Leitungs- und Führungsverantwortung entlastet, sondern auch das Risiko bei Ausfall einzelner Führungskräfte und Mitarbeiter verringert, die Stellvertretungsmöglichkeiten verbessert und insgesamt die Leistungs- und Wettbewerbsfähigkeit des Unternehmens beachtlich gesteigert.

Beispiel: Schon vor mehr als 3000 Jahren wurde das Delegationsprinzip – einschließlich des Management by Exception-Prinzips – von Jethro, dem Schwiegervater Moses, kurz und verständlich beschrieben: »Sieh Dich nach wackeren Männern um, die redlich sind und den Geiz hassen, und mache aus ihnen Obere über tausend, über hundert, über fünfzig und über zehn. Was aber eine große Sache ist, sie sollen sie an Dich bringen.« (2. Buch Mose, Kapitel 18)

Qualifizierte Mitarbeiter wollen selbständig handeln und auch eigene Ideen realisieren können. Wenn sie dazu keine Chance haben, sind sie weniger an ihrer Arbeit und am Ergebnis ihrer Arbeit interessiert, qualifizieren sich nicht weiter oder suchen sich einen anderen Arbeitgeber, der ihnen mehr Spielraum gewährt. Wenn der aktuelle Arbeitsmarkt eine solche Alternative nicht bietet, verfallen sie nur allzuleicht in Resignation und nehmen die »innere Kündigung« vor.

Beispiel: Die Verkaufsberater im Möbelhaus Kiefer & Co. sind über das Verhalten ihres Verkaufsleiters, Herrn Starr, oft so erbost, daß es auch den Kunden nicht verborgen bleibt. Hartnäckig schaltet er sich immer wieder in die Verkaufsgespräche seiner Mitarbeiter ein. Meistens schickt er sie dann auch noch mit Aufträgen fort wie: »Schauen Sie doch mal nach, ob wir nicht noch was im Lager haben!« oder »Holen Sie mir doch mal schnell den neuen Schlafzimmer-Katalog!« – Manches erfolgsversprechende Gespräch wird dadurch gestört. Geht es schief, gibt der Verkaufsleiter dem Verkaufsberater die Schuld, weil dieser ihn nicht früher gerufen hat. Kommt es doch zum Abschluß, meint der Verkaufsleiter, daß er »die Kiste noch rechtzeitig an Land gezogen habe«. Auf das Bestreben der Mitarbeiter, sich anderweitig beruflich zu verändern, wirkt sich dieses Verhalten von Herrn Starr sehr belebend aus.

Voraussetzung für wirksame Delegation ist das Vorhandensein klarer und soweit wie möglich mit dem Mitarbeiter gemeinsam erarbeiteter Ziele. Aus der Zielsetzung sollte sich ergeben, welche Aufgaben mit welchen Kompetenzen der Mitarbeiter wahrzunehmen hat. Besonders wichtig ist es dabei, daß der Mitarbeiter auch einen Entscheidungsspielraum hat und daß er auch über die notwendigen Mittel – etwa in Form eines Budgets – verfügt, um mit Eigeninitiative und in seinem Bereich unternehmerisch handelnd das Ziel anstreben zu können. Nur dann kann er sich wirklich für seinen Aufgabenbereich verantwortlich fühlen. Untersuchungen und Umfragen zeigen, daß damit für qualifizierte, intelligente Menschen die wirksamste Form der Motivation überhaupt entsteht.

Beispiel 1: Inhaber Fürst behauptet, seinen Einzelhandelsbetrieb mit etwa 50 Mitarbeitern nach dem Delegationsprinzip zu führen. Er delegiert jedoch lediglich Arbeit. Seine Abteilungsleiter dürfen nicht einmal selbständig nachdisponieren. Alle Maßnahmen läßt er sich vorlegen und genehmigt sie meist erst, nachdem er seine Korrekturen angebracht hat. Da er alles auf seine eigene Person hin organisiert, wagt er es auch nicht, länger als eine Woche Urlaub zu machen.

Beispiel 2: Inhaber Bürger handelt ganz anders. Er hat es in den vergangenen Jahren verstanden, sich fünf qualifizierte Abteilungsleiter heranzuziehen, die im Rahmen der Unternehmenskonzeption, Richtlinien und Planvorgaben für ihre Abteilungen weitgehend selbständig handeln. So entscheiden sie im Rahmen ihrer Limits über die einzukaufenden Mengen des Kernsortimentes, die Auswahl, Mengen und Verkaufspreise von Artikeln des Randsortimentes, nehmen die Nachorder vor, teilen den Einsatz der Mitarbeiter ein, regeln die Stellvertretung und werden bei allen Personal-, Organisations- und Investitionsentscheidungen hinzugezogen. Sie sind gewohnt, selbständig zu handeln, und wissen, wann sie ihren Chef einschalten müssen. Herr Bürger kann jedes Jahr mit ruhigem Gewissen in den Urlaub fahren.

Für den Klein- und Mittelbetrieb ist das Delegationsprinzip nicht weniger wichtig als für den Großbetrieb. Denn Delegation ergibt sich nicht nur aus speziellen betriebsgrößenabhängigen Sachzwängen, sondern auch aus generellen berechtigten Ansprüchen der Mitarbeiter. Vor allem durch bewußte, großzügige Anwendung des Delegationsprinzips bleiben auch kleinere Betriebe für qualifizierte Mitarbeiter attraktiv.

Praktischer Tip: Das Übertragen von Kompetenzen und Verantwortung im Sinne des Delegationsprinzips muß nicht nach dem Motto »Entweder ganz oder gar nicht« erfolgen. Es kann auch stufenweise vollzogen werden. Es kann damit beginnen, daß der Mitarbeiter zunächst einfach dem Vorgesetzten über die Schulter guckt. Im nächsten Schritt entscheidet der Mitarbeiter »trocken« d. h. er erläutert dem Vorgesetzten, wie er handeln würde, tut es aber noch nicht. Bei dem weiteren Schritt entscheidet der Mitarbeiter allein, wobei ihm der Vorgesetzte über die Schulter zuschaut und korrigieren kann. Noch einen Schritt weiter, handelt der Mitarbeiter bereits selbständig, legt jedoch vor der abschließenden Entscheidung den Vorgang noch einmal dem Vorgesetzten vor. Schließlich wird der stufenweise Delegationsvorgang dadurch abgeschlossen, daß der Mitarbeiter den Vorgang selbständig entscheidet und abschließt, wobei sich der Vorgesetzte auf Stichprobenkontrollen beschränkt. – Auch durch stufenweises Erhöhen der Wertgrenzen sowie durch unterschiedliche Intensität der wahrzunehmenden Vorgesetztenpflichten lassen sich schrittweise Delegationsübergänge schaffen.

Bei der praktischen Umsetzung des Delegierens kommt es sehr darauf an, daß sachlich miteinander verbundene Entscheidungskompetenzen und Durchführungstätigkeiten so dicht zusammenliegen, wie es vom Gesichtspunkt der Verantwortung her vertretbar ist. Hier beschränkt sich die

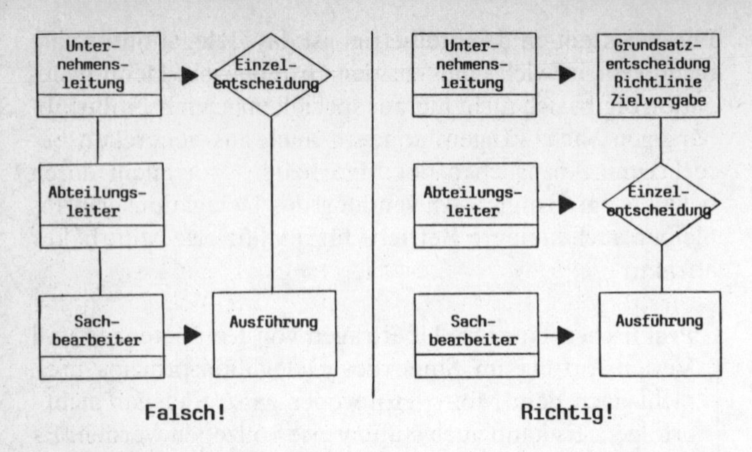

Richtig delegieren heißt hier, daß sich die Unternehmensleitung auf die Rahmenvorgaben beschränkt, die Entscheidungskompetenz für den Einzelfall auf den Abteilungsleiter delegiert und der Sachbearbeiter die Ausführung vornimmt.

Betriebsleitung im wesentlichen auf die Führungsfunktion, indem sie die Ziele vorgibt, die Grundsatz- und Rahmenentscheidungen in Form von Richtlinien trifft, für geeignete Mitarbeiter sorgt, die erforderlichen Informationen gibt, die Mittel bereitstellt und schließlich ihrer Kontrollpflicht nachkommt.

Aus der konsequenten Anwendung des Delegationsprinzips ergibt sich zwangsläufig jedoch für die Betriebsleitung und für die Eigentümer eine Konsequenz besonderer Art. So, wie sie in der Regel selbst für ihre unternehmerische Leistung einen mehr oder weniger großen Teil des Betriebsergebnisses als Vergütung erhält, so stellt sich auch für Mitarbeiter in besonders verantwortungsvollen Positionen die Frage, ob nicht auch sie zu einem angemessenen Teil am wirtschaftlichen Ergebnis des Betriebes beteiligt werden sollten. Immerhin verlangt ja Delegation von Verantwortung eine bewußt unternehmerische Einstellung, einschließlich einer gewissen Bereitschaft zum unternehmerischen Wagnis. Immer mehr Wirtschaftsbetriebe bejahen diese

Frage. Sie zahlen zumindest den Führungskräften und Mitarbeitern, die auf Grund ihres Delegationsbereiches mitverantwortlich für das wirtschaftliche Ergebnis ihres Unternehmens oder ihrer Sparte sind, zusätzlich zum festen Jahresgehalt eine erfolgsabhängige Tantieme.

Beispiel: Bei der Versicherungsgesellschaft Feurio AG erhalten alle Mitarbeiter nach mehr als einjähriger Betriebszugehörigkeit eine Tantieme, die sich insgesamt nach einem bestimmten Prozentsatz des Gewinnes vor Steuern bestimmt. Dabei erhalten die Vorstandsmitglieder entsprechend ihrer größeren unmittelbaren Verantwortung für den Unternehmenserfolg pro Kopf den größten Betrag. Entsprechend erhalten die übrigen Führungskräfte und Mitarbeiter abgestuft eine niedrigere Tantieme. Diese Regelung wird allgemein als gerecht, aber auch als angemessen angesehen.

Bewährt hat es sich auch in der Praxis, den Mitarbeiter entsprechend der Erreichung seiner individuellen Ziele zu beteiligen. Dabei sollte berücksichtigt werden, daß nicht nur quantitative Vorgaben (Stückzahlen, Umsatz, Kosten, Gewinn, Steigerungsraten), sondern auch vorher vereinbarte qualitative Vorgaben (z.B. Einarbeiten neuer Mitarbeiter, Mitwirken an Projekten, unfallfreies Fahren, eigene berufliche Fortbildung oder Verbesserungsvorschläge) als Maßstäbe herangezogen werden.

Die Anwendung des Delegationsprinzips bei gleichzeitiger Praktizierung eines kooperativen Führungsstils ist heute keine Frage des Wählens zwischen unterschiedlichen gleichwertigen Alternativen. Wer heute autoritär führt, ob aus Überzeugung oder weil er es nicht anders kann, arbeitet nicht nur gegen seine Mitarbeiter und gegen sein eigenes Unternehmens – er arbeitet auch gegen die Zeit.

Grundregeln:

1. Führungskräfte in Vorgesetztenpositionen sollten ihre Aufgaben in »Muß«- und »Kann«-Aufgaben einteilen. Mit »Kann«-Aufgaben sollten sie sich wirklich nur befassen, soweit es ihre Zeit zuläßt. Die »Kann«-Aufgaben können die »Muß«-Aufgaben ihrer Mitarbeiter werden.
2. Nicht Arbeit, sondern Verantwortung ist zu delegieren, mit der die Mitarbeiter wachsen können. Der Umfang der Verantwortung hängt nicht nur von sachlicher Notwendigkeit, sondern auch von persönlicher Eignung ab.
3. Mitarbeiter dürfen nicht von vornherein für unfähig zur Übernahme von Verantwortung gehalten werden. Meistens haben sie es bisher noch nicht lernen oder zeigen können, weil ihnen keine Gelegenheit dazu gegeben wurde. Wer delegiert, muß seinen Mitarbeitern einen Vertrauensvorschuß gewähren.
4. Jeder Mitarbeiter soll einen klar abgegrenzten Aufgabenbereich mit Zielen und Kompetenzen haben. Er muß aber auch mit dem erforderlichen Personal und den notwendigen Mitteln ausgestattet sein; denn sonst bleibt er ein Reiter ohne Pferd.
5. Wenn ein Mitarbeiter nicht sofort alles richtig macht, muß ihm nicht gleich die Verantwortung insgesamt abgenommen werden, sondern er sollte so gefördert werden, daß er den Anforderungen seiner Stelle weitestmöglich entsprechen kann. Ein höherer Delegationsgrad läßt sich auch zur Eingrenzung möglicher Risiken und zur Vermeidung von Überforderungen stufenweise erreichen.
6. Richtlinien können den Delegationsprozeß erleichtern und erweitern. Die Festlegung der Grundsätze und Kompetenzgrenzen behält man sich vor; die Entscheidungen im Einzelfall werden delegiert.
7. Die Handlungsverantwortung ist möglichst bis dicht an den »Ort des Geschehens« zu delegieren, die entspre-

chende Führungsverantwortung auf die Ebene darüber. Dadurch werden die Abläufe, insbesondere die Informations- und Entscheidungsvorgänge, schneller und kürzer.

8. Die Unterschriftenregelung muß sich in Übereinstimmung mit dem Delegationsprinzip befinden. Wer entscheidet, sollte auch unterschreiben dürfen.
9. Alles, was delegiert wird, muß im Prinzip auch kontrolliert werden. »Im Prinzip« heißt, daß keine Totalkontrollen, sondern angemessene Schwerpunkt- und Stichprobenkontrollen das Delegationsprinzip ergänzen müssen.
10. Delegationsvorgänge sind verbindlich. Einmal übertragene Verantwortung kann vom Vorgesetzten weder beliebig zurückgenommen noch vom Mitarbeiter rückdelegiert werden.

Checkliste

Aussage zum Ist-Zustand	**Selbsteinschätzung*)**		
	+	+/–	–
1. Bei uns wird das Delegationsprinzip sinnvoll angewendet. Dies schlägt sich auch darin nieder, daß bei uns im Zweifel einer dezentralen Organisationsstruktur der Vorzug gegeben wird.			
2. Unsere Führungskräfte werden ausreichend mit Kompetenzen ausgestattet, damit sie möglichst eigenverantwortlich die vorgegebenen Ziele erreichen können. Sie werden sogar ermutigt, vertretbare unternehmerische Wagnisse einzugehen, wenn dies im Sinne des Unternehmens ist.			

Aussage zum Ist-Zustand	Selbsteinschätzung*)		
	+	+/–	–
3. Beim Übertragen von Verantwortung richten wir uns nicht nur nach betrieblichen Erfordernissen, sondern auch nach den individuellen persönlichen Voraussetzungen; denn wir wollen einerseits niemanden überfordern und andererseits auch keine leichtfertigen Risiken eingehen.			
4. Bei Mitarbeitern mit noch nicht ausreichender Qualifikation sowie bei neuen, noch nicht vollständig eingearbeiteten Mitarbeitern passen wir für befristete Zeit den Umfang der Verantwortung den Möglichkeiten an und lassen ihnen gezielte Unterstützung und Förderung zukommen.			
5. Bei Ausfall von Führungskräften oder Inhabern sogenannter Schlüsselpositionen läuft bei uns der Betrieb zumindest einige Wochen erfolgreich weiter, weil die Mitarbeiter es gewohnt sind, auf nächsthöherer Ebene mitzudenken. Aus dem gleichen Grund bereiten uns Stellvertretungs- und Urlaubsregelungen gewöhnlich nur wenig Kopfschmerzen.			
6. Wer bei uns auf Grund seines Delegationsbereiches mitverantwortlich für das wirtschaftliche Ergebnis des Betriebes ist, wird auch daran durch eine Tantieme in angemessener Höhe beteiligt.			

Aussage zum Ist-Zustand	Selbsteinschätzung*)		
	+	+/–	–
7. Dank konsequent angewendeter Delegation von Verantwortung verfügen wir über ein qualifiziertes und bewährtes mittleres Management. Damit haben wir auch eine ausreichende Reserve für die Besetzung oberer Führungspositionen sowie für unser weiteres Wachstum.			
8. Dadurch, daß bei uns Führungsverantwortung und Handlungsverantwortung dicht an den »Ort des Geschehens« delegiert sind, sind bei uns kurze Wege und schnelle Abläufe die Regel.			
9. Die Leitung unseres Betriebes selbst kann als Vorbild für die Anwendung des Delegationsprinzips angesehen werden. Sie hält sich an die Spielregeln und greift nicht ständig ein, sondern nur dann, wenn Fehler- und Kurskorrekturen vorzunehmen sind.			
10. Der Delegationsprozeß ist bei uns kein einmaliger Vorgang. Wir überprüfen regelmäßig, ob die übertragenen Aufgaben und Kompetenzen sowie die zur Verfügung gestellten Mittel im Einzelfall noch richtig bemessen sind oder ob sie den veränderten Verhältnisse angepaßt werden müssen.			

*) + = Stimmt genau! Ich kann zufrieden sein.
+/– = Es geht so! Ich muß aufpassen.
– = Stimmt nicht! Ich muß hier etwas tun.

Aufgabe:

Stellen Sie sich vor, Sie hätten nur 50 % Ihrer gegenwärtigen Arbeitszeit zur Verfügung. Was würden Sie dann delegieren? – Überlegen Sie, wem Sie diese Aufgaben nach einer angemessenen Einarbeitungszeit übertragen würden?

Was würde ich delegieren?	An wen?
a)	
b)	
c)	
d)	
e)	

4.3 Wie groß darf die Führungsspanne sein?

»Zum Führen gehören Wissen, Können und Zeit.«

Ein Vorgesetzter hat in der Regel dreierlei Arten von Aufgaben wahrzunehmen: konzeptionelle, fachliche und führungsmäßige. Konzeptionell arbeiten heißt, Ideen haben, Zielvorstellungen entwickeln, planen und an die Zukunft denken.

In der Stellenbeschreibung sind die fachlichen Aufgaben der Führungskraft aufgeführt. Dabei handelt es sich um die Pflichten und Tätigkeiten, die die Position inhaltlich prägen:

ob es sich um einen Meister in der Gießerei, einen Sozialdezernenten einer Kommunalverwaltung, einen Zentraleinkäufer für den Non-Food-Bereich, eine Verkaufsstellenverwalterin für eine Modeschuh-Filiale oder um den Geschäftsführer eines Touristik-Unternehmens handelt. Hier geht es um gediegene Ausbildung, berufliche Erfahrung und spezielle fachliche Fähigkeiten.

Der dritte, ebenso wichtige Aufgabenbereich der Führungskraft wird häufig vernachlässigt: nämlich das Führen von Mitarbeitern. Führen im Sinne einer Führung mit Zielsetzung unter Anwendung des Delegationsprinzips bedeutet dabei, Mitarbeiter fähig und willens zu machen, gemeinsam erarbeitetete Ziele zu verwirklichen. Dabei soll nicht vergessen werden, daß Führen ein wechselseitiger Prozeß ist, bei dem sich Mitarbeiter und Vorgesetzter nicht nur ergänzen, sondern sich auch gegenseitig im Handeln und Verhalten beeinflussen. Führen heißt auch »sich führen«, »führen lassen« und »führen von unten«. Wer dagegen seine Führungsaufgaben ständig hintenanstellt, wird schnell in der Hektik des Tagesgeschäftes untergehen.

Beispiel: Dem Geschäftsführer Kaufmännische Verwaltung eines großen Zeitschriften- und Buchverlages sind fünf erfahrene Abteilungsleiter und eine Sekretärin direkt zugeordnet. Den Führungsaufgaben versucht er etwa ein Drittel seiner Zeit und Kraft zu widmen. So hat er immer eine gute Übersicht über seinen Geschäftsbereich und kann seine Abteilungsleiter gut koordinieren, ohne seine anderen Aufgaben vernachlässigen zu müssen. Er erreicht damit vor allem, daß seine Mitarbeiter ihm so gut zuarbeiten, daß er im übrigen Aufgabenbereich tatsächlich mit den verbleibenden zwei Dritteln seiner Arbeitsleistung auskommt. Gegenüber seinen Mitgeschäftsführern gilt er als stets gut vorbereiteter und sachkundiger Kollege, der sich nicht drückt, wenn zusätzliche Aufgaben zu übernehmen sind. Er findet sogar die Zeit, über die Zukunft des Unternehmens nachzudenken.

Wie umfangreich die Aufgaben und Pflichten einer Führungskraft sind, die an der Spitze eines Unternehmens steht und sowohl dem geschäftsführenden Gesellschaftsorgan angehört als auch einen eigenen Geschäftsbereich zu leiten hat, zeigt die nachstehende Aufgabengliederung:

1 Gemeinsame Aufgaben der Unternehmensleitung:

1.1 konzeptionelle Aufgaben (z. B. an die Zukunft denken, Gesamtziele vorgeben, Ergebnisse und Rahmenbedingungen analysieren, Feed-back und Feed-forward, strategische Planungen fortschreiben und umsetzen, Impulse geben)

1.2 fachliche Entscheidungen (z. B. wichtige oder grundsätzliche Personal-, Organisations-, Investitions-, Finanz-, Beteiligungs-, Sortiments- und Vertriebsangelegenheiten)

1.3 Führungsaufgaben (z. B. Information, Kommunikation, Koordination, Kontrolle, Personalentwicklung, Mitarbeiterförderung, Disziplinarangelegenheiten)

1.4 Pflichten gegenüber dem Aufsichts- oder Beirat sowie den Gesellschaftern auf Grund gesetzlicher oder satzungsmäßiger Bestimmungen

1.5 Zusammenarbeit mit dem (Gesamt-)Betriebsrat

1.6 repräsentative Pflichten nach innen und außen

1.7 Stellvertretung eines Kollegen innerhalb der Unternehmensleitung

2 Aufgaben des einzelnen Mitgliedes der Unternehmensleitung:

2.1 konzeptionelle Aufgaben im eigenen Geschäftsbereich

2.2 fachliche Aufgaben im eigenen Geschäftsbereich

2.3 Führungsaufgaben im eigenen Geschäftsbereich

2.4 Verpflichtungen in Aufsichts- und Geschäftsführungsorganen von Tochter- und Beteiligungsgesellschaften, in Kammern und Verbänden sowie sonstige ehrenamtlichen Tätigkeiten im Interesse des Unternehmens

2.5 federführende Aufgaben und Sonderaufträge für oder im Namen der Unternehmensleitung

2.6 repräsentative Pflichten und Kontaktpflege nach innen und außen

2.7 Stellvertretung von Kollegen in ihrem eigenen Geschäftsbereich sowie von Mitarbeitern

2.8 eigene Weiterbildung (Besuch von Seminaren, Tagungen und Messen, Literaturstudium, Erfahrungsaustausch mit Kollegen)

Mit allen diesen Aufgabengebieten müssen sich in der Regel die Mitglieder einer Unternehmensleitung befassen. Der hierdurch entstehende zeitliche und physische Aufwand kann daraus allein jedoch noch nicht abgelesen werden; denn nicht die Entscheidungen und Pflichten kosten die eigentliche Zeit, sondern das Reisen, die Gespräche und Sitzungen, das Studium von Akten, das Vorbereiten von Verhandlungen, die Reden und Besuche, die Abwicklung des Schriftverkehrs oder die Teilnahme an Veranstaltungen.

Viele Manager fliehen geradezu in ihre fachlichen Aufgaben, weil dies häufig weniger problematisch ist als Führungsarbeit zu leisten. Noch häufiger liegt es aber auch an einer unsinnigen Organisation, die nicht berücksichtigt, daß im Führen wohl die größte positive Wirkung auf die persönliche berufliche Einstellung und auf den Unternehmenserfolg besteht. Im fachlichen Aufgabenbereich tätig zu sein ist konkreter, schafft mehr kurzfristige Erfolgserlebnisse und vermittelt das Gefühl, gegenüber den Mitarbeitern der bessere Fachmann zu sein.

Beispiel: Der Verkaufsleiter eines Direktvertriebsunternehmens für Großküchenbedarf soll die 30 wichtigsten Großkunden selbst betreuen und außerdem noch 12 direkt unterstellte Außendienstmitarbeiter führen. Tatsächlich hat er für beide Aufgaben effektiv nicht die nötige Zeit. Da es am häufigsten bei seinen eigenen Kunden »brennt« und hier obendrein auch ein höherer Provisionssatz zu erreichen ist, kümmert er sich hauptsächlich um seinen eigenen Umsatz. So vernachlässigt er ständig mit schlechtem Gewissen seine Mitarbeiter. Er jagt den Unterlassungen nach, anstatt einmal gründlich über die notwendigen Verbesserungen in seinem Bereich nachzudenken und sie auch umzusetzen.

Für die Qualität einer Führungskraft ist kennzeichnend, ob sie ihren Bereich so führt und organisiert, daß dieser **insgesamt** erfolgreich ist. Unter Führungsspanne – manchmal auch als Leitungs-, Kontroll- oder als Management-Spanne bezeichnet – ist die Zahl der direkt unterstellten Mitarbeiter zu verstehen. Nicht unerheblich ist aber auch die Zahl aller Mitarbeiter im gesamten nachgeordneten Bereich, also nicht nur auf der nächsten Delegationsstufe, sondern auch auf den weiteren Delegationsstufen darunter. Bei den Führungspflichten, den Personalentscheidungen, beim Heranbilden des Führungsnachwuchses sowie in den Disziplinarangelegenheiten hat der Vorgesetzte meist größere Zuständigkeiten auf der nächsttieferen Delegationsstufe, also für die Mitarbeiter seiner Mitarbeiter, als bei seinen unmittelbaren Mitarbeitern selbst. Die Führungsspanne ist auch unter diesem Gesichtspunkt eines der Kernprobleme beim Aufbau jeder Organisation.

Was heißt »führen« nun im einzelnen? Der Regelkreis »Mitarbeiterführung« stellt die wesentlichen Führungsaufgaben dar, die ein Vorgesetzter gegenüber seinem Mitarbeiter wahrzunehmen hat und die sich untereinander ergänzen und bedingen.

Besonders häufig kann man in der Praxis beobachten,

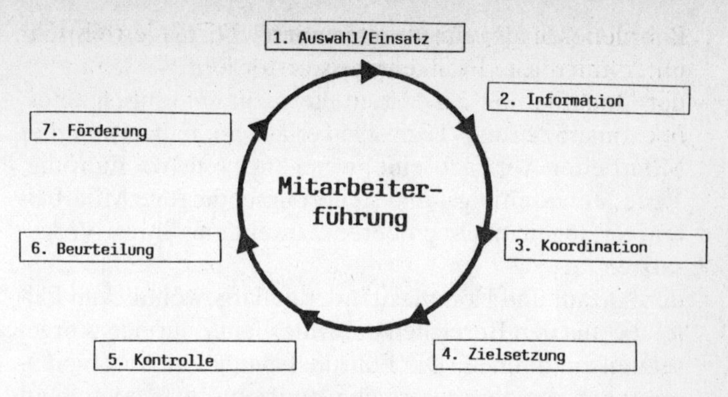

Mitarbeiterführung im Regelkreis. Diese Aufgaben soll der Vorgesetzte gegenüber seinen Mitarbeitern wahrnehmen.

daß einige »Hobby-Abteilungen« recht intensiv geführt werden, andere dagegen im Abseits stehen. Besonders oft ist das bei Spezialabteilungen wie Recht, EDV oder Öffentlichkeitsarbeit der Fall, die dann höchst mangelhaft in das betriebliche Geschehen integriert sind.

Sicher gibt es keine für jede Situation gleichermaßen gut geeignete Führungsspanne. Unter den jeweils gegebenen oder zu schaffenden Voraussetzungen läßt sich jedoch eine annähernd optimale Führungsspanne bilden.

Die optimale Führungsspanne hängt im wesentlichen ab von:

- den Führungsqualitäten des Vorgesetzten. Manche Vorgesetzte haben bereits große Mühe, wenn sie nur ihre Sekretärin zu führen haben. Andere schaffen spielend eine Führungsspanne von acht und mehr Mitarbeiter mit unterschiedlichsten Aufgabenstellungen.
- dem Umfang des eigenen fachlichen Aufgabenbereiches. Je größer, arbeits- und zeitaufwendiger dieser ist, desto weniger Mitarbeiter sollten unterstellt sein.
- der Gleichartigkeit bzw. der Unterschiedlichkeit der Aufgabenstellungen in den nachgeordneten Stellen. Zehn weitgehend identische Aufgabenbereiche sind leichter zu

koordinieren als zehn Aufgabenbereiche, die jeweils sehr unterschiedliche Fachkenntnisse erfordern.

- der Qualifikation der Mitarbeiter. Ein gut eingespieltes, hochqualifiziertes »Team« zuverlässiger und erfahrener Mitarbeiter verträgt eine weniger intensive Führung. Neue, einarbeitungs- und steuerungsbedürftige Mitarbeiter verlangen nach größerer Zuwendung ihres Vorgesetzten.
- der Anzahl und Komplexität der außergewöhnlichen Fälle, die aus den Bereichen der Mitarbeiter auf den Vorgesetzten zukommen. Die Führungsspanne im Automatensaal kann ohne weiteres zehn, fünfzehn oder noch mehr Mitarbeiter betragen; im Konstruktionsbüro bei sehr verschiedenen, anspruchsvollen Schwerpunkten jedoch womöglich nur fünf Mitarbeiter.
- den Informations-, Koordinations- und Kontrollpraktiken. Je besser diese ausgebaut und z. B. technikgestützt oder prozeßintegriert sind, um so eher vermag der Vorgesetzte eine größere Führungsspanne zu bewältigen.
- der Zahl und Qualifikation der Stellen mit »Entlastungsfunktion«. Eine gute Sekretärin, die nach Sauerbruch die beste Prophylaxe gegen Herzinfarkt ist, kann dem Chef viele Vorbereitungsarbeiten, Terminvorlagen, Vorauswertungen, Reisevorbereitungen abnehmen, aber auch wichtige Ratgeberin sein, und ihm damit helfen, mehr Zeit für seine Mitarbeiter zu haben. Entsprechendes gilt für den Assistenten oder den Mitarbeiter, der speziell als Fach- oder Führungsstab zur Verfügung steht.
- dem Führungsstil. Ein Führungsstil, der das selbständige Arbeiten der Mitarbeiter erschwert oder gar verhindert, hat zur Konsequenz, daß der Vorgesetzte sich öfter und stärker selbst um alles kümmern muß und damit weniger Zeit zum Führen seiner Mitarbeiter hat.
- den geographischen und räumlichen Voraussetzungen. Arbeiten alle Mitarbeiter mit dem Vorgesetzten in einem Raum, kann die Führungsspanne deutlich größer sein als wenn jeder Mitarbeiter an einem anderen Ort tätig ist. Die

Zeit, die der Vorgesetzte unterwegs zu seinen Mitarbeitern ist, geht ihm für die eigentliche Mitarbeiterführung verloren.
- der möglichen Entlastung durch Fachvorgesetzte. Werden die Mitarbeiter in bestimmten Fachgebieten durch Fachvorgesetzte geführt, kann dies eine Entlastung bedeuten, wenn die erforderliche Abstimmung zwischen dem Hauptvorgesetzten und dem Fachvorgesetzten selbst nicht wieder einen zu großen zeitlichen Aufwand notwendig macht.

Weitere Voraussetzungen sind im atmosphärischen Bereich des Betriebs zu suchen, bei den sogenannten »weichen« Faktoren. Wenn die Bezahlung nicht stimmt, die Arbeit keinen Spaß macht, die Mitarbeiter sich unwohl fühlen, dann wirkt sich dies z. B. über eine hohe Fluktuationsquote nachteilig auf die Führungsspanne aus.

Eine der heikelsten Organisationsaufgaben besteht darin, bei wachsenden Betrieben eine zusätzliche Leitungsebene, oft sehr weit oben in der betrieblichen Hierarchie,

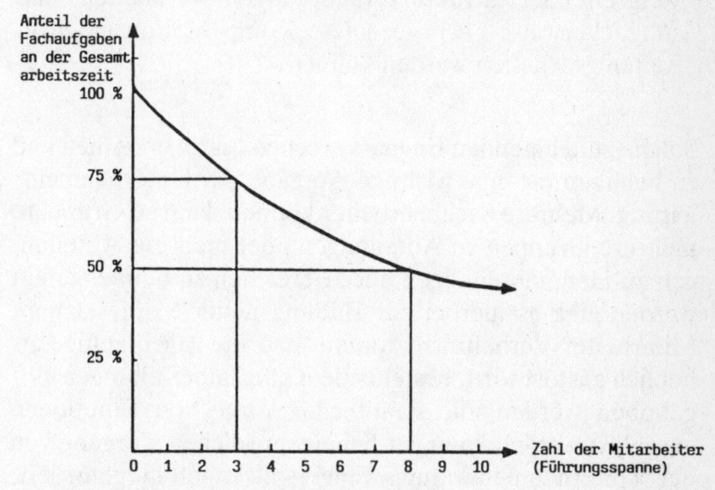

Der Anteil der Fachaufgaben einer Stelle in Abhängigkeit von der Führungsspanne.

einzuziehen. Dieser Vorgang geht selten ohne Reibungen oder sogar Kündigungen vonstatten. Notwendig werden kann ein zusätzliche Leitungsebene etwa dann, wenn die Führungsspanne – zumindest für die betreffende Führungsebene – zu groß zu werden droht. Nicht nur, daß für die Zukunft mit einer Überforderung der betreffenden Führungskräfte und mit einer Verschlechterung in der Situation der Mitarbeiter gerechnet werden muß. Es geht auch um die vielgerühmte Schlagkraft des Betriebes.

Praktischer Tip: Das Vorhandensein eines fortzuschreibenden mittelfristigen Soll-Organisationsplanes erweist sich auch in diesem Zusammenhang als Segen. Hier können neue Führungsstellen oder geänderte Aufteilungen der Organisationseinheiten schon einmal »vorsorglich« angekündigt werden, dann also, wenn es noch keinem wirklich wehtut. Die beteiligten Mitarbeiter stellen sich dann innerlich auf die zu erwartende Situation ein, so daß zumindest der übliche Schock plötzlicher und tiefgreifender Strukturveränderungen vermieden und möglicherweise auch geeignete Kompensationsmöglichkeiten geschaffen werden können.

Solche zunehmenden Engpässe rechtzeitig zu erkennen und zu beheben, ist eine wichtige Aufgabe der Unternehmensleitung. Mehrere Sachbearbeiter können dann zu Gruppen, mehrere Gruppen zu Abteilungen oder mehrere Abteilungen zu Hauptabteilungen oder Bereichen zusammengefaßt werden. Da es hierbei zur Bildung neuer Vorgesetzten-/Mitarbeiter-Verhältnisse kommt, das alte Machtgefüge erheblich gestört wird, bestehende Kollegialbeziehungen aufgehoben werden und damit eine Woge von Emotionen ausgelöst werden kann, ist bei einem solchen Vorgang von der Unternehmensleitung Fingerspitzengefühl gefordert, eine Eigenschaft, die übrigens bei allen Führungskräften geschätzt wird.

Beispiel: Unternehmer Starke hat innerhalb von 20 Jahren seinen Betrieb aus kleinsten Anfängen zu einer Firmengruppe mit stattlichem Umfang vergrößert. Vier Geschäftsführer und elf Abteilungsleiter sind ihm direkt unterstellt. Trotz großen Fleißes kann er ihnen nicht die nötige Zeit widmen. Oft werden wichtige Entscheidungen gar nicht oder erst im letzten Moment zwischen Tür und Angel getroffen. Die Chefsekretärin versucht, das Führungsvakuum auszugleichen, und wird bald zur »grauen Eminenz«. Praktisch trifft sie manche Entscheidungen, die an sich Sache ihres Chefs gewesen wären. Als sein bester Mitarbeiter ihn vor die Wahl stellt, endlich aufzuräumen oder künftig auf ihn zu verzichten, erkennt Starke den Ernst der Lage.
Er beauftragt einen Unternehmensberater, eine Organisationsanalyse durchzuführen und einen Vorschlag für die Neuorganisation der Leitungsstruktur in der Firmengruppe zu erarbeiten. So radikal die neue Unternehmensstruktur in der Planung gestrafft und gebündelt wird, so konsequent wird sie auch umgesetzt. Neue Führungskräfte werden eingestellt, einige der vorhandenen Führungskräfte gehen. Starke arbeitet jetzt nur noch mit seinen Geschäftsführern zusammen. Die verbleibenden Führungskräfte, teilweise in den Rang eines Hauptabteilungsleiters erhoben, fühlen sich dennoch degradiert, da sie nun keinen direkten Zugang mehr zum Chef haben.
Starke gibt sich sehr viel Mühe, seine alten Mitstreiter von der Notwendigkeit der neuen Organisationsstruktur zu überzeugen, ohne die ein weiteres Wachstum nicht möglich sein würde. Jedoch nur die neuen und ein paar jüngere Führungskräfte der alten Garde ziehen schließlich mit. Einige Mitarbeiter der ersten Stunde gehen – so hat es den Anschein – mangels Alternative enttäuscht in die »innere Emigration«. Dorthin geht auch Starkes Sekretärin, die es nur schwer verkraftet, daß ihr lenkendes Geschick nicht mehr gefragt ist.
Alles in allem zeigt sich, daß beim Umsetzen eines guten

Konzeptes sehr ungeschickt vorgegangen wurde. »Ein Stolperschritt mit dem falschen Bein in die richtige Richtung«, wie Starke selbstkritisch am Ende meinte, als alles ausgestanden war.

Es muß also vorher von Seiten der Betriebsleitung organisatorische und psychologische Vorarbeit geleistet werden. Vor allem muß die Betriebsleitung selbst die neue Organisation achten, indem sie die Aufgabenbereiche der neuen Ebene sauber nach allen Richtungen abgrenzt, und indem sie sich beim Wahrnehmen ihrer Führungsaufgaben auf die Mitarbeiter der neuen Leitungsebene beschränkt. Das muß jedoch nicht heißen, daß für die übrigen Mitarbeiter kein Wort oder kein Ohr mehr übrig ist. Im Gegenteil, ein freundlicher, aufgeschlossener Kontakt zu nachgeordneten Mitarbeitern sollte immer möglich sein. Er sollte nur nicht in Auftragserteilungen, Kritik oder ins Demontieren des abwesenden Vorgesetzten ausarten.

Eine andere Möglichkeit – wenn auch nur zur teilweisen Entlastung – ist der Assistent der Geschäftsführung oder der Direktionsassistent. Er kann als »Führungsgehilfe« des Chefs wirken, ohne Weisungsbefugnis gegenüber dessen Mitarbeitern zu haben. Besonders hat es sich dabei bewährt, wenn etwa in einem technisch orientierten Unternehmen der kaufmännische Geschäftsführer einen Techniker mit wirtschaftlichem Sachverstand als Assistenten hat, dem technischen Geschäftsführer hingegen ein Assistent mit kaufmännischer Vorbildung zur Seite steht, so daß beide »Gespanne« sich gegenseitig bestens ergänzen können.

Allerdings kann die Inanspruchnahme von Assistenten auch zu einer gefährlichen »Assistentenwirtschaft« führen. Dies ist besonders dann der Fall, wenn die Führungsspanne bereits von vornherein viel zu groß ist und nun mit Hilfe des Assistenten lediglich Pannen ausgebügelt werden sollen. Hier haben clevere Assistenten beste Voraussetzungen, sich zu heimlichen Herrschern zu mausern. Mehr als einen Assistenten zu haben, ist eigentlich nur damit zu rechtfertigen, daß Führungskräftenachwuchs aufgebaut werden soll oder sich bewähren muß. Arbeitsüberlastung hingegen ist keine Rechtfertigung, sondern nur eine Bemäntelung der Tatsache, daß hier ein offensichtlich autoritär eingestellter Manager von seiner Macht nichts abgeben mag und nicht delegieren kann.

Grundregeln:

1. Je klarer die Organisation ist und je selbständiger die Mitarbeiter handeln, um so größer kann die Führungsspanne sein.
2. Bei der Beurteilung der Führungsspanne muß berücksichtigt werden, inwieweit die nachgeordneten Stellen belastenden und/oder entlastenden Charakter auf die Führungspflichten des Vorgesetzten haben.
3. Die Frage nach der optimalen Führungsspanne kann man nicht nur von den sachlichen Gegebenheiten her beantworten; man muß auch die persönlichen Merkmale und Fähigkeiten der Beteiligten (Vorgesetzte und Mitarbeiter) in Rechnung stellen.
4. Wer aufgrund seiner Führungsspanne ein hohes Maß an Führungsverantwortung trägt, muß sehen, daß er durch verstärkte Anwendung des Delegationsprinzips das Maß seiner Handlungsverantwortung verringert. Im wesentlichen läßt sich nur Handlungs-, nicht jedoch auch Führungsverantwortung delegieren. Hier kann sich der Vorgesetzte nur begrenzt zuarbeiten lassen.
5. Führungsspannen dürfen nicht so klein sein, daß es zu einer unnötig tiefgestaffelten Hierarchie und damit zu langen Instanzenzügen bzw. Befehlsketten kommt.
6. Führungsspannen müssen der Forderung nach möglichst vollständigen, zusammenhängenden und überschaubaren Verantwortungsbereichen – sei es Funktions-, Objekt- oder Ergebnisverantwortung – Rechnung tragen.

7. Auf allen Leitungsebenen in einem Betrieb sollten die Führungsspannen vom Umfang und vom Inhalt her so gestaltet sein, daß sie insgesamt vergleichsweise ausgewogene Macht- und Verantwortungsstrukturen ergeben.
8. In der Regel liegt die optimale Führungsspanne zwischen drei und acht Mitarbeitern. Neuere Erfahrungen zeigen jedoch, daß das Optimum letztlich nur im konkreten Einzelfall bestimmt werden kann.
9. Das Vorhandensein von vielen Stäben, Arbeitsgruppen, Assistenten oder Referenten um eine Führungsposition herum ist keinesfalls ein Zeichen moderner Betriebsorganisation, sondern gibt allen Anlaß zu einer Schwachstellenanalyse.
10. Wer eine große Führungsspanne für sich beansprucht, muß sich zu allererst auch über die Konsequenz im klaren sein, daß er entsprechend mehr Führungsarbeit zu leisten hat. Nur über die Kausalkette: viele Mitarbeiter – intensive Führungsarbeit – gute Mitarbeiter – verstärkte Delegation – mehr Entlastung – mehr Zeit zur Mitarbeiterführung – sind große Führungsspannen zulässig.

Check-Liste

Aussage zum Ist-Zustand	Selbsteinschätzung*)		
	+	+/–	–
1. In unserem Unternehmen gibt es keinen Vorgesetzten, der im Hinblick auf die sachlichen und persönlichen Gegebenheiten eine unzumutbar große Führungsspanne wahrzunehmen hat.			
2. Die Wahrnehmung wichtiger Führungsaufgaben (z.B. Information,			

Aussage zum Ist-Zustand	Selbsteinschätzung*)		
	+	+/–	–
Kontrolle, Koordination) leidet bei uns nicht unter zu großer Zeitnot der Vorgesetzten.			
3. Für mich haben die Führungspflichten gegenüber meinen Mitarbeitern mindestens den gleichen Stellenwert wie meine fachlichen Aufgaben.			
4. Ich widme jedem meiner Mitarbeiter soviel Aufmerksamkeit, daß ich seinen Arbeitsbereich überschauen kann, und soviel Zuwendung, daß es zwischen uns keine verdeckten, schwebenden Konflikte gibt.			
5. Unsere Mitarbeiter – insbesondere auch in ihrem Arbeitsplatz neu eingesetzte Mitarbeiter – fühlen sich in aller Regel nicht durch ihre Vorgesetzten vernachlässigt.			
6. »Graue Eminenzen« oder andere heimliche Herrscher gibt es bei uns nicht, weil die zuständigen Vorgesetzten alles fest im Griff haben.			
7. Wenn meine Mitarbeiter mich sprechen wollen, habe ich es immer noch geschafft, mir dafür die erforderliche Zeit zu nehmen, ohne daß lange Wartezeiten notwendig werden.			
8. Wenn ich mit meinem Vorgesetzten ein Gespräch haben möchte, so erhalte ich dazu auch in einer zumutbaren zeit-			

Aussage zum Ist-Zustand	Selbsteinschätzung*)		
	+	+/–	–
lichen Frist die Gelegenheit, wobei ich nicht den Eindruck habe, kurzerhand abgefertigt zu werden.			
9. Ich habe die Erfahrung gemacht, daß intensive Führungsarbeit gegenüber meinen Mitarbeitern eine gute Investition ist. Die Zusammenarbeit klappt besser, die Arbeitsatmosphäre ist angenehmer und vor allem: ich werde viel besser in meinem übrigen Aufgabenbereich entlastet.			
10. In unserem Betrieb werden Führungskräfte nicht nach der Zahl, sondern nach der Qualifikation ihrer Mitarbeiter bewertet – und natürlich danach, wie gut sie ihre Fach- **und** Führungsaufgaben erfüllen.			

*) + = Stimmt genau! Ich kann zufrieden sein.
+/– = Es geht so! Ich muß aufpassen.
– = Stimmt nicht! Ich muß hier etwas tun.

Aufgabe:

Überlegen Sie, wieviel Zeit Sie für die Führung jedes Ihrer Mitarbeiter wöchentlich aufbringen sollten. – Prüfen Sie dann, wieviel Zeit Sie tatsächlich für jeden Mitarbeiter erübrigen.

Mitarbeiter/Stelle	Zeitliche Zuwendung	
	Soll	Ist
a)		
b)		
c)		

Mitarbeiter/Stelle	Zeitliche Zuwendung	
	Soll	Ist
d)		
e)		
f)		

Bitte machen Sie sich für jeden Mitarbeiter Gedanken, was ein eventuell vorhandenes Führungsdefizit bei ihm bewirken könnte oder bereits bewirkt hat.

4.4 Information und Kommunikation

»Informationen sollen wie ein Bikini sein: knapp, das Wesentliche abdecken und Aufmerksamkeit erwecken.«

Informationen sind für einen Betrieb die Schmiere, die alles beweglich hält, ein sinnvolles Ineinandergreifen aller kleinen und großen Rädchen im Getriebe gewährleistet und unnötige Reibungsverluste zu vermeiden hilft. Dort, wo in einem Betrieb die Informationen nicht richtig laufen oder unterbleiben, fängt es sehr schnell an, im Getriebe zu quietschen. Wenn dann nichts getan wird, kann es womöglich zu erheblichen Störungen und Ausfällen im Betriebsablauf kommen, die sich in der Kosten- und Ertragsrechnung, aber auch atmosphärisch, unangenehm niederschlagen.

Zurecht wird daher das Informieren nicht nur als eine Aufgabe bestimmter Stellen angesehen, sondern als eine generelle Vorgesetzten- und Mitarbeiterpflicht. Vorgesetzte und Mitarbeiter haben sich gegenseitig ebenso zu informieren wie Kollegen untereinander; denn: Voraussetzung für Mitdenken und Mitverantwortung ist Mitwissen! Viele voreilige Vorwürfe gegen Mitarbeiter führen letztlich zur Erkenntnis: es wurde nicht informiert!

Beispiel: Verkaufsfahrer Bothe wird nicht davon unterrichtet, daß der Kunde Pech & Co. schon seit vier Monaten die Warenlieferungen nicht mehr bezahlt hat und daher nicht mehr beliefert werden soll. Bothe liefert – zuverlässig wie er ist – weiter Ware an Pech & Co. aus. Da seine Lieferunterlagen und Tourenlisten unkontrolliert bleiben, stellt man erst beim Konkurs des Kunden Pech & Co. fest, daß er zwar bis zuletzt Ware erhalten, aber schon lange nicht mehr bezahlt hat.
Der Schaden ist beachtlich.

Es ist sicherlich nicht nur Zufall, wenn Außenstehende aus den Informationslücken eines Unternehmens beträchtliche Vorteile ziehen können. Um die wichtigsten Informationsvorgänge ausreichend sicher in den Griff zu bekommen und an allen Stellen den erforderlichen Informationsstand zu gewährleisten, sollte sowohl beim Informationsanfall als auch beim Informationsbedarf angesetzt werden. Es ist also nicht nur zu prüfen, welche der anfallenden Informationen an welche Stellen weitergegeben werden müssen, sondern auch welche Informationen an den einzelnen Stellen im Hinblick auf den Aufgabenbereich benötigt werden, woher sie zu bekommen sind und auf welchem Wege sie den Empfänger erreichen sollen.

Bei der Regelung des betrieblichen Informationswesens sind unter diesem Gesichtspunkt folgende Arten der Information zu berücksichtigen:

- Informationen, die die Betriebsleitung bzw. der Vorgesetzte den Mitarbeitern zu geben haben, damit diese in ihrem Aufgabenbereich richtig handeln und die vorgegebenen Ziele erreichen können. Hierzu gehören sowohl die Grundinformationen über den Aufgabenbereich des Mitarbeiters (Einordnung der Stelle, Betriebsordnung, Richtlinien, Aufgaben, Kompetenzen, Verantwortung, Ziele, Regeln der Zusammenarbeit u. ä.) als auch die laufenden Informationen, damit der Mitarbeiter stets auf

dem neuesten Stand ist und sich den veränderten Rahmenbedingungen und Situationen anpassen kann.
- Informationen, die der Mitarbeiter seinem Vorgesetzten zu geben hat, damit dieser den Gesamtüberblick über den ihm nachgeordneten Bereich behält. Der Vorgesetzte muß über Entwicklungen, besondere Ereignisse, wichtige Vorhaben sowie Planungsabweichungen im Verantwortungsbereich seiner Mitarbeiter informiert sein, um selbst sachgerechte Entscheidungen treffen und die Tätigkeiten der Mitarbeiter sinnvoll koordinieren zu können. Er selbst hat außerdem aber auch seinen Vorgesetzten, damit dieser wiederum ein im wesentlichen wirklichkeitsgetreues Bild vom Zustand seines Bereiches bekommt.
- Querinformationen, die nicht vertikal »auf dem Dienstweg« laufen, sondern direkt von Stelle zu Stelle gegeben oder geholt werden, damit alle Stellen, die von demselben Vorgang berührt werden, schnell und unmittelbar die notwendige Kenntnis erlangen.
- Formalisierte oder institutionalisierte Informationen, wie z.B. Rundschreiben, Werkzeitschrift, interne Mitteilungen, periodische Statistiken, Geschäftsberichte oder Pressespiegel, die herausgegeben werden, um einen gleichbleibenden oder häufig wiederkehrenden Empfängerkreis gezielt oder auch gestreut zu erreichen.

Erfahrene Praktiker sprechen außerdem noch von der »Ganginformation« und meinen damit humorvoll die Nachrichten, die hauptsächlich deshalb ausgetauscht werden, weil man sich zufällig auf dem Gang getroffen hat. Die Information wäre unterblieben, hätte es nicht die zufällige Begegnung gegeben. Auch wenn diese Informationsart eher in den Bereich der informellen Beziehungen fällt, so darf sie dennoch in ihrer positiven Bedeutung nicht unterschätzt werden.

Viele Mißverständnisse könnten im Tagesgeschäft vermieden werden, wenn die Querinformation ritualisiert werden würde.

Beispiel: In der Textilfabrik Weber & Söhne treffen sich der Leiter Fertigung, der Leiter Arbeitsvorbereitung, der Leiter Qualitätssicherung, der Leiter Logistik und der Verkaufsleiter jeden Montag morgen pünktlich um neun Uhr, um sich etwa ein Stunde lange über das Arbeitsprogramm der Woche, den Erledigungsstand wichtiger Aufträge, Qualitätsfragen und andere Themen auszutauschen. Falls einer von ihnen verhindert ist, wird er durch einen erfahrenen Mitarbeiter vertreten. Da alle Teilnehmer in den Ablauf dieses Rundgespräches gut eingeübt sind, werden die Einzelfragen sehr konzentriert und effizient abgehandelt.

Unabhängig von der Art der Information gilt der Grundsatz, daß Informationen von den Stelleninhabern, die darüber verfügen, an die Stelleninhaber weitergegeben werden, die sie benötigen (Prinzip der Bringschuld). Erfahrungsgemäß stellt eine solche Regelung aber noch nicht sicher, daß wirklich alle Stellen vollständig und rechtzeitig informiert sind. Daher sollte es zu den Grundsätzen der Zusammenarbeit in einem Betrieb gehören, daß ergänzend hierzu das Recht auf Selbstinformation besteht. Danach hat jeder Stelleninhaber das Recht und die Pflicht, sich im Rahmen seines Aufgabenbereiches und zur Erfüllung der ihm vorgegebenen Ziele direkt von anderen Stelleninhabern die zusätzlich benötigten Informationen einzuholen, wenn er ohne sie seine Aufgaben nicht oder nicht so gut wahrnehmen kann. Selbstverständlich muß sich die Inanspruchnahme des Selbstinformationsrechtes gegenüber den beteiligten Stellen in einem zumutbaren Rahmen bewegen.

Beispiel: Der Zentraleinkäufer für Wohnzimmermöbel einer großen Möbelmarktkette verfügt über sämtliche Herstellerangaben zu einem bestimmten Wohnzimmerschrank in Form einer Produktbeschreibung. Dennoch fragt er, bevor er für eine Aktion fünfzig weitere Exemplare dieses Schrankes ordert, den Kundendienstleiter nach den Erfahrungen, die Kundendienstmitarbeiter und Kunden mit diesem Schrank gemacht haben. Dabei erfährt er, daß dieser Schrank sehr schwer aufzustellen ist, daß es dabei relativ häufig zu Beschädigungen kommt und Kunden des öfteren moniert haben, daß die Türen nur unter Gewaltanwendung zu schließen sind. Der Zentraleinkäufer ordert daraufhin den Schrank eines anderen Lieferanten, mit dem die Erfahrungen im eigenen Hause positiver ausgefallen sind.

Grundsätzlich gilt für alle Informationen, daß sie

- schnell und daher möglichst direkt,
- im Inhalt richtig, aktuell und verständlich,
- im Umfang so kurz wie möglich und nicht länger als unbedingt notwendig,
- an die richtigen Empfänger gerichtet und
- als Information erkennbar sind.

Praktischer Tip: Vorgesetzte »verpacken« Anweisungen oder Aufträge sehr gern in Form von Informationen oder Informationswünschen. Dies führt immer wieder zu Mißverständnissen. Es empfiehlt sich daher, bei Gesprächen, Besprechungen oder Sitzungen eine saubere Trennung zwischen Informationen, Entscheidungen und Anweisungen vorzunehmen und sie notfalls auch ausdrücklich so zu deklarieren.

Soweit schriftliche Informationen sehr umfangreich sind, etwa im Rahmen von Berichten, Protokollen oder Statistiken, ist es zweckmäßig, den wesentlichen Inhalt in einem vorangestellten Absatz kurz und bündig zusammenzufassen. Für einzelne Stellen – oder auch in Fällen, wo es mit dem Informieren überhaupt nicht klappen will – kann es hilfreich sein, die Informationsabläufe mit Hilfe von Infor-

Informationsplan

für Stelle: Außendienstmitarbeiter Blatt-Nr. 1

erstellt am: 01.05.88

Lfd. Nr.	Informationsgegenstand	Informationsempfänger	Form	Termine Fristen	Bemerkungen
1	Tagesberichte	- Bezirksleiter - Zentrale/VID	schriftlich Durchschlag	zum Montag d. nächsten Woche	wochenweise
2	Verhinderungen/ Erkrankungen	- Bezirksleiter - Zentrale/VID	fernmündlich dto., ggfs. Attest	am selben Tag!	s. BO/Krankmeldungen
3	Unfallbeteiligung	- Bezirksleiter - Zentrale/VID	fernmündlich dto.	am selben Tag!	s. Merkblatt d. Versicherers

Beispiel eines Informationsplanes (Auszug).

mationsplänen zu klären und zu unterstützen. Um jedoch nicht der Gefahr einer bürokratischen Erstarrung Vorschub zu leisten, sollten sich solche schriftlichen Regelungen für die Informationsverteilung wirklich nur auf die wichtigsten Informationsgegenstände beschränken.

Wer im Zusammenhang mit Informationsregelungen organisatorisch tätig ist, sollte daran denken, den Informationsbedarf und die Informationsart stets gemeinsam mit den berührten Fachabteilungen abzuklären. Allzuoft geschieht es in der Praxis, daß umfassende Statistiken, Berichte oder Protokolle ungelesen abgeheftet werden, weil für die Empfänger nicht erkennbar wird, ob und inwieweit deren Inhalt sie betrifft. Hinzu kommt, daß manchmal sowohl Zeit als auch erfahrungsbedingter »Durchblick« fehlen, um große Mengen an Informationen gezielt durchzuarbeiten und auszuwerten. Hier hat es sich bewährt, mit den Empfängern solcher Informationen deren praktischen Gebrauch zu trainieren. Um Rückschlüsse darüber zu gewinnen, ob die Informationen in ihrem wesentlichen Inhalt beim Empfänger angekommen sind und richtig verstanden wurden, sollte mit ihnen bei passender Gelegenheit ein Gespräch oder eine Diskussion darüber stattfinden.

Während Information eher den Inhalt der ausgetauschten Nachrichten betrifft, umfaßt Kommunikation die dabei auftretenden sozialen und technischen Beziehungen zwischen den austauschenden Stellen.

Für die Betriebsorganisation werden dabei die technikgestützten Informations- und Kommunikationsmöglichkeiten immer bedeutsamer, ohne daß jedoch die sozialen und sozialpsychologischen Aspekte der Kommunikation an Bedeutung verlieren dürfen.

Die neuen Informations- und Kommunikationstechniken mit ihren immer ausgereifteren Einsatz- und vielfältigen Anwendungsmöglichkeiten in der Daten-, Text-, Sprachen- und Bildverarbeitung machen gespeichertes Wissen einschließlich des aktualisierenden Informationsaustausches immer weniger kopf- oder papierabhängig. Programme,

Geräte, Netze und Daten – von Spezialisten objekt-, aufgaben- und arbeitsplatzorientiert geplant – prägen stärker denn je die betrieblichen Informationsabläufe und Kommunikationsbeziehungen. Hierfür hat sich innerhalb der Betriebsorganisation ein eigenes, äußerst dynamisches Arbeitsfeld eröffnet, das mit dem etwas diffusen Begriff »Bürokommunikation« bezeichnet wird.

Beispiel: In der Hauptabteilung Grundstücksverwaltung eines großen Versicherungsunternehmens kommt es kaum noch vor, daß Mitarbeiter großformatige Zeichnungen ausrollen und mit Hilfe allerlei origineller Gewichte wie Aschenbecher oder Zettelkasten auf ihrem Arbeitstisch ausbreiten. Ihnen steht jetzt ein Terminal mit großflächigem Bildschirm zur Verfügung, mit dem sie gezielt die gewünschten Grundstücks- und Gebäudezeichnungen, Baubeschreibungen oder Mietverträge abrufen, vergrößern, verändern, ausdrucken oder fernkopieren können. Mit Hilfe der elektronischen Dokumentenarchivierung stehen ihnen alle Zeichnungen, Karten und Texte zur Abfrage zur Verfügung. Sie können durch Anschluß an das Telekommunikationsnetz mit Hilfe eines tragbaren Kleinst-Computers sogar auch vor Ort abgerufen werden.

Bürokommunikation zielt auf die technikgestützte Integration von Arbeitsplätzen, Managementfunktionen, Informationsabläufen sowie Be- und Verarbeitungsvorgängen zu einem umfassenden Betriebsinformations- und -kommunikationssystem ab. Ein solches Service-System kann Leistungen enthalten wie:

- Textverarbeitung (Textbausteine für Einzel- und Serienbriefe, Adressenverwaltung, Formulareditor, Rechtschreibhilfe, Desk-Top-Publishing usw.)
- Büroverwaltung (Terminverwaltung, Dokumentenverwaltung, »Notizblock«, Textrecherche usw.)

- Elektronische Post (Teletex, Mail-box, Dokumentenversand, Geheimschutzverfahren, Postkorbverwaltung usw.)
- Datenbankfunktionen (diverse Informationsdateien, aus denen nach vielfältigen Kriterien bedarfsgerecht selektiert werden kann)
- Archiv- und Dokumentationsfunktion (Dokumentenarchivierung, Katalogisierungen, Literatur-Dokumentation, Bibliotheksverwaltung usw.)
- Tabellenkalkulation (Aufbau von Formeln und komplexen Kalkulationsmodellen, z. B. für Kalkulations-, Hoch- oder Vergleichsrechnungen)
- Graphikfunktionen (Visualisierung von Statistiken, Diagramme, Formularbearbeitung usw.).

Die künftigen Gestaltungs- und Anwendungsmöglichkeiten im Bereich der technikgestützten Informations- und Kommunikationssysteme sind in ihren Konsequenzen nicht absehbar. Zwischen dem einzelnen Arbeitsplatz und seiner Vernetzung nicht nur auf Abteilungs- oder Betriebsebene, sondern auch im überbetrieblichen und sogar globalen Rahmen, tut sich eine Fülle von Anwendungsmöglichkeiten auf. Schon heute werden Tele- oder Video-Konferenzen durchgeführt, bei denen die Teilnehmer um den Globus herum an ihrem üblichen Arbeitstisch sitzen – vor sich die Kamera zur eigenen Aufzeichnung und Bildschirme zur Wiedergabe der teilnehmenden Kolleginnen und Kollegen. Bis zu 90 Prozent der bisherigen Reisekosten sollen gespart werden, abgesehen von Zeit, Kraft und Risiken solcher Reisen. Ob jedoch dadurch der direkte persönliche Kontakt ersetzt werden und der Spaß am Reisen zu seinem Recht kommen kann, darf bezweifelt werden. Mit der Verwirklichung der Zukunftstechnologien werden nicht nur die Mitarbeiter an ihren Arbeitsplätzen, sondern auch Kunden, kooperierende Betriebe, Behörden und sogar der Bürger in seiner Privatsphäre ihre bisherigen Erfahrungen und Gewohnheiten wesentlich ändern müssen.

Grundregeln:

1. Wer selbständig handeln, entscheiden und vorgegebene Ziele erreichen soll, hat Anspruch auf bestmögliche Information.
2. Richtiges Informieren setzt voraus, daß man in der Sache mitdenkt und an die Informationsbedürfnisse anderer denkt.
3. Informationen haben nur Wert, wenn sie rechtzeitig, richtig und vollständig für die Stellen verfügbar sind, die sie benötigen.
4. Informationen sind eine Bringschuld; wer sie hat, gibt sie denen, die sie brauchen. Wer nicht genügend Informationen bekommt, hat das Recht, aber auch die Pflicht, sie sich selbst zu holen.
5. Es ist gut, wenn der Mitarbeiter etwas mehr weiß als nur das unbedingt Notwendige. Noch besser ist es, wenn ihm ein umfassendes Informationsangebot zugänglich ist, aus dem er die nach eigenem Ermessen notwendigen Informationen selbst nach Inhalt und Umfang auswählen kann.
6. Wichtige Informationen sollten sofort schriftlich – wem es möglich ist, elektronisch – festgehalten werden (Wer? Wann? Was? Wozu? Was muß ich tun?); denn wer sich oft etwas merkt, vergißt auch viel.
7. Lange Reden und lange Schreiben sind noch lange kein Zeichen für eine enge Kommunikation oder für ein gutes Informationsbewußtsein.
8. Kommunikation in Form praxisgerechter Rituale (regelmäßige Gespräche, Mitarbeiterbesprechungen, Rundgespräche, Arbeitsgruppentreffen, gemeinsame Mahlzeiten mit Kollegen usw.) sind erfahrungsgemäß die einfachsten und ergiebigsten Formen, Informationen auszutauschen.
9. Durch regelmäßige und intensive Kommunikation unter Einsatz des hierfür zur Verfügung stehenden technischen Instrumentariums der Datenverarbeitung und

Bürokommunikation kann den Erfordernissen einer gezielten, aktuellen und ausreichenden Information im Hinblick auf Menge und Vielfalt der anfallenden Daten am zuverlässigsten Rechnung getragen werden.

10. Eine hochentwickelte Firmenkultur, klare Organisationsverhältnisse und ein maßgeschneidertes Betriebs- oder Management-Informationssystem bilden künftig die besten Voraussetzungen für bedarfsgerechte Kommunikationsbeziehungen und Informationsabläufe.

Check-Liste

Aussage zum Ist-Zustand	Selbsteinschätzung*)		
	+	+/–	–
1. Unsere Mitarbeiter haben insgesamt ein gut ausgeprägtes Informationsbewußtsein. Sie informieren von sich aus rechtzeitig und vollständig.			
2. Informationen werden bei uns nicht als Machtwissen mißbraucht. Uns ist bewußt, daß ein offenes, vertrauensvolles Klima der Zusammenarbeit eine wichtige Voraussetzung für tragfähige Kommunikationsbeziehungen sind.			
3. Auch die Weiterleitung von Informationen, die für einzelne Beteiligte eine negative Bedeutung haben, geschieht bei uns sachlich und diskret. Denunzianten oder Intriganten haben bei uns keine Chance.			
4. Informationsvorgänge hängen bei uns nicht vom Zufall oder vom Wohlwollen einzelner ab, sondern sie ergeben sich			

*) + = Stimmt genau! Ich kann zufrieden sein.
+/– = Es geht so! Ich muß aufpassen.
– = Stimmt nicht! Ich muß hier etwas tun.

Aussage zum Ist-Zustand	Selbsteinschätzung*)		
	+	+/–	–
auf Grund des bei uns praktizierten Stiles der Führung und Zusammenarbeit sowie der hierfür geltenden Organisationsregelungen.			
5. Informationen, die ich erhalte, sind in der Regel so abgefaßt, wie ich sie mir wünsche: knapp, auf das Wesentliche beschränk und dennoch vollständig und verständlich. Informationen, die ich weitergebe, sind so, wie ich sie zu erhalten wünsche.			
6. Durch die traditionellen und organisierten Kommunikationsbeziehungen – ob horizontal oder vertikal, ob mündlich, schriftlich oder technikgestützt – ist sichergestellt, daß unsere Mitarbeiter insgesamt einen verhältnismäßig guten Informationsstand haben.			
7. Auch zum Betriebs- bzw. Personalrat besteht ein vertrauensvolles Verhältnis der Information und Kommunikation, weil beide Seiten bemüht sind, sich offen über alle gemeinsam berührenden Fragen auszutauschen.			
8. Dort, wo Informationsabläufe noch verbessert werden können, belassen wir es nicht bei Appellen an die betreffenden Mitarbeiter, sondern bemühen uns um praktische organisatorische Lösungen.			
9. In ganz schwierigen Fällen, in denen wichtige Informationen wiederholt			

Aussage zum Ist-Zustand	Selbsteinschätzung*)		
	+	+/–	–
»steckengeblieben« sind, verwenden wir als vorübergehendes oder ständiges Hilfsmittel einen Informationsplan für den oder die betreffenden Mitarbeiter.			
10. Die Einsatzmöglichkeiten moderner Informations- und Kommunikationstechnologien sind uns bekannt. Sie kommen bei uns jedoch nur dort zur Anwendung, wo tatsächlich auch ein entsprechender betriebsbedingter Bedarf besteht.			

*) + = Stimmt genau! Ich kann zufrieden sein.
+/– = Es geht so! Ich muß aufpassen.
– = Stimmt nicht! Ich muß hier etwas tun.

Aufgabe:

Wo treten in Ihrem Betrieb die unangenehmsten oder häufigsten Informations-Pannen auf? – Wodurch werden sie hauptsächlich verursacht? – Welche Auswirkungen haben Sie? – Was wurde bisher dagegen unternommen bzw. wie ließen sich die Pannen Ihrer Meinung nach künftig vermeiden?

4.5 Organisation und Kontrolle

»Kontrolle zu organisieren, ist genauso wichtig, wie Organisation zu kontrollieren.«

Es läßt sich in der Praxis immer wieder feststellen, daß relativ nebensächliche Sachverhalte im betrieblichen Geschehen pedantisch und zeitraubend kontrolliert werden, während Vorgänge, die für den Bestand und die Entwicklung des Betriebes von wesentlicher Bedeutung sind, mehr oder minder unbeachtet bleiben. Diese manchmal leichtfertige Unbekümmertheit steht im krassen Gegensatz zur Panik, die ausgelöst wird, wenn derartige Vorgänge dann tatsächlich außer Kontrolle geraten.

Es ist menschlich verständlich, daß Führungskräfte am liebsten die Sachverhalte kontrollieren, die sie aufgrund ihrer fachlichen Ausbildung und Berufserfahrung am ehesten noch selbst beherrschen und daher auch fachmännisch beurteilen können. So ist wiederholt zu beobachten, daß Vorgesetzte den Bereich, den sie in ihrer früheren Position wahrgenommen haben und in dem sie sich als Spezialist fühlen, so häufig und eingehend kontrollieren, daß der dortige verantwortliche Mitarbeiter sich in seinem Freiheitsraum unzumutbar eingeengt fühlt.

Andere Bereiche, wie z.B. die Datenverarbeitung oder die Rechtsabteilung, sind dagegen oft genug die weißen Flecken auf der Kontroll-Landkarte. Die Konsequenz daraus ist oft, daß diese Bereiche auch ungenügend in betriebliche Abläufe integriert sind.

Beispiel: Geschäftsführer Menge, zuständig für den Verkaufsbereich einer Handelskette, weiß genau, welchen Umsatz jede Filiale täglich macht. Bereits am frühen Morgen des nächsten Tages stehen ihm diese Zahlen dank des von der Abteilung Organisation/Datenverarbeitung installierten Betriebsinformationssystems aufgeschlüsselt und ausgedruckt zur Verfügung. Er verfolgt peinlich genau die Umsatzentwicklung aller Filialen und greift sofort ein, wenn er Umsatzrückgänge ausmacht. Leider weiß er aber nicht, welche Deckungsbeiträge die einzelnen Artikel und Artikelgruppen bringen. Und auf die Frage, welche Über- oder Unterdeckung die einzelnen Filialen unter Berücksichtigung ihrer unterschiedlichen Kostenstrukturen tatsächlich im Monat erwirtschaften, kann er keine genaue Antwort geben. Zwar gibt es hier Zahlen, jedoch sind diese mit so vielen Unsicherheiten behaftet, daß ihnen keiner traut. – Herr Menge entscheidet nur »umsatzorientiert«.

Überdies haben nicht wenige Vorgesetzte ihre persönlichen Hobbys beim Kontrollieren, wie z. B. Pünktlichkeit von Mitarbeitern, Sauberkeit im Lager, Reisekostenabrechnungen u. ä., für die sie unangemessen viel Zeit und Energie aufwenden. Es vermittelt ihnen das Gefühl, Macht zu haben, und gibt ihnen Gelegenheit, zu persönlichen Erfolgserlebnissen zu kommen.

Schließlich stellen sich insbesondere in einem mittelständischen Unternehmen gewisse psychologische Hindernisse einer sachlichen, gezielten Kontrolle in den Weg. Das »familiäre« Klima und der »herzliche« Umgang zwischen Vorgesetzten und Mitarbeitern scheint mit nüchternen Kontrollmaßnahmen unvereinbar zu sein. Also unterläßt man nach Möglichkeit notwendige Kontrollen oder bricht sie vorzeitig ab, weil die kontrollierten Mitarbeiter das Gefühl haben könnten, man schenke ihnen kein Vertrauen mehr.

Ziel einer Kontrollmaßnahme sollte es in erster Linie sein, möglichst frühzeitig Abweichungen vom vorgegebenen Kurs zu erkennen und festzustellen, wann und warum »das Schiff aus dem Ruder läuft«, um rechtzeitig gegensteuern zu können. Oberflächliche Kontrollen schützen nicht vor unangenehmen Überraschungen. Zu spät einsetzende Kontrolle können leicht zu einer »Leichenschau« geraten.

Bevor man sich daher Gedanken macht, was im einzelnen

kontrolliert werden muß, sollte sich jeder, der in einer Führungsposition Kontrollpflichten wahrzunehmen hat, zuerst einmal fragen, welches die größten Risiken oder Schwachstellen für die Sicherheit, die Arbeitsabläufe und den Arbeitserfolg im nachgeordneten Bereich sind. Wo bestehen besondere Gefahren hinsichtlich möglicher Gesundheits- und Sachschäden, Arbeitsstörungen, nicht kalkulierter Kostensteigerungen oder Erlösschmälerungen sowie sonstiger Fehlentwicklungen oder nachteiliger Ereignisse?

Bei einigen Sachverhalten, die durch ein besonders hohes Risiko gekennzeichnet sind, wird die Betriebsleitung die Möglichkeit in Betracht ziehen, hierfür bestimmte Fachkräfte einzusetzen. Unter bestimmten Voraussetzungen sind Betriebe sogar verpflichtet, Fachkräfte für Arbeitssicherheit, Betriebsärzte, Datenschutzbeauftragte, Beauftragte für Abfallbeseitigung oder andere Beauftragte – auch externe Prüfer wie etwa die Technischen Überwachungsvereine (TÜV) oder die Berufsgenossenschaften – mit gesetzlich festgelegten Pflichten und Rechte einzusetzen. Diese haben dann in den erfahrungsgemäß besonders empfindlichen betrieblichen Bereichen weitgehende Kontrollbefugnisse. Solche Befugnisse sind in aller Regel unabhängig vom Weisungsrecht der Betriebsleitung wahrzunehmen.

Beispiel: Der Sicherheitsingenieur eines mittleren Gießereibetriebes für Präzisionsgußteile hatte bereits mehrmals gegenüber der Betriebsleitung beanstandet, daß die vorgeschriebenen Sicherheitsabstände an einzelnen Arbeitsplätzen erheblich unterschritten seien. Wiederholt sei es dadurch zu Brandverletzungen bei Mitarbeitern gekommen. Den Hinweis der Betriebsleitung, man müsse noch so lange auskommen, bis die neue Halle in Betrieb genommen werden könne, und außerdem enthalte der relativ hohe Akkordlohn auch einen gewissen Risikozuschlag, ließ der Sicherheitsingenieur nicht gelten. Nachdem er in einer schriftlichen Notiz noch einmal nach-

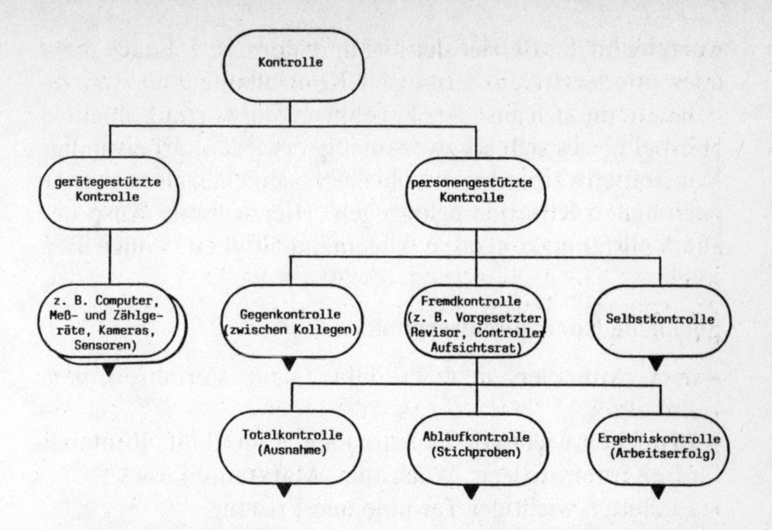

Schematische Aufgliederung der Kontrollarten.
(Die schwarzen Pfeilspitzen deuten an, daß weitere Untergliederungen möglich sind.)

drücklich die Unzulässigkeit der gegenwärtigen Arbeitsbedingungen und die möglichen Konsequenzen aufgezeigt hatte, veranlaßte die Betriebsleitung endlich die notwendigen Korrekturen.

Die Tatsache, daß für besonders empfindliche Bereiche speziell ausgebildete und mit besonderen Befugnissen ausgestattete Beauftragte tätig sind, enthebt die Betriebsleitung nicht ihrer grundsätzlichen Verpflichtung, selbst dafür Sorge zu tragen, daß die erforderliche Sicherheit gewährleistet ist und auch sonst alles seine Ordnung hat. Doch auch jeder Vorgesetzte trägt gegenüber seinen Mitarbeitern eine gesetzlich verankerte Sicherheitsverantwortung, die ihn verpflichtet, geeignete Mitarbeiter einzusetzen, sie richtig anzuleiten, sie mit sicherem Arbeitsgerät auszustatten und ihre Arbeit gewissenhaft zu beaufsichtigen.

Neben diesen Pflichten auf Grund der Sicherheitsverantwortung haben Betriebsleitung und Vorgesetzte nach mehr oder minder freiem Ermessen Kontrollaufgaben wahrzunehmen, die sich aus ihrer Ergebnisverantwortung ableiten. Hierbei hat es sich als zweckmäßig erwiesen, arbeitsteilige Kontrollschwerpunkte sowohl nach sachlichen als auch nach personellen Kriterien festzulegen. Hierzu, ohne Anspruch auf Vollständigkeit oder Allgemeingültigkeit, einige Beispiele:

Sachliche Kontrollschwerpunkte:

- neue Aufgaben, neue Produkte, neue Verfahren, neue Projekte;
- Erreichen wichtiger Zielvorgaben (Liquidität, Rentabilität, Kosten, Erlöse, Wachstum, Marktanteil usw.);
- Einhalten wichtiger Termine und Fristen;
- wichtige betriebliche Abläufe (kritische Wege und empfindliche Punkte);
- Wahrung von Schutzrechten wie Patente, Lizenzen, Markenzeichen sowie von vertraglichen Rechten und Pflichten;
- Wahrung von Betriebsgeheimnissen und Vorgängen mit vertraulichem Charakter;
- gesetzliche, behördliche, tarifliche oder betriebsinterne Bestimmungen und Auflagen;
- Abrechnungen, Zahlungsvorgänge, Forderungen;
- sonstige besonders risikobehaftete, empfindliche Sachverhalte (Sicherheit, Unfallschutz, Hygiene u. ä.).

Personelle Kontrollschwerpunkte:

- Erreichen persönlicher Zielvorgaben;
- fachliche und führungsmäßige Eignung;
- persönliche Stärken und Schwächen;
- Fürsorge- und Förderungsbedarf;
- qualitativ oder quantitativ unter- oder überbesetzte Stellen bzw. Abteilungen, Über- und Unterforderungen;
- sonstige wichtige Eignungsmerkmale, die im Hinblick auf die betrieblichen Anforderungen erheblich sind.

Darüber hinaus gibt es in jedem Unternehmen bestimmte, oft mit großer Regelmäßigkeit auftretende Unzulänglichkeiten im sachlichen oder personellen Bereich, die man aus irgendwelchen zwingenden Gründen nicht gänzlich abstellen kann, sondern mit denen man recht oder schlecht leben muß. Es kann die überdurchschnittlich hohe Ausschußquote oder die anhaltend schlechte Lieferbereitschaft, die Trinkgewohnheit des ansonsten unersetzlichen Mitarbeiters oder die ebenso treuherzige wie unüberlegte Mitteilsamkeit der bewährten Sekretärin sein, die man im übrigen aber gegen keine andere eintauschen möchte. Was einem in solchen Fällen oft nur übrig bleibt, ist, diese Schwerpunkte besonders oft und besonders intensiv »aus gegebener Veranlassung« zu kontrollieren und geeignete Maßnahmen zu ergreifen, um den Zustand zu verbessern.

Es hat sich für die Planung solcher Schwerpunktkontrollen gut bewährt, wenn der Vorgesetzte gemeinsam mit den Mitarbeitern versucht, die in seinem Verantwortungsbereich vorhandenen empfindlichen Punkte zu erfassen und zu konkretisieren. Die nächste Frage lautet dann: in welcher Form sollte kontrolliert werden? Auch hier sollten Vorgesetzter und Mitarbeiter gemeinsam überlegen, wie der Kontrollvorgang wirksam, wirtschaftlich und möglichst ohne Störung der Arbeitsabläufe durchgeführt werden kann. Es gehört dabei zum Grundgedanken einer Schwerpunktkontrolle, möglichst mehrere Sachverhalte anhand einer Kontrollmaßnahme zu überprüfen. Hier erweisen sich übersichtliche Organisationsverhältnisse und eigenes organisatorisches Geschick als vorteilhaft.

Beispiel: Frau Buchmann, Prokuristin und Leiterin Finanzen/Rechnungswesen einer regional tätigen Wohnungsbaugesellschaft mit einem großen Bestand an eigenen Mietobjekten, hatte lange suchen müssen, bis sie für ihren Buchhaltungsbereich ein geeignetes Software-Paket zusammenbekam, das allen ihren Anforderungen entsprach. Jetzt erhält sie täglich einen auf ihren Bedarf

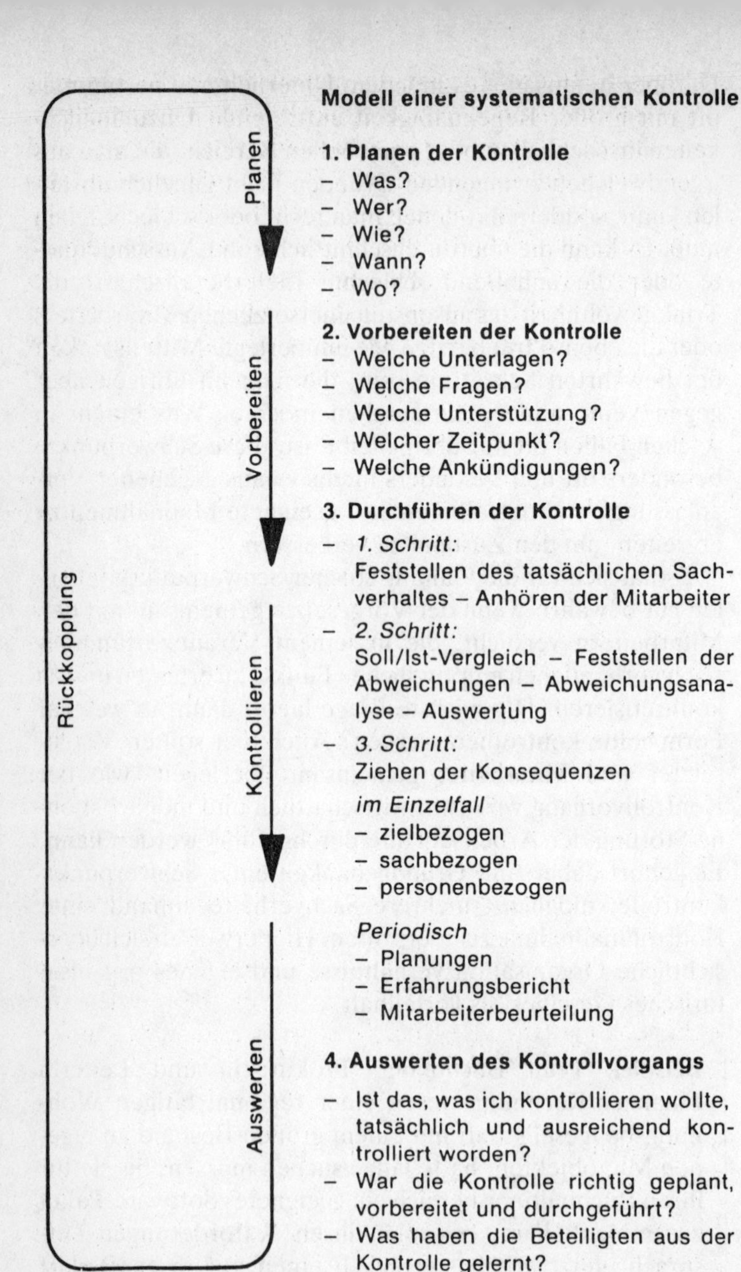
Rückkopplung
Planen
Vorbereiten
Kontrollieren
Auswerten
Modell einer systematischen Kontrolle
1. Planen der Kontrolle
– Was?
– Wer?
– Wie?
– Wann?
– Wo?
2. Vorbereiten der Kontrolle
– Welche Unterlagen?
– Welche Fragen?
– Welche Unterstützung?
– Welcher Zeitpunkt?
– Welche Ankündigungen?
3. Durchführen der Kontrolle
– 1. Schritt:
Feststellen des tatsächlichen Sachverhaltes – Anhören der Mitarbeiter
– 2. Schritt:
Soll/Ist-Vergleich – Feststellen der Abweichungen – Abweichungsanalyse – Auswertung
– 3. Schritt:
Ziehen der Konsequenzen
im Einzelfall
– zielbezogen
– sachbezogen
– personenbezogen
Periodisch
– Planungen
– Erfahrungsbericht
– Mitarbeiterbeurteilung
4. Auswerten des Kontrollvorgangs
– Ist das, was ich kontrollieren wollte, tatsächlich und ausreichend kontrolliert worden?
– War die Kontrolle richtig geplant, vorbereitet und durchgeführt?
– Was haben die Beteiligten aus der Kontrolle gelernt?

zugeschnittenen Tagesstatus, der nicht nur die wesentlichen Kontensalden enthält, sondern auch die wichtigsten Kennziffern über Kapitalveränderungen, Kosten- und Leistungsentwicklungen sowie Rentabilität und Liquidität. Dazu erhält sie einen Kontrollausdruck, der alle Besonderheiten und Differenzen aus den Buchungsvorgängen des Tages auflistet und dem sie sogar entnehmen kann, wieviele Buchungen die einzelnen Mitarbeiterinnen und Mitarbeiter in der Buchhaltung täglich an ihren Bildschirmarbeitsplätzen eingegeben haben.

Leider ist der Begriff »Kontrolle« – und natürlich auch der Kontrollvorgang selbst – bei sehr vielen Menschen mit negativen Vorstellungen verbunden wie Mißtrauen, Angst oder Strafe. Auch sehr gute Mitarbeiter haben daher oft das Gefühl, daß Kontrolle ein ausgesprochen peinliches Unterfangen darstellt. Sie übersehen dabei, daß Kontrolle auch Entlastung ist und durch sie erst Bestätigung und Anerkennung möglich werden. Sie vergessen auch, daß Kontrolle als Rückkoppelung ein unverzichtbarer Bestandteil eines jeden Lernprozesses ist, bei dem alle Beteiligten gleichermaßen lernen können: der Kontrollierende und der Kontrollierte.

Damit es ein Lernprozeß wird, müssen die Beteiligten nicht nur die Kritikfähigkeit mitbringen, Fehler und Abweichungen anzuerkennen, sondern auch die Lernbereitschaft, sie zu berichtigen und künftig zu vermeiden, die überprüften Sachverhalte zu verbessern sowie Wissen und Fähigkeiten weiterzuentwickeln. Dies ist dann möglich, wenn aus den Ergebnissen gewissenhaft durchgeführter Kontrollen die richtigen Konsequenzen gezogen werden. Solche Konsequenzen können zum Beispiel sein:

Verbesserung von Führungsstil und Betriebsorganisation

Manchmal stellt der Vorgesetzte als Konsequenz aus den Ergebnissen seiner eigenen Kontrollen fest, daß er selbst es

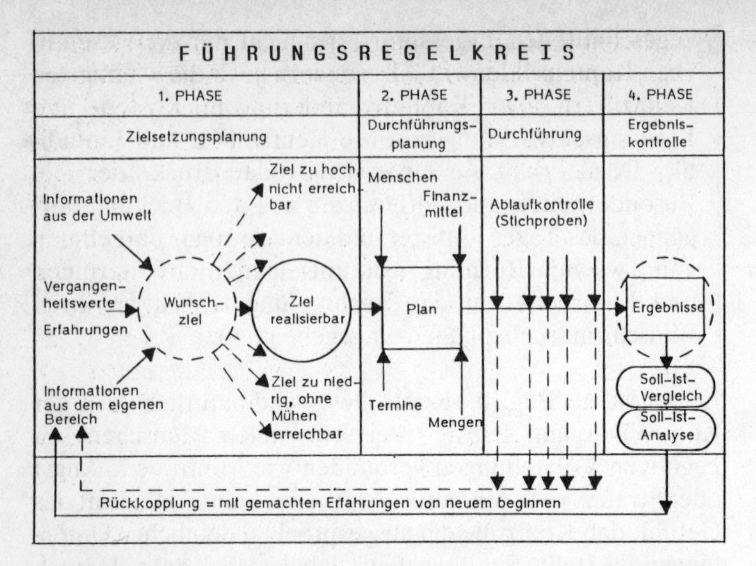

Der Führungsregelkreis. Nur bei Einhaltung der vier Phasen einschließlich der Rückkopplung wird Führen zu einem systematischen Lernprozeß.

versäumt hatte, seinen Mitarbeiter gründlicher einzuarbeiten, ihm mehr Hilfestellung zu geben und ihn besser zu informieren. Er muß vor sich selbst, und natürlich auch gegenüber dem Mitarbeiter, zugeben, daß sich der Mitarbeiter ganz zu Recht ungerecht behandelt fühlt. Nicht die zunächst vermutetete mangelnde Leistungsbereitschaft des Mitarbeiters war Ursache für das unbefriedigende Arbeitsergebnis, sondern unzureichende Information auf Grund organisatorischer Mängel. Ohne diese Erkenntnis wäre die Gefahr weiterer Fehleinschätzungen, womöglich mit der Folge einer falschen und ungerechten Personalentscheidung noch gewachsen.

Beispiel: Die Mitarbeiter eines Lebensmittelwerkes erleben es wiederholt, daß die am »Schwarzen Brett« ausgehängten Anordnungen des Betriebsleiters, meist »aus gegebener Veranlassung« und noch mit Zorn im Bauch allein am Schreibtisch ausgebrütet, sehr mißverständlich und wegen bestimmter pauschaler Unterstellungen manchmal geradezu provozierend formuliert sind. Es kommt dann erst recht zu empörten Äußerungen und Unruhen unter ihnen. Hierfür hat wiederum der Betriebsleiter kein Verständnis. Für ihn ist es unerklärlich, daß seine zwar deutlichen, aber doch berechtigten Anordnungen nicht auf Zustimmung stoßen, sondern das Betriebsklima eher verschlechtern. – Anläßlich eines Gespräches mit einem scheidenden Mitarbeiter wird dem Betriebsleiter »reiner Wein eingeschenkt«. Immerhin hat es zur Folge, daß er sich angewöhnt, unerfreuliche Ereignisse erst einmal eine Nacht zu überschlafen. Das bekommt allen Beteiligten sehr viel besser.

Liegt es an Mängeln in der Führung und Organisation, dürfen die Konsequenzen nicht die Mitarbeiter treffen.

Korrektur der betrieblichen Ziele und Planungen

Dort, wo bei Zielfestlegungen und Planungen von falschen Prämissen ausgegangen wurde, wo künftige Entwicklungen unter- oder überschätzt wurden oder wo ganz einfach unvorhersehbare Ereignisse eingetreten sind, müssen die Vorgaben geändert bzw. angepaßt werden. Der Standpunkt: »Unsere Zielvorgaben sind schon richtig, nur unsere Kunden verhalten sich falsch!« wird im Prinzip öfter vertreten als man glaubt. Voraussetzung für neue – realistischere – Zielvorgaben ist eine gründliche Abweichungsanalyse, die der Vorgesetzte wieder gemeinsam mit seinen Mitarbeitern und in Abstimmung mit den anderen beteiligten Stellen vornehmen sollte. Das Rück- und Vorkoppeln von Ist-Ergebnissen und Planzahlen ist ein regelmäßiger Prozeß, der allerdings nicht dazu mißbraucht werden darf, das Anspruchsniveau der Zielvorgaben der Bequemlichkeit zu opfern.

Korrektur von Entscheidungen und Anweisungen

Wenn aufgrund von Kontrollen festgestellt wird, daß eine getroffene Entscheidung oder Anweisung wenig wirksam oder sogar eindeutig falsch war, muß der hierfür verantwortliche Vorgesetzte bereit sein, diese Anordnung – auch wenn es die eigene ist und auch wenn es sich um die Betriebsleitung persönlich handelt – zu korrigieren oder sie zurückzunehmen.

Eine Frage der Firmenkultur ist es dabei, ob und inwieweit andere hierin einen Prestige- oder Gesichtsverlust sehen oder aber es als einen Akt persönlicher Stärke anerkennen. Das Bild vom Vorgesetzten, für den einmal ergangene Entscheidungen unumstößlich sind, paßt nicht mehr in unsere Zeit. Der Betrieb ist zu beglückwünschen, dessen Führungskräfte und Mitarbeiter begangene Fehler und Irrtümer in ihren Entscheidungen ohne Gesichtsverlust berichtigen können. Natürlich dürfen solche Korrekturen nicht die Regel werden.

Kritik am Mitarbeiter

Es wird im Anschluß an einen Kontrollvorgang manchmal nicht ausbleiben, daß ein Kritikgespräch mit einem Mitarbeiter geführt werden muß. Es wird z.B. dann unumgänglich sein, wenn der Mitarbeiter offensichtlich zu wenig Anstrengungen unternommen hat, um die geforderte Leistung zu erbringen und um die vereinbarten Ziele zu erreichen. Da sich Kritik erfahrungsgemäß in der Form oft als ungeeignet, im Inhalt ungerechtfertigt und im Ergebnis als unwirksam darstellt, sei an das eigentliche Ziel eines Kritikgespräches erinnert: Kritik soll aufbauend sein, sie soll den Mitarbeiter fördern! Nur unter dieser Zielsetzung ist Kritik eine notwendige und sinnvolle Konsequenz eines Kontrollvorganges, der als Lernprozeß verstanden werden soll. Da der Vorgesetzte und der Mitarbeiter auch künftig zusammenarbeiten sollen, sollte bei der Kritik der Grundkonsens nicht verlassen werden.

Anerkennung des Mitarbeiters

Eine weitere Konsequenz, die sich aus der Kontrolle ergeben kann, ist die Anerkennung des Mitarbeiters durch seinen Vorgesetzten. Leider wird dieses wichtige Führungsmittel viel zu oft vernächlässigt und viel zu selten eingesetzt. Wie bei der Kritik, setzt gezielte Anerkennung, die nicht nur eine allgemeine Bestätigung des Mitarbeiters sein soll, einen Kontrollvorgang voraus. Kontrolle kann daher helfen, das Selbstvertrauen des Mitarbeiters und seine Zufriedenheit im Arbeitsbereich zu stärken, ihn zur Beibehaltung von guten Leistungen anzuspornen und ihn damit positiv für sein berufliches Engagement zu motivieren.

Praktischer Tip: Dort, wo sich Vorgesetzte oder mit Kontrollaufgaben befaßte Mitarbeiter nach wie vor schwertun, regelmäßig und konsequent zu kontrollieren, hat es sich als zweckmäßig erwiesen, gemeinsam einen Kontrollplan aufzustellen, der möglichst klar regelt, wer wann was wie kontrollieren soll. Die Vorarbeiten hierfür stellen keinen zu großen Aufwand dar, wenn man sich klarmacht, um welche Risiken es sich handelt, die es durch eine geplante Schwerpunktkontrolle auszuschalten gilt.

Kontrollmaßnahmen als notwendige Konsequenz aus der Führungsverantwortung des Vorgesetzten, aber auch als notwendiges Gegengewicht zur Delegation von Aufgaben und Kompetenzen, sind sicherlich der wichtigste Teil aller Steuerungsmaßnahmen im Betrieb, die zum Kurshalten dienen. Ein Großteil der weiteren im Betrieb vorkommenden Kontrollen wird als regelmäßige fachliche Aufgabe einzelner Mitarbeiter wahrgenommen, etwa die Personenkontrolle am Werkseingang durch den Pförtner, die sachliche und rechnerische Überprüfung der Eingangsrechnungen durch den Einkäufer oder die Endabnahme in der

Kontrollplan

für Stelle: **Niederlassungsleiter** Blatt-Nr. **1**

erstellt am: **01.05.88** durch Stelle: **Verkaufsleiter**

Lfd. Nr.	Kontrollgegenstand	Art der Kontrolle Grundlagen der Kontrolle	Termine			Bemerkungen
			J	M	W	
1	Fachbereich					
1.1	Zahlungsverkehr	Stichproben:				
		- Termineinhaltung bei Zahlungszielen? (RE/RA-Buch)		1		In Anwesenheit der Leiterin Buchhaltung.
		- geplatzte Lastschriften einer Woche? (Vorlage)	2			
		- abweichende Zahlungsvorgänge?	2			
		- Rückzahlung von Krediten?		1		
		- Außenstände insgesamt?			1	Anhand EDV-Status
		- je ein Vorgang:				
		Lohn-/Gehaltsüberweisung	4			
		Abführung Steuern und Sozialabgaben	4			
		Versicherungsprämie	4			

Beispiel eines Kontrallplanes (Auszug). Die Ziffern in den Terminspalten geben die Häufigkeit der Stichproben innerhalb des jeweiligen Zeitraumes an.

Fertigung durch einen Mitarbeiter der Qualitätskontrolle. Fachliche Kontroll-Profis sind auch der Revisor und der Controller. Es gibt zahlreiche Definitionen für diese beiden Tätigkeitsbereiche. Eine recht grobe Unterscheidung besagt, daß der Revisor nach der Devise »richtig oder falsch?« prüft, während der Controller nach der Fragestellung »zielbezogen oder zielabweichend?« seine Steuerungsfunktion wahrnimmt.

Das Gewicht der Revisions- und auch der Controlling-Funktion in einem Betrieb kann mit einem einfachen Blick auf den Organisationsplan meist schon recht gut abgeschätzt werden. Beide Funktionen sollten eigentlich als unmittelbare Konsequenz aus der Gesamtverantwortung der Betriebsleitung verstanden werden. Es sollten daher Zentrale Stellen oder Stäbe sein, die direkt dem obersten Leitungsorgan zugeordnet sind. Je tiefer im Verhältnis dazu die Revisions- oder Controlling-Stelle tatsächlich in der betrieblichen Hierarchie eingeordnet ist, desto weniger wirksam kommt sie zum Tragen.

Beispiel: Weil sich der Vorstand eines großen Industrie-Konzerns nicht darauf einigen konnte, welchem Vorstandsmitglied die als dringend erforderlich angesehene zentrale Controlling-Abteilung zu unterstellen sei, einigte man sich schließlich darauf, daß jeder Vorstandsbereich seine eigene Controlling-Stelle haben sollte. Da die Zuständigkeit jedes dieser Ressort-Controller an den Grenzen des jeweiligen Vorstandsressorts endete, blieben alle Probleme an den Schnittstellen zwischen den Ressorts, alle ressortübergreifenden Abläufe – also gerade die wichtigsten – sowie alle Mängel in der Zusammenarbeit zwischen den Ressorts weiterhin unbeachtet und wirkten sich damit unverändert zum Nachteil des Unternehmens aus.

Wie Kontrolle durchgeführt, bewertet und sich letztlich für möglichst alle Beteiligten als Gewinn darstellt, ist auch eine

Frage der Firmenkultur. Bei Kontrollen wird sie durch die eigentlichen Handelnden geprägt: den aus seinen Führungspflichten heraus tätig werdenden Vorgesetzten oder die mit fachlichen Kontrollaufgaben betrauten Mitarbeiter bzw. die Revisoren und Controller. Bei ihnen sollten die folgenden fünf Qualifikationen vorausgesetzt werden können:

1. **Vorurteilsfreiheit** – damit Kontrolle nicht zu einem Akt der Willkür und persönlich bedingter Zufälle gerät;
2. **Zielorientierung** – damit Kontrolle nicht als kleinlich, formalistisch oder unangemessen wirkt;
3. **Erfahrung** – damit der Kontrollvorgang einschließlich der Konsequenzen auch im Hinblick auf die Anforderungen der Praxis als angemessen überzeugt;
4. **Fähigkeit zum Vorwärtsdenken** – damit nicht mit Blick auf die Vergangenheit, sondern auf die Zukunft die richtigen Konsequenzen gezogen werden;
5. **Fähigkeit zum Lernen** – damit sich die richtigen Konsequenzen auch nachhaltig niederschlagen und sich die beanstandeten Abweichungen nicht wiederholen.

Wie schon der Philosoph Karl Popper feststellte, lernen wir Menschen durch Versuch und Irrtum. Ohne den Mut und ohne die Möglichkeit, versuchen und irren zu können, hießen Unternehmer besser »Unterlasser«, wären Wirtschaftbetriebe schon bald als anpassungsunfähige, statische Gebilde vom Markt verschwunden und wären Mitarbeiter nur noch Roboter biologischer Herkunft, die für jede Tätigkeit einen Befehl brauchten.

Grundregeln:

1. Vertrauen ist gut; doch damit es erhalten bleibt, ist Kontrolle notwendig.
2. Für Betriebsleitung und Vorgesetzte ist die Wahrnehmung von Kontrollpflichten nicht ins Belieben gestellt. Es gibt eine rechtliche Verpflichtung hierfür. Entsprechend hat der Mitarbeiter Anspruch auf Kontrolle.

3. Kontrolle kann sowohl Führungs- als auch Fachaufgabe sein. Nur als fachliche Aufgabe ist Kontrolle delegierbar.
4. Kontrolle darf nicht Ausdruck des Mißtrauens sein, sondern sollte als Folge wohlverstandenen Verantwortungsbewußtseins und als Chance zur Entlastung, zur Bestätigung und zum Lernen gesehen werden.
5. Kontrollmaßnahmen sollten daher in der Regel zusammen mit den Beteiligten geplant und durchgeführt werden. Auch bei der Überlegung über mögliche Konsequenzen ist das Prinzip der Beteiligung zu beachten. Das Gespräch als wichtigstes Führungsmittel ist dabei Voraussetzung für den gegenseitigen Lernprozeß.
6. Totalkontrollen sind nicht nur unwirtschaftlich, sondern in der Regel auch unnötig. Anzustreben sind Schwerpunktkontrollen, mit denen die größten und auch die meisten Risikofaktoren innerhalb des jeweiligen Verantwortungsbereiches erfaßt werden können.
7. Bereits bei der Ermittlung von Zielvorgaben, bei der Planung und Gestaltung der Struktur- und Ablauforganisation sowie bei der Entwicklung der Informations- und Kommunikationstechnik ist die Notwendigkeit rationeller Kontrollmaßnahmen zu berücksichtigen.
8. Bei der Planung von Schwerpunktkontrollen sollten auch Zwischenziele vorgesehen werden, zu denen Zwischenergebnisse vorgelegt und ggfs. auch Zwischenkontrollen vorgenommen werden, damit frühzeitig die ersten Korrektursteuerungen erfolgen können und die abschließende Ergebniskontrolle nicht zur »Leichenschau« gerät.
9. In die Schwerpunktkontrollen sind auch die Kontrollpflichten auf Grund einschlägiger gesetzlicher Vorschriften und behördlicher Auflagen einzubeziehen, die insbesondere für Sicherheit, Arbeitsschutz, Gesundheitsvorsorge und Umweltschutz gelten.
10. Bestimmte wichtige Bereiche bedürfen der regelmäßigen Kontrolle durch qualifizierte Spezialisten, etwa der

internen oder externen Revision oder des Controllers. Die richtigen Konsequenzen aus den Feststellungen solcher Kontrollfachleute zu ziehen, ist in aller Regel eine nicht delegierbare Aufgabe der Betriebsleitung.

Check-Liste

Aussage zum Ist-Zustand	Selbsteinschätzung*)		
	+	+/–	–
1. Ich kontrolliere in meinem Verantwortungsbereich nicht alles und jeden, sondern beschränke mich auf Schwerpunktkontrollen, mit denen ich die größten Risikofaktoren in meinem Bereich zuverlässig im Griff behalte.			
2. Ich habe keine Scheu, auch dort notwendige Kontrolle durchzuführen, wo ich es als unangenehm empfinde oder wo ich auf Widerstand stoße.			
3. Generell bin ich davon überzeugt, daß die Kontrollvorgänge in unserem Hause alles Wesentliche abdecken, was für einen reibungslosen Betriebsablauf, für die Erreichung unserer wirtschaftlichen Ziele und für die betriebliche Sicherheit von Bedeutung sein könnte.			
4. Die Kontrollvorgänge erfolgen in der Regel bei uns sachlich, aber auch unter menschlicher Rücksichtnahme. Sie sind gut vorbereitet und führen auch zu den richtigen Konseqenzen.			

*) + = Stimmt genau! Ich kann zufrieden sein.
+/– = Es geht so! Ich muß aufpassen.
– = Stimmt nicht! Ich muß hier etwas tun.

Aussage zum Ist-Zustand	Selbsteinschätzung*)		
	+	+/–	–
5. Über die jeweiligen Kontrollmaßstäbe gibt es bei uns nur selten Streit, weil unsere Zielvorgaben, Aufgabenformulierungen, Richtlinien und sonstigen Meß- und Bewertungskriterien eindeutig sind.			
6. Dort, wo Kontrollen über grundsätzliche oder sehr komplizierte Sachverhalte durchgeführt werden müssen und wir selbst dazu nicht in der Lage sind, zögern wir nicht, entsprechende Fachleute von außen zu Rate zu ziehen.			
7. Für bestimmte Sachverhalte, die insbesondere gesetzlichen Vorschriften oder behördlichen Auflagen unterliegen (Arbeitssicherheit, Datenschutz, Umweltschutz), bestehen bei uns Kontrollpläne, die im Zweifel auch Dokumentationswert haben.			
8. Bei uns wird nicht kontrolliert, um Schuldige zu finden, sondern als Voraussetzung dafür, daß unser Betrieb auf Erfolgskurs bleibt, um Bestehendes zu verbessern und um Leistungen von Mitarbeitern zu bestätigen und anzuerkennen.			
9. Zentrale Kontrollfunktionen, wie etwa Controlling oder Revision, sind bei uns unmittelbar der Unternehmensleitung zugeordnet. Deren Aufgabe ist es u. a. auch, unsere Organisation selbst im-			

Aussage zum Ist-Zustand	Selbsteinschätzung*)		
	+	+/–	–
mer wieder auf Wirtschaftlichkeit und Zielorientierung hin zu überprüfen.			
10. Alles in allem läßt sich sagen, daß bei uns die Kontrollmaßnahmen mit dem richtigen Augenmaß vorgenommen werden, daß sie praxisorientiert und wirtschaftlich organisiert sind und daß diejenigen, die sie durchzuführen haben, auch dafür geeignet sind.			

*) + = Stimmt genau! Ich kann zufrieden sein.
+/– = Es geht so! Ich muß aufpassen.
– = Stimmt nicht! Ich muß hier etwas tun.

Aufgaben:

1. Wo – glauben Sie – kann es in Ihrem Betrieb bzw. in Ihrem Verantwortungsbereich am ehesten zu unliebsamen Überraschungen kommen, die sich durch gezielte Schwerpunktkontrollen möglicherweise vermeiden ließen? – Durch welche Kontrollmaßnahmen können Sie diese Risiken am sichersten in den Griff bekommen?

Kontrollbereich	Kontrollmaßnahme
a)	
b)	
c)	
d)	
e)	

2. Was kontrollieren Sie persönlich lieber: Ihre Mitarbeiter (personenbezogen) oder Sachverhalte, Abläufe und Ergebnisse (sachbezogen)? – Warum?

____

____

____

____

____

4.6 Von der Organisations- zur Personalentwicklung

»Der häufigste innerbetriebliche Engpaß für Wachstum ist der Mangel an qualifizierten Mitarbeitern.«

Mit der Erkenntnis, daß die Änderungsgeschwindigkeit für den technischen Fortschritt, die wirtschaftliche Entwicklung und den gesellschaftlichen Wandel immer rasanter wird, lassen sich schneller werdende Veränderungen auch für den Bereich der fachlichen Qualifikation der Berufstätigen feststellen. Die einstmals »abgeschlossene Lehre« ist häufig schon nach wenigen Jahren nicht mehr aktuell. Sie stellt bestenfalls ein gutes Fundament für spätere Weiterbildung dar, ist jedoch bald überholt, wenn sich der Mitarbeiter nicht weiterbildet.

Immer wieder finden wir Mitarbeiter, ob in Technik, Verwaltung oder Vertrieb, die einstmals durchaus den Anforderungen genügten, heute jedoch den Anschluß an die geänderten beruflichen Anforderungen verpaßt haben. Oft werden sie zum sozialen Problem, weil das Verharren in überholten beruflichen Strukturen den Verlust der Fähigkeit, sich anzupassen und hinzuzulernen, mit sich brachte.

Beispiel: In der Tischlerwerkstatt Holzknecht & Sohn waren zwar über die Jahre hinweg einige Holzbearbeitungsmaschinen zum Schneiden, Fräsen, Drechseln, Hobeln und Furnieren angeschafft worden, jedoch hatte sich Meister Holzknecht immer wieder davor gescheut, spezielle Automaten, etwa zum Fenster- und Türenbau, anzuschaffen. Seine Lohnkosten schlugen sich mit einem relativ hohen Anteil in der Kalkulation nieder. Dies führte dazu, daß er bei Ausschreibungen nicht mehr mithalten konnte oder Aufträge unter Selbstkosten hereinnehmen mußte. Schließlich mußte er Konkurs anmelden. Nur wenige seiner Mitarbeiter konnten bei anderen Tischlereien oder holzverarbeitenden Industriebetrieben unterkommen, da sie den dortigen Anforderungen nicht entsprachen. Die eigentlichen Tischlerfertigkeiten, die sie in einem hohen Maße noch beherrschten, waren kaum mehr gefragt.

Bei Führungskräften wird nicht zu Unrecht vom »Peter-Prinzip« gesprochen, d. h. jemand wird soweit befördert, bis sich herausstellt, daß er in der jetzigen Position den Anforderungen nicht mehr genügt. Hätte er sich in dieser Position hingegen erneut bewährt, wäre er möglicherweise noch eine Stufe höher befördert worden, wo sich vielleicht dann herausgestellt hätte, daß dieser letzte Karrieresprung zu einer Fehlbesetzung geführt hat. Die Annahme dieses Prinzips führt zu dem Schluß, daß ein großer Teil der Führungspositionen in Wirtschaft, Verwaltung, Politik und Gesellschaft mit Kräften besetzt sind, die überfordert sind. Wenn dennoch der Betrieb mehr recht als schlecht aufrechterhalten bleibt, so ist dies den Mitarbeitern zu verdanken, die ihre »Stufe der Unfähigkeit« noch nicht erreicht haben.

Beispiel: Der Leiter der Buchhaltung, Herr Graumichel, ist seit vielen Jahren ein außerordentlich zuverlässiger und gewissenhafter Mitarbeiter. Bisher hat er sich immer mit Erfolg gegen die Einführung der EDV gesträubt. Den Besuch von Seminaren hatte er mit dem Vorwand, keine Zeit zu haben, praktisch verweigert. Als endlich mit Hilfe der jüngeren Mitarbeiter die Buchhaltung doch auf EDV umgestellt wurde, fühlt er sich seiner Aufgabe nicht mehr gewachsen und flüchtet sich in Krankheit. – Hier wird natürlich auch das führungsmäßige Versagen seines Vorgesetzten, des kaufmännischen Geschäftsführers, deutlich, der nicht rechtzeitig und wohl auch nicht energisch genug dafür sorgte, daß Herr Graumichel den Sprung zur EDV-gestützten Buchhaltung schaffte.

Wieviele soziale Härten ließen sich vermeiden, wenn in den Unternehmen eine systematische, gezielte Personalentwicklung betrieben würde! Die Auswahl von Führungskräften und Mitarbeitern, ihre Förderung und Fortbildung sowie ihre bestmögliche Entwicklung im Spannungsfeld zwischen Anforderungen der Stelle einerseits und den persönlichen Stärken (und auch Schwächen) andererseits, gehört zweifellos zu den Schlüsselfunktionen innerhalb der Betriebsführung. Die vorhandenen Stellen unter fachlichen und Führungs-Gesichtspunkten, auch im Hinblick auf die Zukunft, optimal zu besetzen, ist die wichtigste »weiche« Investition, die ein Betrieb tätigen kann. Sie ist die Voraussetzung dafür, daß genügend Leistungsträger vorhanden sind, mit denen der Betrieb allen Anforderungen standhält, sich im Wettbewerb durchsetzt und seine Ziele erreicht. Dabei geht es nicht um gelegentliche Aktivitäten der Weiterbildung aus aktuellem Anlaß, sondern um die vorausschauende Anpassung der Qualifikation an die sich abzeichnenden und immer schneller ändernden Anforderungen.

Voraussetzung dafür ist eine systematische Organisationsentwicklung, die wiederum von einer realitätsbezogenen betrieblichen Zielsetzung mit einer in sich schlüssigen Strategie auszugehen hat. Im Rahmen der Organisationsentwicklung wird unter Beteiligung der Fachabteilungen und der betroffenen Mitarbeiter überlegt und geplant, wie

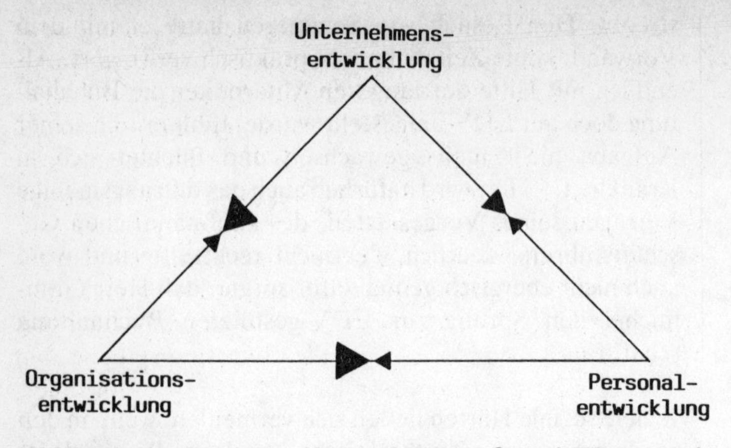

Der Zusammenhang von Unternehmens-, Organisations- und Personalentwicklung.(Die Größe der Pfeilspitzen deutet das Ausmaß der Beeinflussung an.)

die Organisationsstrukturen, die Abläufe und die einzelnen Stellen auszusehen haben, wenn das vorgegebene Ziel mit möglichst geringem Aufwand und bei vertretbaren Risiken erreicht werden soll.

Mit diesem, in der Regel mittelfristigem, d. h. auf bis zu etwa drei Jahren angelegten Organisationskonzept, ist die hauptsächliche Planungsvorgabe für den betrieblichen Bereich erstellt, der sich mit den »personalwirtschaftlichen« Aufgaben zu befassen hat.

Beispiel: »Urplötzlich« schied der Leiter der Fertigung wegen Erreichung der Altersgrenze aus. Es war keinerlei Vorsorge getroffen. Überdies hatte der Fertigungsleiter es hartnäckig vermieden, sich einen Nachfolger aufzubauen. Die Unternehmensleitung war gezwungen, hier sehr schnell eine Entscheidung zu treffen. Die notwendige Einarbeitung fiel deshalb auch nur sehr kurz aus, so daß der Nachfolger große Schwierigkeiten hatte, die Produktion einigermaßen reibungslos weiterzuführen.

Eine gute Personalabteilung ist nicht nur verwaltend und betreuend tätig, sondern auch vorausschauend, beratend und überwachend. Sie muß anhand der strategischen Vorgaben und der geltenden organisatorischen Konzeption frühzeitig erkennen, wo neue oder veränderte Stellenanforderungen neue Mitarbeiter oder vorhandene Mitarbeiter mit veränderten Qualifikationen erfordern. Rechtzeitig muß sie dann sowohl durch Beratung der betreffenden Fachabteilung als auch im Rahmen ihrer zentralen Zuständigkeiten dafür sorgen, daß die neuen personellen Voraussetzungen bis spätestens zum Zeitpunkt des Wirksamwerdens der neuen organisatorischen Konzeption oder der einzelnen Veränderung gegeben ist.

Beispiel: In einem Mittelbetrieb möchte der Inhaber seinen Sohn, der nach seinem Abitur gerade den Zivildienst abgeleistet hat, als Nachfolger heranziehen. Deshalb stellt er als Geschäftsführer einen fünfzigjährigen qualifizierten Mann ein.

Dabei ist in der Praxis jede Organisation ein Kompromiß zwischen betrieblichen Anforderungen und personellen Möglichkeiten, insbesondere zwischen der sachlichen Notwendigkeit und der individuellen Qualifikation. Klaffen beide Profile – das Anforderungsprofil der Stelle und das Leistungsprofil des Stelleninhabers – zu weit auseinander, dann kommt es zu den als »Peter-Prinzip« bereits beschriebenen Erscheinungen. Ist die personelle Besetzung generell weit von dem entfernt, was die organisatorische Konzeption eigentlich erfordert, dann entsteht die oft zu beobachtende »Papierorganisation«. Organisationsplan und Stellenbesetzung verhalten sich zueinander wie Dichtung und Wahrheit.

Praktischer Tip: In einigen Betrieben ist die Abgrenzung zwischen den Zuständigkeiten der Personalabteilung und der Organisationsabteilung manchmal unklar. Während das Erstellen und die Pflege des Organisationsplanes noch unstrittig die Domäne der Organisatoren ist, sollten der Stellenbesetzungsplan und die Stellenbeschreibung bereits der personalwirtschaftlichen Zuständigkeit zugeordnet werden.

Solche Fälle, aber beispielsweise auch Fragen der Arbeitsplatzgestaltung und Arbeitsplatzbewertung, machen deutlich, wie wichtig es ist, daß die Personal- und die Organisationsabteilung an ihrer gemeinsamen Schnittstelle direkt eng miteinander kooperieren. Beide Abteilungen oder Funktionsbereiche sollten daher von ihrer strukturellen Einordnung her möglichst dicht beieinander liegen.

Kennzeichen eines kooperativen Führungsstils ist es, daß die Personalentwicklung nicht nur für den Mitarbeiter, sondern gemeinsam mit ihm erarbeitet wird. Das setzt ein funktionsfähiges Beurteilungswesen voraus, bei dem nicht nur die Vergangenheit zählt oder nur der Ist-Zustand berücksichtigt wird, sondern bei dem auch festgehalten wird, welche Verwendungsmöglichkeiten für den Mitarbeiter auf Grund seiner Fähigkeiten und Neigungen auf absehbare Zukunft in Frage kommen. In regelmäßigen Fördergesprächen sollte mit dem betreffenden Mitarbeiter diese Frage geklärt werden. Sowohl für den Betrieb als auch für den Mitarbeiter hat dies den Vorteil, daß sich Perspektiven ergeben, die auch förderlich sein können.

Grundregeln:

1. Personalentwicklung ist im Rahmen der Sicherung einer dauerhaften Unternehmensentwicklung eine notwendige Konsequenz aus der jeweiligen strategischen Konzeption und aus den sich ändernden Anforderungen durch den technischen, wirtschaftlichen und sozialen Wandel.
2. Wesentliche Voraussetzung für die Personalentwicklung sind zwar die Ergebnisse der vorausschauenden Organisationsentwicklung, dennoch müssen organisatorische und personelle Überlegungen in enger Abstimmung möglichst parallel zueinander ablaufen.

3. Für die Personalentwicklung gilt das Feed-Forward-Prinzip (Vorkoppeln). Das Frage-Schema für den Personalleiter lautet: »Wenn in ... Jahren/Monaten die Stellen A, B und C so besetzt sein sollen, daß sie den Anforderungen AA, BA und CA entsprechen, welche personellen Maßnahmen muß ich dann bis dahin treffen?«
4. So selbstverständlich es für einen Betrieb sein sollte, über einen mittelfristigen, fortzuschreibenden Organisationsplan zu verfügen, so selbstverständlich sollte eine Soll-Stellenbeschreibung für künftig einzurichtende oder zu verändernde Stellen sein, aus der sich das Anforderungsprofil der Stelle ergibt.
5. Für die Personalentwicklung gilt dasselbe wie für die Organisationsentwicklung: von vornherein nicht ohne, sondern nur mit den beteiligten Vorgesetzten und Mitarbeitern – und ggfs. natürlich auch mit dem Betriebs- bzw. Personalrat – die notwendigen Anpassungsmaßnahmen erarbeiten und umsetzen.
6. Grundlage für individuelle Maßnahmen der Personalentwicklung sind nicht nur konkrete Anforderungsprofile der Stellen und fundierte Beurteilungen der Mitarbeiter zur Feststellung möglicher Defizite, sondern auch der Leistungswille des Mitarbeiters und die Unterstützung aus seinem Umfeld.
7. Um Mitarbeiter, insbesondere den Führungsnachwuchs und die Auszubildenden, mit konkreten Möglichkeiten für ihr berufliches innerbetriebliches Fortkommen zu motivieren, muß in der Personalabteilung eine möglichst vollständige Übersicht über die absehbaren Personalveränderungen bestehen.
8. Geglückte innerbetriebliche Karrieren sind ein Merkmal erfolgreicher Personalentwicklung. Wer Karriere macht, sollte zuvor im Rahmen von Job-Rotation, Projektaufgaben, Stellvertretungen, Auslandsaufenthalten und/oder erfolgreichen Abschlüssen von Trainings-Programmen (z. B. als Assessment-Center) seine Qualifikation verbessert und auch bewiesen haben.

Check-Liste

Aussage zum Ist-Zustand	Selbsteinschätzung*)		
	+	+/–	–
1. Bei uns werden wichtige Personalentscheidungen, insbesondere solche von längerfristiger Bedeutung, nicht von Fall zu Fall getroffen, sondern im Rahmen einer systematischen Personalplanung und -entwicklung.			
2. Orientierungsgrundlage der Personalentwicklung sind bei uns die geltende Gesamtzielsetzung, die strategische Konzeption und der mittelfristige Soll-Organisationsplan.			
3. Auf dieser Grundlage gilt für unsere Personalpolitik die Devise: »Die richtige Mitarbeiterin und der richtige Mitarbeiter am richtigen Platz!« Was dabei als »richtig« anzusehen ist, versuchen wir mit den Beteiligten – den Vorgesetzten wie Mitarbeitern – gemeinsam herauszufinden.			
4. Die Personalentwicklung beginnt bei uns mit der Geschäftsführung; denn nur so kann sie ihrer Gesamtverantwortung für das Unternehmen gerecht werden und nur so bleibt sie ein qualifizierter Partner der Mitarbeiter.			
5. Unsere Vorgesetzten betrachten die Einarbeitung, Beurteilung, Entwicklung und Förderung ihrer Mitarbeiter als die wichtigsten Aufgaben der Personalführung. Vorgesetzte mit qualifizierten, erfolgreichen Mitarbeitern genießen bei uns großes Ansehen, denn deren Erfolg ist auch ihr Erfolg.			

Aussage zum Ist-Zustand	Selbsteinschätzung*)		
	+	+/–	–
6. Bei der Beurteilung von Mitarbeitern beurteilen wir nicht nur die gegenwärtigen Leistungen, sondern auch inwieweit sie künftig für welche Fach- oder Führungspositionen geeignet sind.			
7. Durch regelmäßige Weiterbildung, die wir unseren Mitarbeitern anbieten, sie ihnen aber manchmal auch zu Bedingung für ihr berufliches Fortkommen machen, versuchen wir bewußt, soziale Härten auf Grund zunehmender fachlicher Inkompetenz zu vermeiden.			
8. Nachwuchskräfte für Führungspositionen bereiten wir durch einen systematischen innerbetrieblichen Aufbau sowie durch ihre Teilnahme an Fortbildungsmaßnahmen entsprechend dem betrieblichen Bedarf auf die Zukunft vor.			

*) + = Stimmt genau! Ich kann zufrieden sein.
+/– = Es geht so! Ich muß aufpassen.
– = Stimmt nicht! Ich muß hier etwas tun.

Aufgaben:

1. Überlegen Sie, bitte, wer voraussichtlich in den nächsten fünf Jahren in Ihrem Betrieb aus einer Schlüsselposition ausscheiden wird.
   Prüfen Sie, wer innerbetrieblich als möglicher Nachfolger infrage kommt und welche Personalentwicklungsmaßnahmen erforderlich sind, um einen reibungslosen Übergang zu ermöglichen.

Stelle:	z. Zt. besetzt mit:	mögl. Nachfolger:

2. Bei welcher Stelle bekäme der Betrieb den plötzlichen Ausfall des jetzigen Stelleninhabers am härtesten zu spüren? – Was wären die Gründe? – Was müßte dagegen getan werden?

____

____

____

4.7 Selbstorganisation

»Immer, wenn man ernsthaft etwas machen möchte, kommt etwas anderes dazwischen.«

(Murphy)

Ein entscheidendes Kriterium für die Beurteilung eines Managers ist, wieweit er Wesentliches von Unwesentlichem zu unterscheiden vermag. Es liegt ein großer Unterschied zwischen Geschäftigkeit und Produktivität. Vielfach stehen hinter einer hektischen Geschäftigkeit nichts weiter als fehlende Prioritäten, ein Mangel an Übersicht und/oder die Unfähigkeit zu delegieren.

Wenn erst einmal der Anschluß an die laufenden aktuellen Vorgänge verloren gegangen ist und statt Anerkennung und Dank für die prompte Bearbeitung nunmehr Anmahnungen und Beschwerden eingehen, weil Termine überzogen und Zusagen nicht eingehalten wurden, dann kommt zu dem durchaus gesunden Arbeitsstreß der krankmachende Konfliktstreß hinzu.

Beispiel: Verkaufsleiter Mühsam kommt der Korrespondenzbearbeitung in seinem Bereich schon lange nicht mehr nach. Er verzettelt sich immer mehr darin, zur Vorbereitung seiner Angebote oder Antworten auf Anfragen und Reklamationen umfangreiche Recherchen anzustellen. Hierbei bezieht er zwar auch seine Mitarbeiter mit ein, jedoch nicht um zu delegieren, sondern um die langen Bearbeitungszeiten rechtfertigen zu können. Die tatsächliche Bearbeitungszeit macht im Durchschnitt noch nicht einmal zehn Prozent der Beantwortungsdauer aus. Die übrige Zeit ist reine Liegezeit, in der der Vorgang inmitten eines Aktenstapels auf dem Schreibtisch von Herrn Mühsam einfach nur ruht. – Die Folge ist, daß sich alles noch mehr verzögert. Herr Mühsam hat sich inzwischen daran gewöhnt, Schreiben nur noch zu beantworten, wenn sie angemahnt werden. Die Kollegen und Mitarbeiter im Hause sprechen hinter vorgehaltener Hand über die wachsenden Stapel unerledigter Vorgänge auf seinem Tisch. Seine Kunden spielen jedoch nicht mit und sagen dies auch sehr deutlich. Schließlich entzieht er sich der unerträglich gewordenen Belastung durch anhaltende Krankheit.

Immer wieder läßt sich beobachten, wie selbst einfache technische Hilfsmittel, etwa ein gut geführter Terminkalender, eine übersichtliche, aktuelle Adressendatei oder -kartei, Diktiergerät, Telefon mit Durchwahl, Speicher und Wiederholungstaste, Telefax oder Flipchart – um nur wenige Beispiele zu nennen – nicht oder nicht produktiv genug genutzt werden.

Falls vorhanden, gehört zum Bereich der Selbstorganisation auch die Sekretärin, der Assistent sowie die Integration deren Arbeitsbereiche in den eigenen Arbeitsbereich. Es mag sein, daß der Vorgesetzte für die sachlich-technische Ausstattung der Büroräume nicht allein verantwortlich ist. Wie leistungsfähig und rationell jedoch die Abläufe in seinem Leitungs-, Sekretariats- und Assistenzbereich organisiert und wie effizient die Zusammenarbeit und Unterstützung seiner Mitarbeiter ihm gegenüber sind, das liegt weitgehend in seiner persönlichen Zuständigkeit. Hier gibt es in der Praxis bei bekannten Führungskräften in Wirtschaft, Verwaltung, Gesellschaft und Politik zahlreiche Beispiele, welche die ganze Bandbreite vom Glanz und Elend persönlichen Organisationsgeschickes aufzeigen.

Beispiel: Intendant Schöngeist ist verantwortlich für zwei Theaterbetriebe. So sehr ihm die Kritiker bescheinigen, ein genialer Dramaturg zu sein, so unverhohlen wird er von seinen Mitarbeitern als Chaot bezeichnet, wenn von seinen Management-Qualitäten die Rede ist. Selten ist er pünktlich, meistens obendrein unvorbereitet und zu allem Überfluß auch noch jedesmal darüber völlig unbekümmert. Immerhin ist er aber so gescheit, daß er diese Schwächen kennt, und weiß, daß es so nicht geht. Er hat sich deshalb einen Assistenten und zwei Sekretariatsmitarbeiterinnen herangezogen, denen es immer wieder gelingt, erfolgreich Schadensbegrenzung zu betreiben.

Das andere Extrem ist sicherlich der Pedant, bei dem Bleistifte immer frisch angespitzt sein müssen, auch sauber korrigierte Tippfehler unzulässig sind und kleine Verschiebungen auf seinem Schreibtisch der Sekretärin bereits den Vorwurf der Unordentlichkeit einbringen. Übertriebener Formalismus, z.B. unnötig lange Briefe anstelle von Fotokopien mit handschriftlichen Vermerken (Urschriftverkehr) – zumindest im internen Schriftverkehr – kosten nicht nur eigene kostbare Zeit und Energie, sondern auch die der Mitarbeiter und der Adressaten. Nicht umsonst gilt in gut organisierten Unternehmen die Regel, daß eine Vorlage an die Unternehmensleitung nicht mehr als anderthalb Seiten betragen soll, wobei wichtige Einzelheiten als Anlage beigefügt werden können.

Besonders häufig ist auch festzustellen, daß Führungskräfte total »verplant« sind, und daher kaum Zeit zu ungestörten Gesprächen mit Kollegen und Mitarbeitern oder wenigstens zum Nachdenken über notwendige Verbesserungen ihres Arbeitsstiles und der Organisation ihres Arbeitsplatzes haben. Ganz treffend nennen die Amerikaner solche Typen »workaholics« (Arbeitssüchtige – in Anlehnung an den Begriff Alkoholiker).

»Die Kunst des Ausruhens ist ein Teil der Kunst des Arbeitens.« Man mag sich darüber streiten, ob in diesem Satz von John Steinbeck der Kunst-Begriff zu Recht verwendet wird. Unstrittig sollte aber sein, daß regelmäßige Pausen, die der physischen Regeneration oder dem schöpferischen geistigen Abschalten dienen, unverzichtbar sind. Wer sich daran nicht hält, verliert mit der Zeit körperliche und geistige Fitness, arbeitet weniger konzentriert, macht mehr Fehler und geht sich, den Mitarbeitern und Kollegen sowie seiner Familie und seinen Freunden zunehmend auf die Nerven.

Dabei »nehmen« sich Körper und Geist von allein ihre Pausen. Möglicherweise tritt dieser Fall aber gerade dann ein, wenn es angebrachter wäre, hellwach zu sein, etwa bei wichtigen Verhandlungen oder Sitzungen. Kaum ein Mensch ist schließlich fähig, neun oder zehn Stunden täglich geistig voll konzentriert zu arbeiten.

Beispiel: Abteilungsleiter Kopff hat sich täglich zwischen 16.00 und 17.00 Uhr eine Stunde störarmer Zeit »herausorganisiert«. Kollegen, Mitarbeiter – sogar der

Vorgesetzte – achten dies soweit wie möglich, so daß er tatsächlich diese Stunde für sich hat. Für Kopff ist diese »schöpferische Stunde«, wie er sie nennt, deshalb so wichtig, weil er dabei etwas Abstand vom hektischen Tagesgeschäft bekommt und sich stärker kreativ und konzeptionell betätigen kann.

Für viele Führungspositionen gilt die Erfahrung, daß etwa 20 Prozent des Arbeitsaufwandes etwa 80 Prozent des Arbeitsergebnisses ausmachen können. Es liegt nahe, Zeit und Kräfte so einzuteilen, daß gerade bei den wichtigen Arbeitsvorgängen bestmögliche geistige Konzentration und körperliche Frische vorhanden sind. Nicht jeder hat jedoch die Möglichkeit, alle oder wenigstens viele seiner Termine selbst einplanen zu können. Für die meisten ist ein Termin eine zwangsläufige Datumsvorgabe, die kaum zu beeinflussen ist.

Soweit jedoch auf die Termingestaltung Einfluß genommen werden kann, sollte auf die Besonderheiten der täglichen Leistungskurve oder etwa reisebedingte Zeitverschiebungen geachtet werden. Also: wichtige Termine möglichst mit ansteigenden Phasen der Leistungskurve verbinden, zwischen mehreren Terminen kurze Pausen zum Um- und manchmal auch Abschalten einplanen, mit unwichtigeren Terminen nicht die günstigsten Leistungsphasen im Tagesablauf blockieren, und immer wieder daran gehen, bestehende zeitliche Arbeitsspitzen abzubauen und zu entzerren. In vielen Betrieben gibt es im Bereich der Selbstorganisation – nicht nur bei den Führungskräften – noch große Reserven an ungenutzter oder schlechtgenutzter Energie sowie zahlreiche noch unerkannte Ansatzpunkte zur Beseitigung von Schwachstellen und Leistungshemmnissen.

Deshalb hat es sich in der Praxis recht gut bewährt, ab und zu auf Distanz zum eigenen Tun zu gehen und den eigenen Arbeitsbereich, ganz besonders den Arbeitsstil, die Arbeitsorganisation und die Nutzung arbeitsentlastender Möglichkeiten, einmal kritisch vor dem geistigen Auge vorüberziehen zu lassen. Hin und wieder lohnt es sich auch bei Führungspositionen, Aufzeichnungen über die Abläufe typischer oder auch besonders extremer Arbeitstage anzufertigen. Vielfach wird einem erst dadurch bewußt, wo die »Zeiträuber« sitzen. Dies ist die notwendige Voraussetzung, um durch geänderte Terminplanung und verbesserte Arbeitsgewohnheiten letztlich den steigenden qualitativen und quantitativen Anforderungen ausdauernd zu entsprechen und damit wieder »Herr seiner Zeit« zu sein.

Praktischer Tip: Die von bestimmten Lehrinstituten und Verlagen angebotenen Systeme für Selbst-Management, Zeit-Management und Arbeitstechniken können für viele Führungskräfte nützlich sein, wenn sie mit einiger Konsequenz auch angewendet werden.

Zu beachten ist aber auch der eigene Arbeitsrhythmus. Es gibt Früh- und Spätstarter unter den Menschen. Es hat wenig Sinn, wenn sich ein Spätstarter schon am frühen Morgen mit Aufgaben plagt, die volle Konzentration und Kreativität erfordern. Viele Menschen erleben nach dem Mittagessen ihr tägliches Leistungstief. Ein kurzer Mittagsschlaf, um anschließend wieder um so schwungvoller an die Arbeit zu gehen, wäre eigentlich sinnvoll, scheitert aber an geschriebenen und ungeschriebenen Verhaltensnormen. Ratsamer ist es daher, möglichst nur solche Arbeiten einzuplanen, die mehr Routine beinhalten oder mit körperlicher Bewegung verbunden sind. Überhaupt nicht ratsam ist es hingegen, solche Ermüdungsphasen mit viel Kaffee und Nikotin zu überbrücken nach dem Motto: »Auf die Dauer hilft nur Power!« Im Gegenteil: aufputschende Mittel helfen nur vorübergehend. Tatsächlich verschlechtern sie auf die Dauer die geistige und körperliche Kondition, schwächen die Streß-Stabilität und schaden der Gesundheit.

Untersuchungen zeigen, daß Führungskräfte im Durchschnitt etwa 50 Prozent ihrer Arbeitszeit mit Gesprächen und Konferenzen zubringen. Schlecht vorbereitete, mangel-

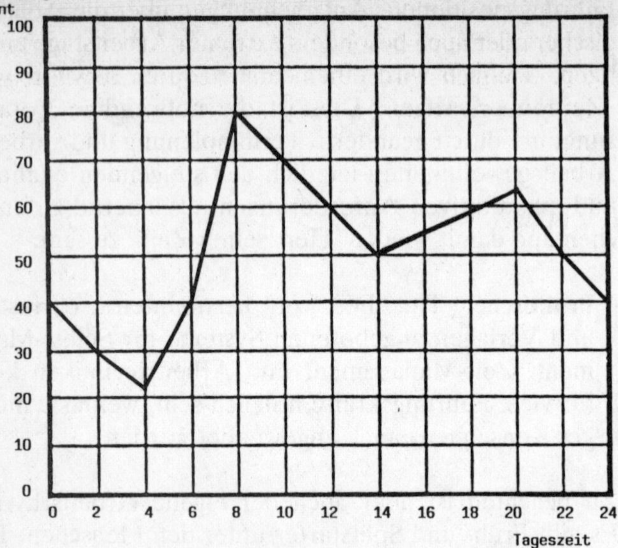

Die tägliche Leistungskurve des Menschen. (Zugrundegelegt ist die durchschnittliche Normalleistung.)

haft strukturierte Besprechungen sind wohl einer der ärgsten Zeiträuber. Langatmige, unproduktive Gesprächsrunden mit nicht endenden Monologen des Gesprächsleiters, weitschweifigen Ausführungen der Teilnehmer und nicht greifbaren Ergebnissen am Ende sollten nicht still erduldet werden, sondern so früh wie möglich in geeigneter, sachlicher Form angesprochen werden. Da weder in Schulen noch während der Ausbildung gelehrt wird, wie Besprechungen geleitet oder moderiert werden, sollte jede Gelegenheit genutzt werden, noch hinzuzulernen und Verbesserungen zu erreichen.

Leider finden sich gerade obere Führungskräfte nur selten bereit, einmal an einem Seminar über Gesprächsführung und Konferenztechniken teilzunehmen oder zu diesem Thema einen Trainer in die Gesprächsrunde einzuladen. Damit andere es wenigstens einmal besser haben, sollten leidgeprüfte Vorgesetzte ihren eigenen Mitarbeitern Tips und Gelegenheit geben, Besprechungen zu moderieren. Schließlich dürften Mitarbeiter allein deshalb schon gut dazu anzuleiten sein, weil sie ein persönliches Interesse an kurzen, konzentrierten Gesprächen und Sitzungen haben müßten.

Grundregeln:

1. Die beste Betriebsorganisation hilft nur wenig, wenn der einzelne die Organisation des eigenen Arbeitsbereiches diesem Standard nicht anpaßt oder sie sogar vernachlässigt.
2. Selbstorganisation bedeutet, die personellen, sachlichen und methodischen Möglichkeiten des Arbeitsplatzes sowie den eigenen Arbeitsstil gegenüber den Zielen und Anforderungen so aufeinander abzustimmen, daß die verfügbare Zeit und Energie auf Dauer ausreichend sind.
3. Nie die ganze Zeit und alle Energien verplanen, sondern Prioritäten bilden und Reserven halten für Unvorhergesehenes oder für spontane Aktivitäten.
4. Auch ausspannende, schöpferische kurze Pausen einplanen und sie möglichst genauso konsequent einhalten wie andere wichtige Termine.
5. Lieber häufige, gut vorbereitete, kurze, konzentrierte Gespräche und Besprechungen als seltene, langweilige Mammutsitzungen.
6. Sich auf alle Termine vorbereiten; auf Termine, die besonders wichtig sind, die selbst moderiert werden müssen oder die einen persönlichen Beitrag abfordern, um so intensiver.
7. Im Zweifel geht Ergebnis vor Form, zählt Wirkung mehr als formale Ordnung. Zeit für ein freundliches Wort muß jedoch immer sein.
8. Nicht alles selbst machen wollen, sondern sich zuarbeiten lassen. Wirksame Delegation hilft Mitarbeitern, sich

zu entwickeln, und Vorgesetzten, sich selbst zu entlasten.

9. Keine Angst vor dem PC! Man sollte auch aufgeschlossen sein für sinnvolle technische Hilfsmittel wie Diktiergerät, Rundsprechanlage, Euro-Peeper, Telefax oder eine moderne Textverarbeitung im Sekretariat. Sie können die Arbeitsproduktivität wesentlich steigern.
10. Für den erfolgreichen beruflichen Aufstieg ist es auch entscheidend, ob und wie schnell man sich von überholten früheren Arbeits- und Verhaltensweisen lösen kann.

Checkliste

Aussage zum Ist-Zustand	**Selbsteinschätzung*)**		
	+	+/–	–
1. Ich plane meine Arbeit so, daß mir genügend Freiraum bleibt, um auf Unvorhersehbares reagieren, aber auch um selbst spontan sein zu können.			
2. Ich bin mir der Tatsache bewußt, daß etwa ein Fünftel meiner Arbeit etwa vier Fünftel meines Arbeitserfolges bestimmen. Daher arbeite ich nicht der Reihe nach von vorne weg, sondern bilde Prioritäten.			
3. Ich kenne meinen persönlichen Arbeitsrhythmus und versuche, ihn bestmöglich bei der Planung meiner Arbeitszeit zu berücksichtigen.			
4. Ich kenne auch meine persönlichen Schwächen in bezug auf Arbeitsdisziplin, ungeliebte Arbeiten und Pflichten			

*) + = Stimmt genau! Ich kann zufrieden sein.
+/– = Es geht so! Ich muß aufpassen.
– = Stimmt nicht! Ich muß hier etwas tun.

Aussage zum Ist-Zustand	Selbsteinschätzung*)		
	+	+/–	–
sowie unzureichendes Wissen oder Können. Gerade hier versuche ich jedoch dagegen anzugehen und mich unterstützen zu lassen.			
5. Ich plane systematisch kleine Pausen und störarme Zeiten in meinen Arbeitstag ein, um nicht völlig vom Tagesgeschäft erschlagen zu werden, sondern um mich zwischendurch auch zu erholen und kreativ zu sein.			
6. Dann und wann versuche ich bewußt auf Distanz zu meiner Arbeit zu gehen, um über Verbesserungen nachzudenken und für die kommende Zeit neue Prioritäten für mich zu setzen.			
7. Ich versuche, bei den von mir geleiteten Besprechungen Arbeitszeit und -energien der Teilnehmer dadurch zu respektieren, daß ich auf gute Vorbereitung, straffe Durchführung und brauchbare Ergebnisse achte.			
8. Meine Mitarbeiter halte ich dazu an, mit ihrer Zeit und Kraft zu haushalten. Ich habe dadurch die Gewißheit, daß ich von ihnen im Notfall auch mal außerordentliche Leistungen verlangen kann.			

Aussage zum Ist-Zustand	Selbsteinschätzung*)		
	+	+/–	–
9. Ich bin gegenüber neuen Arbeitsmitteln und Technologien für den Arbeitsplatz grundsätzlich aufgeschlossen. Sinnvolle technische Unterstützungen in meinem Arbeitsbereich sind noch nie daran gescheitert, daß ich nicht wollte oder konnte.			
10. Ich habe mich im Verlaufe meiner beruflichen Tätigkeit an sich recht schnell von liebgewordenen Arbeits- und Verhaltensweisen trennen können, wenn neue Situationen dies erforderten.			

*) + = Stimmt genau! Ich kann zufrieden sein.
+/– = Es geht so! Ich muß aufpassen.
– = Stimmt nicht! Ich muß hier etwas tun.

Aufgaben:

1. Wo sehen Sie in der Organisation Ihres persönlichen Arbeitsbereiches die größten Zeiträuber? – Was ließe sich dagegen tun? – Was hindert Sie daran, es zu tun?

____

____

____

____

____

2. Überprüfen Sie, ob Sie bei der Erledigung wichtiger Aufgaben und Vorgänge auch im Hinblick auf Ihre zeitliche Planung und auf Ihre persönliche Leistungskurve die richtigen Prioritäten setzen.

5 Hilfreiche Organisationsmittel

5.1 Organigramme und Diagramme – Wie Organisation anschaulich gemacht werden kann

»Ein Bild ist mehr als tausend Worte.«

In vielen Berufen gehört das skizzenhafte Darstellen von Objekten, Systemen, schematischen Zusammenhängen oder Ideen zum festen Handwerkszeug: der Architekt, der einen Bauplan liefert, der Konstrukteur, der ein Detail eines neuentwickelten Bauteils perspektivisch zu Papier bringt, oder der Verkaufsmanager, der mit Kreisen, Rechtecken und Pfeilen seine Umsatzerfolge deutlich macht.

Auch im Organisationsgeschäft müssen die Fachleute »graphikfähig« sein. Bestimmte, in der Praxis bewährte Visualisierungstechniken sollten zum Handwerkszeug des Organisators gehören. Darstellungen in Bild und Schrift sind nicht nur zur Dokumentation bestehender Organisationszustände, sondern auch zur Skizzierung von Entwürfen und Ideen, also zur konstruktiven Entwicklung der Unternehmensorganisation, erforderlich.

Zu den hauptsächlichen Darstellungsmöglichkeiten im Organisationsbereich gehören Organigramme und Diagramme. Organigramme werden zur Darstellung von Aufbaustrukturen verwendet, etwa in Form von Organisationsplänen (Darstellung des Unternehmens in bezug auf seinen Leitungsaufbau), Stellengliederungsplänen (Darstellung der Zuordnung von Stellen im Über- und Unterstellungsverhältnis für Organisationseinheiten) oder Stellenbesetzungsplänen, mit denen die personelle Besetzung der im Unternehmen vorhandenen Stellen namentlich festgehalten oder geplant wird.

Diagramme dienen vor allem der Prinzip-Darstellung von Abläufen. Bekannt sind vor allem Ablauf- und Flußdia-

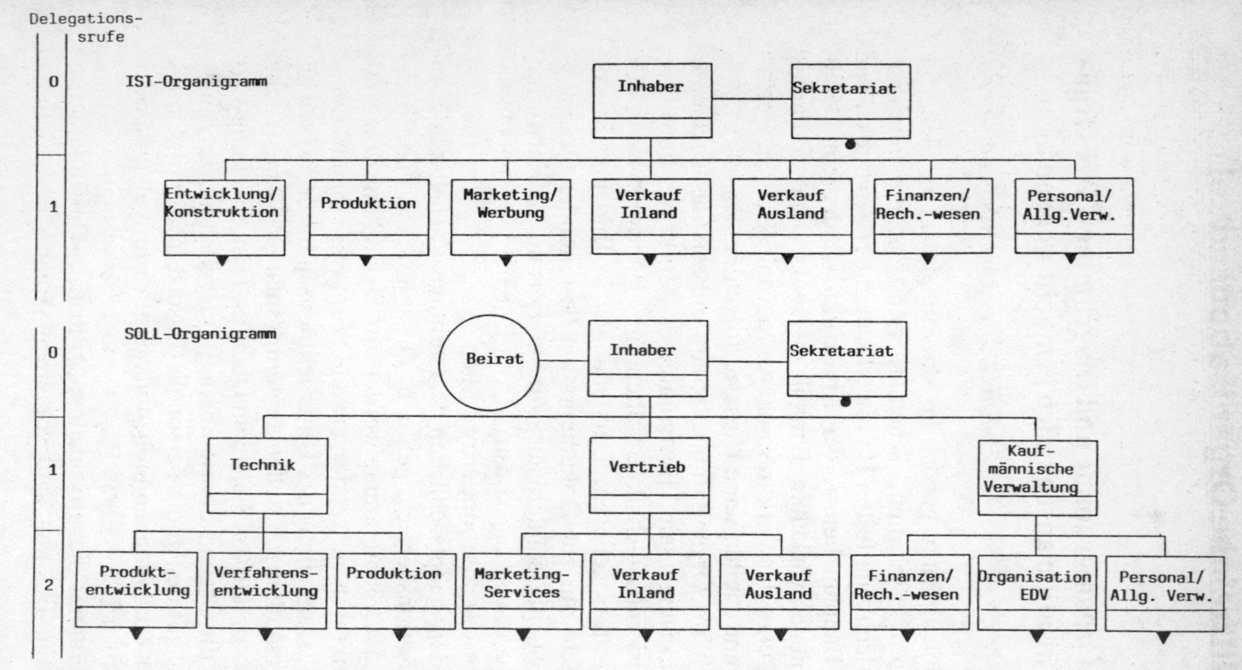

Vom IST- zum SOLL-Organisationsplan. In diesem (auszugsweisen) Beispiel hat der Inhaber, der sich künftig stärker entlasten und längerfristig ganz zurückziehen will, eine neue 1. Delegationsstufe bzw. Führungsebene vorgesehen. Die Leiter Technik, Vertrieb und Kaufmännische Verwaltung sollen längerfristig die Geschäftsführung übernehmen. Damit dieser Übergang noch stärker abgesichert ist, hat der Inhaber außerdem die Einrichtung eines Beirates vorgesehen.

gramme. Im Zusammenhang mit der Überprüfung der Datenverarbeitungsfähigkeit von betrieblichen Abläufen gehört es zum selbstverständlichen Handwerkszeug der System- und Anwendungsprogrammierer, die zu programmierenden Aktivitäten und Anforderungen zunächst in Form eines schlüssigen Flußdiagramms aufzuzeichnen.

Im Organisationsalltag dienen die graphischen Darstellungstechniken also nicht nur zur Herstellung von Organisationsplänen, sondern vor allem auch der »konstruktiven« Arbeit des Organisators.

Praktischer Tip: Wenn Sie sich daran machen, für Ihr Unternehmen oder für Ihren Verantwortungsbereich ein Soll-Organigramm zu zeichnen, so lassen Sie zunächst die Personen beiseite und arbeiten Sie stattdessen nur mit den Stellenbezeichnungen. Dies ist der einfachste Ansatz, Organisation ad rem (auf die Sache abgestellt) statt ad personam (auf Personen abgestellt) zu gestalten.

Dort, wo die graphischen Organisationsmittel der Information von Unternehmensleitung und Mitarbeitern dienen, trifft man immer wieder auf drei wesentliche Fehler:

- die Organisationsmittel sind nicht mehr aktuell und damit fehlerhaft,
- sie sind praktisch ohne Aussagekraft, da sie zu wenige Informationen enthalten,
- sie sind verwirrend und unverständlich, weil sie zu sehr mit Informationen überfrachtet sind.

Daraus ergeben sich für den Organisator drei Anforderungen für den Umgang mit Organisationsgraphiken:

- Organisationsmittel, die den Anspruch auf Gültigkeit haben, müssen gepflegt und aktuell gehalten werden,
- sie sollen sich an den Adressaten oder Nutzer und dessen Informationsbedarf ausrichten,

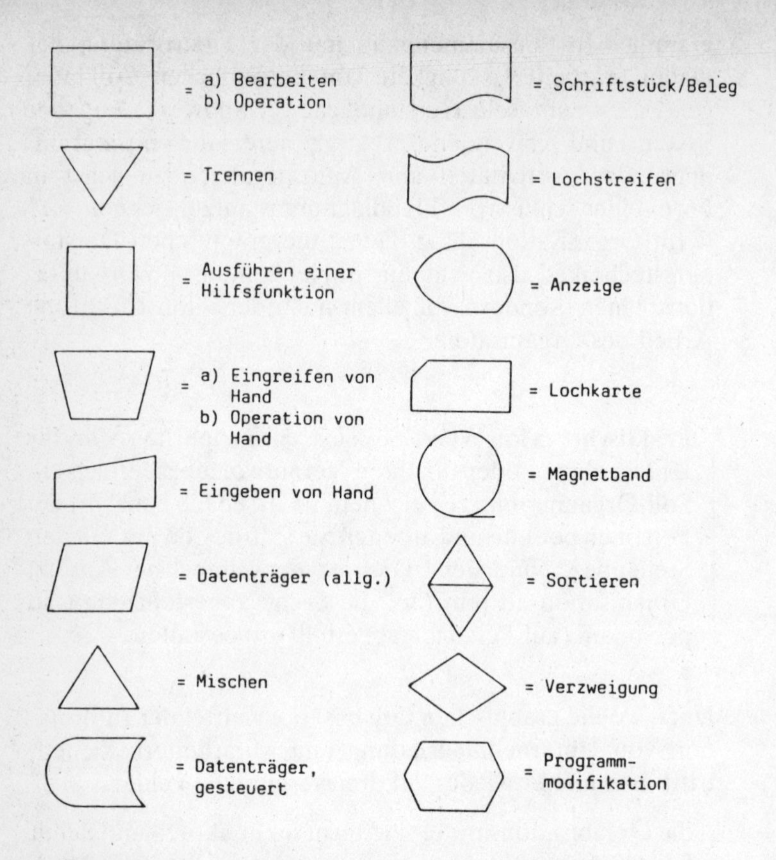

Beispiele für graphische Symbole zur Arbeitsablaufdarstellung von Datenfluß- und Programmablaufplänen (nach DIN 6601).

- sie sollen richtig und realitätsbezogen, jedoch nicht perfektionistisch sein.

Nicht nur der Organisator, sondern auch die Unternehmensleitung – nach Möglichkeit alle Führungskräfte und Mitarbeiter im Unternehmen – sollten in der Lage sein, Organigramme und Diagramme »lesen« zu können. Es ist ähnlich wie mit der Bilanz: hier wie dort kann der geübte

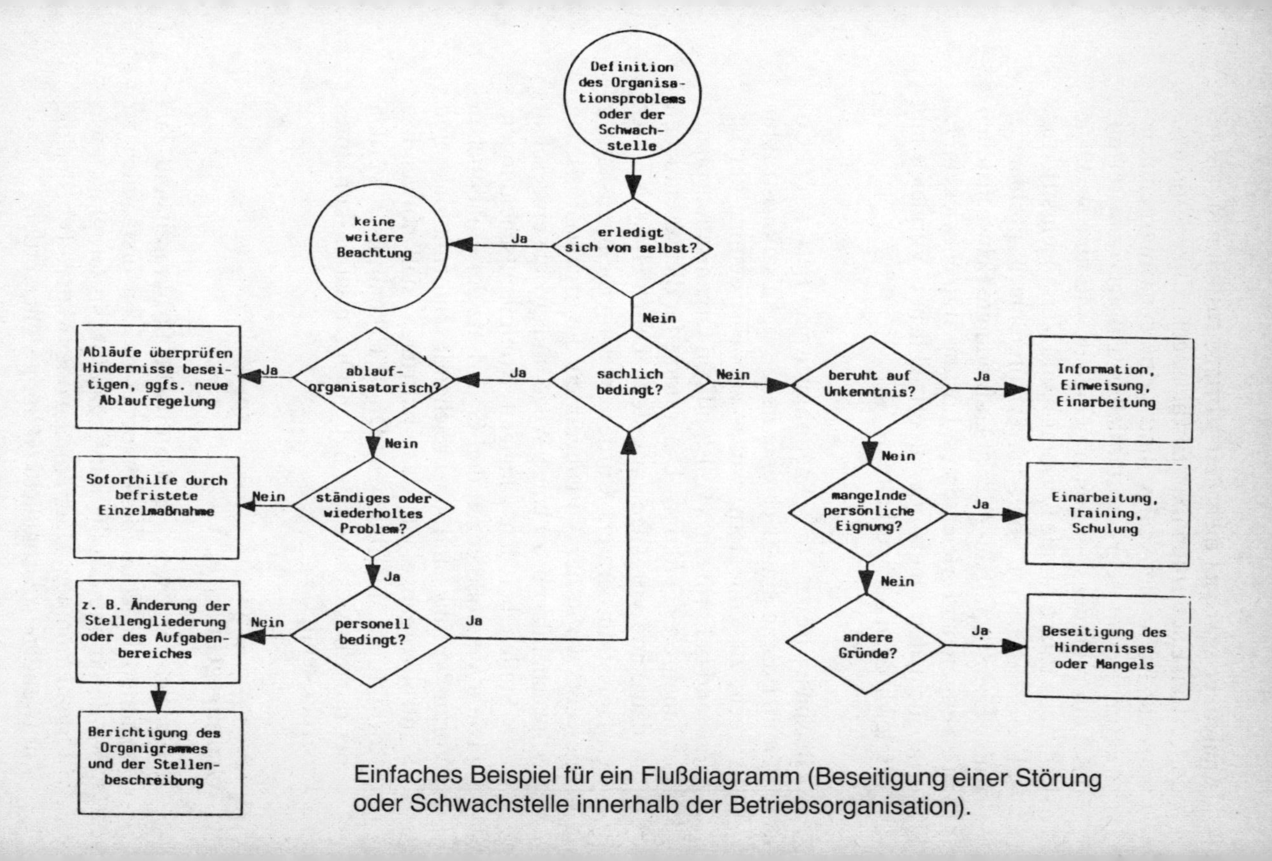

Einfaches Beispiel für ein Flußdiagramm (Beseitigung einer Störung oder Schwachstelle innerhalb der Betriebsorganisation).

Analytiker sehr viel mehr der Vorlage entnehmen, als auf dem ersten Blick erkennbar. Ein aussagekräftiger Organisationsplan ist für die Analyse und Kritik der Unternehmensstruktur – einer sehr substantiellen Erfolgsvoraussetzung des Unternehmens – ebenso geeignet, wie eine wirklichkeitsnahe Bilanz für die Leistungs- und Vermögensstruktur.

Das Visualisieren von Sachverhalten macht problembewußt. Es hilft, aufbau- oder ablaufbedingte Schwachstellen zu erkennen, und erleichtert es, Lösungen zu entwickeln. Es ermöglicht den inner- oder übertrieblichen Vergleich mit vergleichbaren Sachverhalten.

Beispiel: Bevor die Speditionsfirma Laster & Co. GmbH daran ging, sich eine neue Organisationsstruktur zurecht zu schneidern, wurde zunächst erstmal der Ist-Zustand in Form eines vollständigen Organisationsplanes und mehrerer Funktions-Diagramme für die wesentlichen Abläufe und Vorgänge dargestellt. Durch Hinweise ihres Organisationsberaters wurde der Unternehmensleitung bewußt, wo in der Vergangenheit die organisatorischen Schwächen lagen: zu lange Wege und zuviele eingeschaltete Stellen bei den gängigen Routineentscheidungen, zuviele Verstöße gegen den Grundsatz der einheitlichen Verantwortung und unzureichende Informations- und Kontrollvorgänge, die dazu beitrugen, daß notwendige Korrekturen unterblieben. Diese Erkenntnisse wurden bei der Entwicklung des neuen Organisationskonzeptes berücksichtigt.

Grundregeln:

1. Überall dort, wo organisatorische Strukturen und Zusammenhänge unüberschaubar und unverständlich zu werden drohen, sollte mit Organisations-Graphiken wie Organigrammen, Diagrammen oder Matrix-Tabellen die notwendige Anschaulichkeit hergestellt werden.

2. Durch Visualisierung von Organisationssachverhalten können Zusammenhänge verständlicher erklärt, Probleme deutlicher erkannt und Lösungsansätze leichter gefunden werden; vorausgesetzt, die Darstellungen sind wirklichkeitsentsprechend und enthalten die wesentlichen Informationen.
3. Das Umsetzen der tatsächlich vorhandenen Organisationsstrukturen in verständliche Schemazeichnungen gehört zum Handwerk eines Organisators. Entsprechend sollte sein Arbeitsplatz mit dem erforderlichen Handwerkszeug ausgestattet sein, z.B. Flip-Chart, Tafeln, Schablonen, möglicherweise einen PC mit graphikfähigem Drucker.
4. Besonders braucht die Organisationsstelle die Visualisierungsmöglichkeiten, wenn sie sich als »Zukunftswerkstatt« betätigt. Dann nämlich, wenn Vorstellungen über künftige Aufbau- und Ablaufstrukturen des Unternehmens als Soll-Organigramme und Soll-Diagramme entwickelt, dargestellt und diskutiert werden müssen.
5. Besonders um komplizierte Zusammenhänge oder die Auswirkungen von Veränderungen im Organisationsgefüge kenntlich und verständlich zu machen, sind bildhafte Darstellungen sehr viel besser geeignet als abstrakte Beschreibungen.
6. Organigramme und Diagramme sollten im Unternehmen in drei Ausprägungsformen verfügbar sein: die von gestern – aufbewahrt im Archiv, um den Werdegang des Unternehmens nachvollziehen zu können; die von heute – um den gültigen Ist-Zustand zu verdeutlichen und als verbindlich zu erklären; und die von morgen – als Plan zur einheitlichen Orientierung bei zukunftsgerichteten Entscheidungen.
7. Da Organigramme und Diagramme wesentlich zur Dokumentation des Ist-Zustands des Unternehmens gehören und wichtige Grundinformationen über das Unternehmen enthalten, sollten sie in ihrer jeweils gültigen Version in den Organisationshandbüchern enthalten sein.

Check-Liste

Aussage zum Ist-Zustand	Selbsteinschätzung*)		
	+	+/–	–
1. Bei uns wird generell sehr häufig die Möglichkeit der visuellen Darstellung von Sachverhalten, Entwicklungen, Zusammenhängen, Problemen und Problemlösungen wahrgenommen.			
2. Die wesentlichen Aufbau- und Ablaufstrukturen unseres Unternehmens liegen als Organigramme, Diagramme oder Matrix in aktueller Fassung vor.			
3. Unser Organisationsplan enthält nur die wesentlichen Informationen: die Stellengliederung im Leitungsbereich mit eindeutigen Zuordnungen, die Stellenbezeichnung der aufgezeigten Stellen, ggfs. die Organisationsstufe (Hauptabteilung, Abteilung, Gruppe), das Kurzzeichen der Stelle und – als Stellenbesetzungsplan – die Namen der Stelleninhaber.			
4. Der Organisationsplan ist für die Unternehmensleitung regelmäßig eine wichtige Orientierungsgrundlage, wenn über strategische und konzeptionelle Fragen beraten wird.			
5. Wir verfügen über ein mittelfristiges Soll-Organigramm, das entsprechend unseren Wachstums-, Investitions- und Rationalisierungsplanungen die für die absehbare Zukunft geplanten Strukturveränderungen enthält.			

Aussage zum Ist-Zustand	Selbsteinschätzung*)		
	+	+/–	–
6. Unsere Organisationsgraphiken sind in der Regel so gestaltet, daß sie verständlich sind und sich sowohl am Bedarf der Adressaten als auch am Informationszweck orientieren.			
7. Fluß-Diagramme zur Erstellung oder Überarbeitung von Programmen für die Datenverarbeitung werden bei uns auch von den Fachabteilungen verstanden; denn nur so können unsere Anwendungsprogrammierer bedarfsgerechte Software zur Verfügung stellen.			

*) + = Stimmt genau! Ich kann zufrieden sein.
+/– = Es geht so! Ich muß aufpassen.
– = Stimmt nicht! Ich muß hier etwas tun.

Aufgaben:

1. Bitte, zeichnen Sie in Form eines Organigrammes die Stellengliederung für die oberen drei Delegationsstufe Ihres Betriebes auf (Betriebsleitung, 1. und 2. Delegationsstufe).
2. Welche Informationen sollte Ihrer Meinung nach ein »Kästchen« auf einem Organigramm – zur Kennzeichnung einer Stelle – enthalten? Zeichnen bzw. schreiben Sie bitte beispielhaft für Ihre Stelle diese Informationen in das folgende Rechteck hinein:

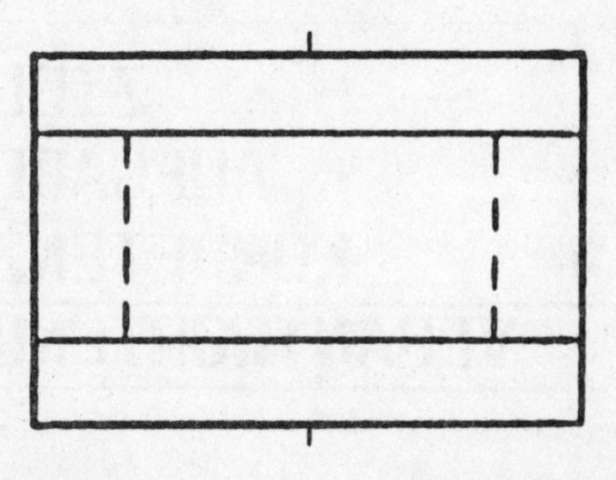

5.2 Stellenbeschreibungen – ein geeignetes Mittel, um Organisation mit Leben zu erfüllen

»Der Arbeitsplatz ist ein zweites Zuhause.«

Die Stellenbeschreibung ist ein organisatorisches Hilfsmittel, mit dem der Aufgabenbereich eines Mitarbeiters schriftlich dargestellt und abgegrenzt wird. Sie enthält einen großen Teil der Grundinformationen, die ein Mitarbeiter braucht, damit er die von ihm erwarteten Leistungen möglichst selbständig erbringen kann.

Dabei ist es nicht ins Belieben gestellt, ob ein Mitarbeiter diese Grundinformationen erhält oder nicht; denn er hat einen Anspruch darauf. Pflicht des Arbeitgebers ist es, den Mitarbeiter »über dessen Aufgabe und Verantwortung sowie über die Art seiner Tätigkeit und ihre Einordnung in den Arbeitsablauf des Betriebes zu unterrichten« (§ 81 Abs. 1 Satz 1 BetrVG). Offen ist nur, ob diese Information schriftlich erfolgen und wie detailliert sie sein muß.

Die schriftliche oder mündliche Weitergabe dieser Grundinformationen an den Mitarbeiter hängt in erster Linie davon ab, was praktikabler ist. Erfolgt die Einweisung mündlich, wird vermutlich ohnehin der Gedanke hochkommen, ob es – auch im Hinblick auf die Stellvertretung oder auf spätere Nachfolger – nicht besser wäre, den wesentlichen Inhalt des Einweisungsvorganges schriftlich festzuhalten, also ein Protokoll anzufertigen.

	ZIEL
+	AUFGABE
+	KOMPETENZ
=	VERANTWORTUNG

Die Stellenbeschreibung kann daher auch als die Niederschrift über die dem Mitarbeiter übertragene Verantwortung in Form von Zielen, Aufgaben, Kompetenzen und weiteren stellenbezogenen Details betrachtet werden.

Noch besser ist es, wenn diese Übertragung des Aufgabenbereiches den Charakter einer Vereinbarung hat: der Arbeitgeber bzw. der zuständige Vorgesetzte als dessen Vertreter und der Mitarbeiter einigen sich auf der Grundlage der Stellenbeschreibung darüber, welche fachlichen Zuständigkeiten, Pflichten und Rechte mit der Stelle verbunden sind.

Beispiel: Verkaufsleiter Vogel hat es endlich satt, sich noch länger mit dem Geschäftsführer und einigen seiner Kollegen darüber zu streiten, was er nun darf und was er nicht darf. Als er seine Stelle angetreten hatte, war ihm zugesichert worden, daß er alle Vollmacht und Unterstützung habe, den Außendienst wieder in Schwung zu bringen. Aber bereits bei seiner ersten Maßnahme – Durchführung eines Verkaufstrainings für die Reisenden – wurde er durch den Geschäftsführer gebremst: zu aufwendig, zu riskant und so schon gar nicht! So ging es monatelang weiter. Schließlich warf Vogel das Handtuch und wechselte zu einer anderen Firma. Aus Schaden klug geworden, setzte er hier allerdings erst seine Unterschrift unter den Anstellungsvertrag, nachdem er mit dem neuen Arbeitgeber eine Stellenbeschreibung ausgehandelt hatte, in der seine künftigen Aufgaben, Kompetenzen und auch die Unterstellungsverhältnisse klar geregelt waren.

Die Stellenbeschreibung enthält neben den Angaben über die Einordnung der Stelle in den Organisationsaufbau des Betriebes und der Stellvertretungsreglung für den Stelleninhaber insbesondere das Ziel der Stelle und die einzelnen fachlichen Aufgaben, die selbständig wahrzunehmen sind.

Mit den Aufgaben sind auch die Kompetenzen festzulegen, damit der Mitarbeiter auch die erforderliche Durchsetzungskraft erhält: was darf und muß er selbständig entscheiden, innerhalb welcher Grenzen hat er sich dabei zu bewegen, an welche Bedingungen ist die Wahrnehmung der Kompetenzen geknüpft?

Inhalt der Stellenbeschreibung:
1. Stellenbezeichnung
2. Vorgesetzter
3. Mitarbeiter
4. Stellvertretung
5. Ziel der Stelle
6. Aufgaben und Kompetenzen
7. Einzelaufträge (Vorbehaltsklausel)
8. Besondere Befugnisse oder Anforderungen

Es ist keineswegs der Sinn einer Stellenbeschreibung, einem Mitarbeiter sämtliche Tätigkeiten in allen Einzelheiten vor zuschreiben. Damit wäre er möglicherweise so eingeschnürt, daß für die gewünschte Eigeninitiative und den notwendigen Ermessensbereich kein Platz mehr wäre. Es sollten jedoch die Informationen in der Stellenbeschreibung enthalten sein, die er für die notwendige fachlich-organisatorische Orientierung benötigt. Durch klare Abgrenzungen sollten darüber hinaus Überschneidungen oder Aufgabenlücken gegenüber den anderen Stellen im Umfeld vermieden und die Zusammenarbeit mit diesen Stellen verbessert werden.

Natürlich ist es auch Zweck dieses Organisationsmittels, Rückdelegationen, unzulässige Eingriffe anderer Stellen und Kompetenzstreitigkeiten zu verhindern. Alle Mitarbeiter sollen durch die eigene Stellenbeschreibung, aber auch die ihrer Vorgesetzten, nachgeordneten Mitarbeiter und Kollegen, eine klare, gesicherte Übersicht über die jeweilige fachliche Zuständigkeit und Verantwortung haben, damit es mit der Zusammenarbeit klappt.

Wozu sind Stellenbeschreibungen erforderlich?
- Grundinformation für Mitarbeiter
- Organisationsplanung und -entwicklung
- Personalplanung und -entwicklung
- Anforderungsprofile und Stellenausschreibungen
- Einstellungsgespräche
- Bewerber- und Mitarbeiterauswahl, Stellenbesetzung
- Nachfolgeregelungen
- Stellvertretungsregelungen
- Mitarbeiterbeurteilung
- Arbeitsplatzbewertung
- Lohn- und Gehaltsfindung
- Mitarbeiterförderung, Aus- und Weiterbildung
- Revision und Kontrolle
- Informations- und Kommunikationsregelungen
- Zusammenarbeit mit dem Betriebsrat
- Vollmachterteilungen
- Feststellen des Leitenden-Status (§ 5 Abs. 3 BetrVG)
- Klären von Disziplinarangelegenheiten
- Ausstellen von Arbeitszeugnissen

Wie beim Fegen einer Treppe wird beim Anfertigen von Stellenbeschreibungen im Prinzip stufenweise von oben nach unten vorgegangen.

Bei größeren Betrieben kann zugleich auch noch bereichs- oder abteilungsweise vorgegangen werden. Handelt es sich um ein Unternehmen mit dezentralen Organisationseinheiten (Niederlassungen, Filialen, Werke), sollten zuerst der zentrale Verwaltungsbereich und anschließend die dezentralen Teilbereiche mit Stellenbeschreibungen abgedeckt werden.

Wenn jedoch, wie die Praxis oft zeigt, die Aktion Stellenbeschreibung mit erheblichen zeitlichen Abständen zwischen den einzelnen Phasen abläuft, muß besonders darauf geachtet werden, daß »die letzten nicht die Hunde beißen«. Auch bei den zuletzt gefertigten Stellenbeschreibungen müssen Gesichtspunkte wie Delegationsprinzip, Überein-

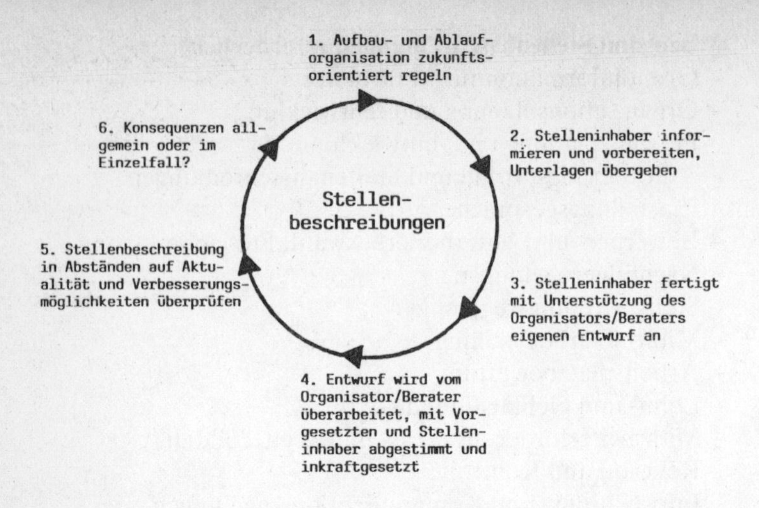

Schematischer Ablauf für die Erarbeitung und Pflege von Stellenbeschreibungen.

stimmung von Zielen, Aufgaben, Kompetenzen und Verantwortung, Kundenorientierung, Wirtschaftlichkeit und Schnelligkeit durch kurze Wege so zum Tragen kommen, wie es bei den zuerst gefertigten Stellenbeschreibungen möglich war.

Beispiel: Bei einem großen Versicherungsunternehmen mit Filialdirektionen im gesamten Bundesgebiet sollten zunächst für alle Führungskräfte Stellenbeschreibungen angefertigt werden. Nachdem die erste Phase der Aktion Stellenbeschreibung abgeschlossen war – nämlich die Erarbeitung aller Stellenbeschreibungen für den Bereich der Hauptverwaltung – stellte man fest, daß alle wesentlichen Kompetenzen – insbesondere im Personal-, Organisations- und Beschaffungsbereich – bereits von der Zentrale »beschlagnahmt« worden waren. Für die Führungskräfte in den Filialdirektionen blieben vom Kompetenz-Kuchen nur noch Kompetenz-Krümel übrig. Da die Aktion Stellenbeschreibung unter der Zielsetzung angekündigt war, gerade im Interesse einer kundennahen Betreuung den Filialen mehr Selbständigkeit zu gewähren, war die Empörung der Mitarbeiter in den Außenstellen doppelt groß.

Durch ungeschickte Vorgehensweise hatte man, ganz im Gegenteil zur ursprünglichen Absicht, den bisherigen Delegationsprozeß zurückgedreht und einem schwerfälligen Zentralismus Vorschub geleistet.

Da es im Interesse jedes Mitarbeiters liegen sollte, eine möglichst weitgehende Selbständigkeit an seinem Arbeitsplatz zu verwirklichen, wird ihm auch viel daran liegen, beim Erarbeiten seiner Stellenbeschreibung aktiv mitzuwirken. Für die mit der Planung und Durchführung der Aktion Stellenbeschreibung beauftragte Organisationsstelle heißt dies, daß sie möglichst intensiv die Mitarbeiter an diesem Prozeß zu beteiligen hat. Sie sind schriftlich oder noch besser mündlich im Rahmen einer Informations- und Schulungsveranstaltung über Zweck und Inhalt der Stellenbeschreibung sowie über die geplante Vorgehensweise und den von ihnen erwarteten Eigenbeitrag zu informieren. Im Sinne einer vertrauensvollen Zusammenarbeit sollte der Betriebs- oder Personalrat von der Betriebsleitung informiert und nach Möglichkeit seinen Rechten, Interessen und Wünschen entsprechend beteiligt werden.

Praktischer Tip: Bevor mit dem Erarbeiten von Stellenbeschreibungen begonnen wird, sollten alle grundsätzlichen organisatorischen Fragen wie Aufbau- und Ablaufstruktur (z. B. Stellengliederung, besondere Unterstellungsverhältnisse) oder generelle Organisationsregelungen (z. B. Wertgrenzen für Kompetenzfestlegungen, Vollmachten, Stellvertretungsprinzip) auf absehbare Zeit geklärt sein. Das erspart »Klein-klein-Lösungen« und hilft, die Betriebsorganisation zukunftsorientiert zu gestalten.

Damit sich der Mitarbeiter mit seiner Stellenbeschreibung später weitestgehend identifizieren kann, sollte bereits der erste Entwurf dieses Organisationsmittels gemeinsam mit ihm erarbeitet werden.

Am besten ist dafür ein Gespräch geeignet, bei dem ein Organisationsfachmann in Form eines vorstrukturierten Interviews die wesentlichen Daten über die zu beschreibende Stelle vom Stelleninhaber erfragt. Ein solches Gespräch bietet den großen Vorteil, daß hierbei nicht nur einfache Zustandsmerkmale erfaßt werden, sondern auch Anregungen für sinnvolle Veränderungen.

Tatsächlich ist die Aktion Stellenbeschreibung eine günstige Gelegenheit, den überkommenen Organisationszustand auch aus der Sicht des einzelnen Mitarbeiters konstruktiv-kritisch zu überprüfen und Verbesserungen vorzunehmen, die allen Beteiligten und dem Betrieb insgesamt zugute kommen.

Den eigenen organisatorischen Zustand seines Aufgabenbereiches zu beschreiben, ist nicht ganz einfach. Hieran trägt nicht nur die übliche Betriebsblindheit ein gerütteltes Maß Schuld, sondern auch die Schwierigkeit, die tägliche Arbeit mit einem gewissen Abstand zu analysieren, die wesentlichen Merkmale der Stelle herauszuarbeiten und das, was als organisatorischer Extrakt übrig bleibt, knapp und verständlich zu formulieren.

Deshalb ist es hilfreich, wenn dem betreffenden Mitarbeiter bereits ein Beispiel einer Stellenbeschreibung aus seinem Umfeld vorliegt: die seines Vorgesetzten.

Da bei der Aktion Stellenbeschreibung in der zeitlichen Reihenfolge von oben nach unten vorgegangen wird, sollte für den Vorgesetzten der Stellenbeschreibungsentwurf bereits vorliegen.

Diese Unterlage ist dann die Vorlage für die Erarbeitung der nachfolgenden Stellenbeschreibungen. Dies hat den zusätzlichen Vorteil, daß damit auch konkrete Anhaltspunkte für die Ableitung des Stellenzieles sowie für die Aufgaben- und Kompetenzabgrenzung gegeben sind.

Beispiel: Bei der Maschinenfabrik Emsig & Co. war es in letzter Zeit zunehmend zu Streitigkeiten über Zuständigkeiten innerhalb des Managements gekommen. Auch in der Geschäftsleitung hatte es deswegen immer häufiger recht unerfreuliche Auseinandersetzungen gegeben, die dem ganzen Unternehmen abträglich waren. So wird schließlich der Entschluß gefaßt, die gesamte Betriebsorganisation zu durchforsten und für alle Stellen mit Vorgesetztenfunktion sowie für wichtige Sachbearbeiterstellen Stellenbeschreibungen einzuführen. Dabei läßt sich das Unternehmen von einem externen Organisationsfachmann beraten. Zur Vorbereitung der Aktion Stellenbeschreibung gehen Geschäftsleitung und Abteilungsleiter zunächst in eine eintägige Klausur, bei der die Aufbau- und Ablauforganisation des Hauses kritisch durchleuchtet wird. Nachdem von der Geschäftsleitung ein neues Soll-Organisationskonzept genehmigt ist, werden in zwei eintägigen Seminaren die in die Aktion einbezogenen Mitarbeiter über dieses Konzept informiert und in die Stellenbeschreibungsthematik eingewiesen. Mit Hilfe von Interviews werden in der Folgezeit die Stellenbeschreibungsentwürfe für diesen Mitarbeiterkreis erstellt. In einer weiteren eintägigen Klausur, an der wieder Geschäftsleitung und Abteilungsleiter teilnehmen, ist es das gemeinsame Ziel, diese Entwürfe im Rahmen einer Schlußredaktion entscheidungsreif zu machen. Wenige Tage später werden die Stellenbeschreibungen von der Geschäftsleitung genehmigt. Auf diese Weise werden innerhalb von sechs Monaten 45 Stellenbeschreibungen erarbeitet und in Kraft gesetzt. Schon bald zeigt sich, daß mit Einführung dieser Unterlagen die Zusammenarbeit im Betrieb deutlich besser geworden ist. Auch das gestärkte Organisationsbewußtsein schlägt sich positiv nieder. Bei organisatorischen Änderungsvorschlägen verläuft nun die Diskussion sachlich und konstruktiv. Alle zwei Jahre werden die Stellenbeschreibungen den zwischenzeitlich eingetretenen Veränderungen angepaßt.

Exkurs: »Inhalt einer Stellenbeschreibung«

Da sich anhand der Gliederungspunkte einer Stellenbeschreibung besonders anschaulich die vielfältigen organisatorischen Gestaltungsmöglichkeiten im Zusammenhang mit einem Aufgabenbereich darstellen lassen, erscheint eine Vertiefung dieses Themas zweckmäßig. Zu den Gliederungspunkten einer Stellenbeschreibung, wie sie zuvor bereits aufgezählt wurden, sollen kurze Erläuterungen, Beispiele und praktische Tips gegeben werden.

1. Stellenbezeichnung

Aus der Stellenbezeichnung soll vor allem die wesentliche Funktion hervorgehen, die im Rahmen des jeweiligen Aufgabenbereiches erfüllt wird. Es ist sozusagen die umfassende, den Schwerpunkt des Aufgabenbereiches treffende Tätigkeitsbezeichnung. Sie sollte unverwechselbar sein, d. h. sie darf im gesamten Unternehmen nur für diese Stelle verwendet werden. Die Stellenbezeichnungen in den Stellenbeschreibungen sollten mit denen des Organisationsplanes identisch sein. Falls im Betrieb mit Kurzzeichen gearbeitet wird, kann das Kurzzeichen der Stelle hinzugefügt werden.

Beispiel: In einem mittelgroßen Fertigungsbetrieb lauten die Stellenbezeichnungen und Kurzzeichen für die Geschäftsführung und für einige weitere nachgeordnete Stellen wie folgt:
- Geschäftsführer (GF)
- Sekretärin des Geschäftsführers (GFS)
- Leiter Kaufmännische Verwaltung (K)
- Sekretärin des Leiters Kaufmännische Verwaltung (KS)
- Leiter Personalabteilung (KP)
- Leiter Finanzbuchhaltung (KF)
- Sachbearbeiter Kreditorenbuchhaltung (KFK)
- Leiter Technik (T)
- Sekretärin des Technischen Leiters (TS)

– Leiter Produktion (TP)
– Assistent des Produktionsleiters (TPA)
– Leiter Arbeitsvorbereitung (TA)
– Leiter Qualitätssicherung (TQ)

Bei der Verwendung von Kurzzeichen für Stellen sollte auf eine Systematik geachtet werden, die der geltenden Stellengliederung Rechnung trägt. Eine Möglichkeit besteht z. B. darin, mit Buchstaben einprägsame Abkürzungen zu schaffen. Für eine nachgeordnete Stelle wird das Kurzzeichen dadurch gebildet, daß dem Kurzzeichen der ihr übergeordneten Stelle ein treffender Buchstabe hinzugefügt wird.

2. Vorgesetzter

Hier wird die Stellenbezeichnung des (Haupt-)Vorgesetzten angegeben. Für den Fall, daß der Stelleninhaber zusätzlich einen Fachvorgesetzten hat, wird auch dieser mit seiner Stellenbezeichnung aufgeführt. Die Konstruktion eines Fachvorgesetztenverhältnisses ist erfahrungsgemäß nur in

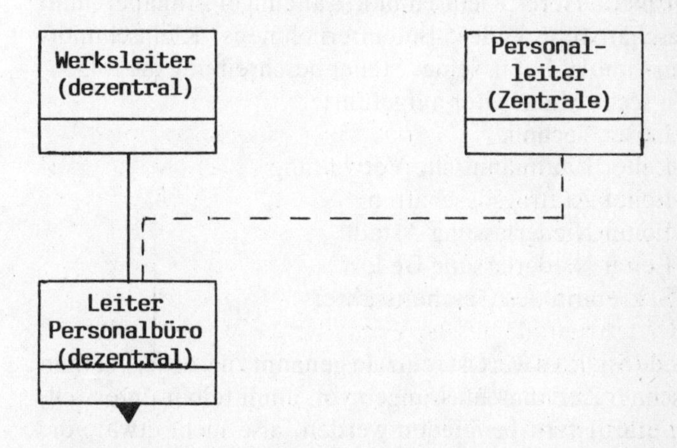

Beispiel für ein doppeltes Unterstellungsverhältnis: Hauptvorgesetzter des Leiters Personalbüro im Werk ist der Werksleiter, während der Personalleiter in der Hauptverwaltung Fachvorgesetzter ist.

wenigen Fällen notwendig. Es sollte auf solche Fälle beschränkt sein, wo der (Haupt-)Vorgesetzte aus fachlichen oder räumlichen Gründen nicht in der Lage ist, regelmäßig die Vorgesetztenpflichten gegenüber einem bestimmten Mitarbeiter wahrzunehmen, so daß ein fachlich oder räumlich zuständiger Fachvorgesetzter ihn ergänzt.

Beispiel: Die drei Mitglieder des Vorstandes der Alphagamma-AG haben jeweils einen sogenannten Chef-Fahrer. Für diese ist das jeweilige Vorstandsmitglied Hauptvorgesetzter, während der Leiter des Fuhrparks ihr Fachvorgesetzter ist.

3. Mitarbeiter

In diesem Abschnitt der Stellenbeschreibung werden die direkt nachgeordneten Mitarbeiter mit ihren Stellenbezeichnungen genannt, ggfs. auch die Mitarbeiter, gegenüber denen der Stelleninhaber Fachvorgesetzter ist.

Beispiel: Herr Kleinschmidt, alleiniger Inhaber und Geschäftsführer des Bauunternehmens Kleinschmidt-Bau GmbH, hat in seiner Stellenbeschreibung die folgenden sechs Mitarbeiter aufgeführt:
1. Leiter Technik
2. Leiter Kaufmännische Verwaltung
3. Leiter Auftragsbeschaffung
4. Leiter Niederlassung Astadt
5. Leiter Niederlassung Bedorf
6. Sekretärin des Geschäftsführers

Da jede Stelle es wert ist, einzeln genannt zu werden, sollten pauschale Zusammenfassungen von unmittelbar unterstellten Mitarbeitern vermieden werden, also nicht etwa: »die Sachbearbeiter der Abteilung«. Hierdurch würde zum Beispiel nicht deutlich werden, wie groß die Führungsspanne dieses Vorgesetzten ist.

4. Stellvertretung

Zunächst ist hier zu prüfen, ob die betreffende Stelle bei Abwesenheit ihres Stelleninhabers überhaupt besetzt oder wenigstens funktionsfähig gehalten werden soll. Oder könnte man es sich erlauben, die Aufgaben der Stelle für einen absehbaren Zeitraum ruhen zu lassen?

Wenn eine Stellvertretung als notwendig erscheint, bleibt zu prüfen, ob hierfür ein hauptamtlicher Stellvertreter benannt werden muß oder ob ein nebenamtlicher Stellvertreter ausreicht.

Zu empfehlen ist eine geteilte nebenamtliche Stellvertretung durch die Mitarbeiter (von unten) und den Vorgesetzten (von oben), die mit einer Platzhalterschaft kombiniert ist.

Dies ist die praktischste und auch die wirtschaftlichste Lösung. Erst nach Ablauf einer bestimmten Abwesenheitsdauer oder in sehr dringenden Fällen wird der Stellvertreter für den Abwesenden tätig, während in der Zwischenzeit ein Mitarbeiter oder eine Mitarbeiterin aus der unmittelbaren Umgebung – sehr oft die Sekretärin – die Geschäfte weiterführt und verwaltet.

Ohne die Aufgaben des Abwesenden selbst wahrzunehmen, nimmt der Platzhalter z.B. Anrufe entgegen, gibt Auskünfte, wann und wo der Abwesende erreichbar ist, und schaltet in dringenden Fällen den Stellvertreter ein.

Diese kombinierte Form ist besonders geeignet, wenn es sich um eine Stelle mit sehr vielfältigen fachlichen Anforderungen handelt.

Beispiel: In der Stellenbeschreibung des Leiters Einkauf heißt es:
»Er wird durch die nachgeordneten Mitarbeiter entsprechend ihrem jeweiligen Aufgabenbereich vertreten. In Fällen von besonderer Bedeutung vertritt ihn der Vorgesetzte. Bei kurzfristiger Abwesenheit ist seine Sekretärin Platzhalterin.«

Da der Stelleninhaber nicht nur vertreten wird (passive Stellvertretung), sondern auch andere Kollegen, Mitarbeiter oder den Vorgesetzten vertreten muß (aktive Stellvertretung), wird in die Stellenbeschreibung auch aufgenommen, wen er wie und wann vertritt.

Praktischer Tip: Auf eines sollte nach Möglichkeit verzichtet werden: eine Stellvertretung für den Stellvertreter zu regeln. Wenn ein Stelleninhaber ausfällt und der vorgesehene Stellvertreter ebenfalls nicht zur Verfügung steht, sollte die Lösung im konkreten Einzelfall gefunden werden.

5. Ziel der Stelle

Entsprechend der pyramidenähnlichen Organisationsstruktur gibt es in einem zielorientierten Betrieb auch eine »Zielpyramide«. Die Spitze dieser Pyramide bildet das Unternehmensziel. Daraus abgeleitet finden sich auf der zweiten Ebene die Bereichs- oder Ressortziele, wiederum aus diesen abgeleitet die Abteilungsziele und schließlich am unteren Ende dieser vertikalen Kette von Zielableitungen – sozusagen an der Basis der Zielpyramide – die Ziele der einzelnen Stellen. Das untere Ziel steht zum darüberstehenden Ziel in einer Mittel-ZweckBeziehung. Die abgeleiteten Ziele dienen der Erfüllung des Zieles, aus dem sie abgeleitet wurden.

Die Stellenbeschreibung enthält das Dauerziel der Stelle. Die konkreten zeitpunkt- oder zeitraumbezogenen Zielvorgaben sollten Inhalt eines Zielsetzungsplanes oder anderer Planungsunterlagen sein (z. B. Jahresarbeitsprogramme).

Beim Ziel der Stelle reicht es nicht aus, nur von oben her abzuleiten. Entsprechend den jeweiligen Funktionen und fachlichen Aufgaben, die zum Inhalt der Stelle gehören, kommen entsprechende funktionale, fachliche Ziele hinzu. Insgesamt soll das Ziel einer Stelle alle die dauerhaft geltenden Zielaussagen enthalten, die der Stelleninhaber

Zielsetzungsplan

für den Zeitraum: 01.01. - 31.12. Blatt-Nr. 1

für Stelle: Leiter Produktion

Lfd. Nr.	Vorhaben, Projekt (ggfs. in Teilphasen)	Beschreibung der Zielmerkmale	Termine	Bemerkungen
1	Bereitstellung von Fertigungskapazitäten für:	- alle Produkte in neuer Form einschließlich Beschriftung		
1.1	1,2 Mio Flaschenkästen/ Monat	Typ S; s. Auftrag A742 G	ab 01.03.	Fertigungsbeginn auf Abruf
1.2	30.000 Einwegfässer/ Monat	Typ R, s. Auftrag A162 F	ab 01.03.	
1.3	50.000 Flaschenträger/ Monat	Typ T6, s. Auftrag A110	ab 01.04.	Beschriftung durch Subuntern.
1.4	32.000 Spezialkästen/ Monat	Typ M, s. Auftrag A430 S	ab 01.06.	

Beispiel eines Zielsetzungsplanes (Auszug).

zur allgemeinen Orientierung benötigt, wenn er seine Aufgaben wahrnimmt. Das Stellenziel ist für ihn sozusagen der Kompaß. Es gibt die Richtung an, ohne jedoch zu verlangen, daß das Ziel, oft als Idealziel definiert, auch erreicht wird.

Wenn bei einem richtigen Kompaß Norden angezeigt wird, bedeutet dies ja auch noch nicht, daß bis zum magnetischen Nordpol marschiert werden muß.

Es soll also im Stellenziel eine richtungsweisende Antwort auf die Frage gegeben werden, wozu diese Stelle eingerichtet worden ist und was ihr Stelleninhaber bewirken und erreichen soll. Dabei ergibt es sich aus der Ableitungssystematik, daß sich jedes Stellenziel in grundsätzlicher Übereinstimmung mit dem Unternehmens- oder Betriebsziel befindet.

Zumindest muß es widerspruchsfrei zu allen übergeordneten Zielen sein.

Beispiel: In der Stellenbeschreibung eines Werksleiters heißt es unter »Ziel der Stellen« u. a., daß die vorhandenen und eingeplanten Fertigungseinrichtungen für eine wirtschaftliche Nutzung auf Dauer funktionstüchtig zu halten sind und daß die Fertigungsaufträge störungsfrei und auftragsgerecht ausgeführt werden sollen. Für den Leiter der Qualitätssicherung ergibt sich daraus u. a. das Ziel, daß die Qualitätsvorschriften konsequent zur Geltung kommen, Verarbeitungsfehler frühzeitig erkannt werden und Reklamationen auf ein unvermeidbares Minimum zu reduzieren sind.
Beim Leiter Arbeitssicherheit ergibt sich u. a. für das Stellenziel, daß er durch Anwendung der Arbeitsschutzvorschriften, vorbeugende Maßnahmen und ausreichende Unterrichtung der Mitarbeiter dazu beitragen soll, Schäden für Menschen und Sachen sowie Produktionsstörungen zu vermeiden.

6. Aufgaben und Kompetenzen der Stelle

Welche Aufgaben hat nun der Mitarbeiter, damit er die Ziele seiner Stelle erfolgreich verfolgen kann, und welche Kompetenzen benötigt er, damit er dabei auch möglichst selbständig handeln und entscheiden kann? Zur Beantwortung dieser Frage sollte zunächst der Ist-Zustand der Stelle erfaßt und analysiert werden.

Beispiel: Für die Sekretärin eines Betriebsleiters ergeben sich u.a. folgende Aufgaben mit Entscheidungskompetenz. Sie entscheidet über:
- die Verteilung der Eingangspost;
- die Beantwortung eingehender Routineanfragen;
- die Weiterleitung eingehender Telefonate;
- die Verteilung von Schreibarbeiten an andere Stellen im Betrieb zur Erledigung;
- die Anforderung von Büromaterial sowie von Bewirtungsbedarf;
- den Ablageplan für das Sekretariat.

Um hier systematisch vorzugehen, sollten zunächst solche Aufgaben erfaßt werden, die sich allein schon aus der Vorgesetztenstellung des Stelleninhabers ergeben (z.B. Einarbeitung neuer Mitarbeiter, Genehmigung von Dienstreisen, Urlaubsplanung, Fortbildungsmaßnahmen oder Beschaffungsanforderungen für den nachgeordneten Bereich). Im nächsten Schritt sind die innerhalb seines Aufgabenbereiches vorhandenen fachlichen Aufgabengebiete zu berücksichtigen (z.B. für den Personalleiter die Aufgabengebiete Personalplanung, Personalbeschaffung, Vergütungsabrechnung, Aus- und Weiterbildung, Sozialwesen und betriebliche Betreuung, arbeits- und disziplinarrechtliche Angelegenheiten, Zusammenarbeit mit dem Betriebsrat u.a.).

Praktischer Tip: Bei umfangreicheren Aufgabenbereichen hat sich auch die folgende Gliederungssystematik bewährt:

- **Entscheidungsaufgaben**
  (Er entscheidet über, bestimmt, legt fest, genehmigt, unterzeichnet, ordnet an, weist an ...)
- **Beratungsaufgaben**
  (Er berät den ... über ..., schlägt vor, entwirft, legt vor, wirkt mit bei ..., bereitet vor ...)
- **Kontrollaufgaben**
  (Er kontrolliert, überwacht, prüft, verfolgt, analysiert, vergleicht, wertet aus, achtet auf ...)
- **Informationsaufgaben**
  (Er informiert den ... über ..., sammelt Informationen über ... und gibt sie weiter an ..., berichtet, unterrichtet, meldet, gibt bekannt ...)
- **Ausführungsaufgaben**
  (Er führt aus, fertigt an, erstellt, macht, führt folgende Unterlagen: ..., schreibt, rechnet, zeichnet, nimmt vor, erarbeitet, führt durch, legt ab, setzt, stellt, legt, fährt, putzt, übersetzt ...)
- **Aufgaben nach außen**
  (Er hält Kontakt zu ..., besucht, verhandelt mit ..., empfängt, korrespondiert mit ..., vertritt das Unternehmen bei ..., erteilt Auskünfte an ..., nimmt teil an folgenden externen Veranstaltungen: ..., ist Ansprechpartner für ...)
- **Sonstige Aufgaben**
  (Er ist Mitglied im Ausschuß für ..., ist Beauftragter für ..., nimmt teil an folgenden internen Veranstaltungen: ..., nimmt die Pflichten gemäß § ... wahr ...)

Formulierungen wie »Er ist verantwortlich für ...« oder »Er sorgt für ...« sollten vermieden werden; denn sie verlangen oft viel und besagen nur wenig.

Schließlich ist der verbleibende Rest von Aufgaben zu erfassen, der bei der bisherigen Systematik noch unberücksichtigt blieb. Diesen Aufgaben ist leicht auf die Spur zu kommen, wenn gefragt wird: »Mit welchen Anliegen oder auch Entscheidungswünschen kommen die einzelnen nachgeordneten Mitarbeiter gewöhnlich zu diesem Stelleninhaber? Welche Angelegenheiten von besonderer Bedeutung legen diese Mitarbeiter ihrem Vorgesetzten zur Entscheidung vor?«

In einer weiteren Phase werden die für den Ist-Zustand aufgelisteten Aufgaben dahingehend überprüft, ob sie auch in Zukunft in dieser Form Bestand haben sollen. Dort, wo man zur Erkenntnis gelangt, daß der Aufgabenbereich ergänzt, gekürzt oder in anderer Weise verändert und verbessert werden soll, sind entsprechend neue Aufgaben- und Kompetenzformulierungen vorzunehmen.

Beispiel: Bei der Erarbeitung von Stellenbeschreibungen für die überwiegend auf Baustellen eingesetzten Monteure eines Heizungs- und Sanitär-Installationsbetriebes wurde festgestellt, daß sehr viel Zeitaufwand damit verloren ging, daß jedes Werkzeug oder Material grundsätzlich bei der betrieblichen Werkzeugausgabe in Empfang genommen werden mußte. Wurde mal etwas vergessen oder ging ein Werkzeug zu Bruch, mußte ein Monteur zurück zum Betrieb fahren, um das fehlende Teil zu holen. Nicht selten blieb dann den anderen Monteuren der Kolonne nichts anderes übrig, als währenddessen untätig zu warten. Diese Regelung führt aber auch dazu, daß auf den Betriebsfahrzeugen umfangreiche »schwarze« Werkzeug- und Materialläger mitgeführt wurden. – Bei den Gesprächen im Zusammenhang mit dem Anfertigen von Stellenbeschreibungen, wurde dieses Problem offenbar. Jeder Kolonnenführer bekam nun in seiner Stellenbeschreibung die Kompetenz eingeräumt, in solchen Fällen die fehlenden Teile bis zu einem Höchstbetrag beim nächsten Fachhandel zu kaufen.

Ein besonders wichtiger Grundsatz beim Erfassen und Festlegen des Aufgaben- und Kompetenzbereiches ist es, eine größtmögliche Nähe zwischen den entscheidenden und ausführenden Stellen zu schaffen. Wer entscheidet, sollte so nah wie möglich am Ort des Geschehens sein. Im Idealfall ist zu wünschen, daß der Ausführende selbst die im Einzelfall erforderlichen Entscheidungen treffen kann. Dies läßt sich z.B. dadurch erreichen, daß sich die übergeordneten Stellen auf Richtlinien- oder Rahmenvorgaben beschränken, so daß dem Ausführenden vor Ort der notwendige Ermessensspielraum bleibt.

Bei ausgeprägter Kundenorientierung ist eine solche Verfahrensweise unverzichtbar. Einem Kunden ist nicht zuzumuten, daß die Verkäuferin oder der Reisende wegen kleiner Sonderwünsche mehrmals beim Vorgesetzten rückfragen und dieser sich möglicherweise selbst noch einmal bei seinem Vorgesetzten rückversichern muß. Kundenorientierung kann es sogar notwendig machen, die Aufgabenbereiche »von unten her« zu entwickeln. Es wird also nicht gefragt, welche Aufgaben und Kompetenzen bleiben für den Verkäufer, Reisenden oder Kundenberater am Ende übrig, wenn » von oben her« die Aufgaben- und Kompetenzbereiche abgeleitet wurden. Die Frage lautet vielmehr: Was muß der Mitarbeiter, der den direkten Kontakt zum Kunden hat, alles tun (Aufgaben) und dürfen (Kompetenzen), damit der Kunde eine optimale Leistung aus einer Hand erfährt? Was dann übrig bleibt oder vom Mitarbeiter nicht wahrgenommen werden kann, fällt in die Zuständigkeit anderer Stellen, z.B. in die des Vorgesetzten.

7. Einzelaufträge (Vorbehaltsklausel)

Auch in einem gut organisierten Unternehmen können unvorhergesehene Aufgaben anfallen, die bisher in keiner Stellenbeschreibung geregelt worden sind. Es lassen sich auch Situationen denken, in denen die Aufgaben nicht in der geplanten Weise vorgenommen werden können. Deswegen wird im Anschluß an den Aufgabenbereich eine auf das »Direktionsrecht« zurückgehende Vorbehaltsklausel aufgenommen. Diese sollte sinngemäß enthalten, daß der

Stelleninhaber auch Einzelaufträge vom Vorgesetzten übertragen bekommen kann, wenn diese dem fachlichen Charakter der Stelle oder der betrieblichen Notwendigkeit entsprechen. Treten solche Einzelaufträge regelmäßig auf, sollten sie als Aufgabe in die Stellenbeschreibung aufgenommen werden.

8. Besondere Befugnisse oder Anforderungen

In diesem letzten Abschnitt der Stellenbeschreibung finden alle diejenigen Befugnisse ihren Niederschlag, die der Stelleninhaber zusätzlich zu den unter Abschnitt 6 beschriebenen Kompetenzen benötigt. Außerdem werden die besonderen Anforderungen beschrieben, die sich als Konsequenz seiner fachlichen Aufgaben ergeben.

Beispiel: In der Stellenbeschreibung des Vertriebsleiters eines international tätigen Handelshauses heißt es unter dieser Ziffer:
Der Stelleninhaber hat Gesamtprokura und unterzeichnet seine Post gemäß Richtlinie.
Er hat Bank- und Postgiro-Vollmacht gemeinsam mit einem weiteren Berechtigten.
Er ist berechtigt, Kassenanweisungen bis DM ... abzuzeichnen.
Er ist nicht an die übliche Arbeitszeitenregelung gebunden.
Er verfügt über gute englische sowie französische und/oder spanische Sprachkenntnisse.
Er hat die Fahrerlaubnis der Führerscheinklasse 3.

Die Stellenbeschreibung kann und darf nur ein Hilfsmittel für die Betriebsorganisation sein. Für ihren Umfang und Inhalt sowie für die Vorgehensweise bei ihrer Erarbeitung gilt besonders was schon eingangs dieses Buches empfohlenen wurde: Organisation mit Augenmaß betreiben! Wer hier nicht Maß hält, wird es nicht erreichen, mit Hilfe von

Stellenbeschreibungen den Betrieb im Sinne der Organisationsentwicklung flexibler, attraktiver und leistungsfähiger zu gestalten und Organisation mit Leben zu erfüllen. Es sollte auch bedacht werden, daß Stellenbeschreibungen auch unsinnige oder überholte Sachverhalte regeln können. Voraussetzung muß daher sein, daß die übrigen geltenden Grundregeln der Organisation eingehalten werden.

Grundregeln:

1. Wo systematisch delegiert werden muß, eine effiziente Zusammenarbeit gewollt ist und ein besonders hohes Maß an Selbständigkeit vom Mitarbeiter erwartet wird, sind Stellenbeschreibungen ein notwendiges und hilfreiches Organisationsmittel.
2. Stellenbeschreibungen werden zwar im Prinzip durch direkte Erhebung beim Stelleninhaber und durch Ableitung »von oben nach unten« erstellt; dies schließt jedoch nicht aus, daß die sachlichen Erfordernisse einer nachgeordneten Stelle gegenüber denen der übergeordneten Stelle Vorrang haben können (z. B. aus Gründen der Kundenorientierung).
3. Das Erarbeiten oder Überarbeiten von Stellenbeschreibungen ist eine gute Gelegenheit, den Ist-Zustand zu überprüfen und Teile einer vorhandenen Soll-Konzeption zu verwirklichen, sich von »alten Hüten« zu trennen und das Organisationsbewußtsein bei Vorgesetzten und Mitarbeitern wieder zu stärken.
4. Stellenbeschreibungen sind bewußt als »Vehikel« für die Zwecke der Organisationsentwicklung einzusetzen. Sie erhalten ihren eigentlichen Wert erst dadurch, daß der Stelleninhaber sowie seine Vorgesetzten, Mitarbeiter und Kollegen in die Organisationsüberlegungen einbezogen werden.
5. Bei Stellenbeschreibungen geht es nicht darum, Perfektion bei der Erfassung und Formulierung der Aufgaben zu erreichen, sondern den wesentlichen fachlichen Inhalt, die Kompetenzstruktur und die erforderlichen

Abgrenzungen der Stelle nach allen Seiten hin deutlich zu machen.

6. Was anderswo bereits ausreichend geregelt und zugänglich ist (Führungsgrundsätze, Richtlinien, Wertgrenzen-Katalog, Organisationspläne), braucht in der Stellenbeschreibung nicht wiederholt zu werden.
7. Stellenbeschreibungen können vielfältigen betrieblichen Zwecken dienen. Sie sind insbesondere ein Mittel, um Personalpolitik zu versachlichen und Aufgabenbereiche für Mitarbeiter attraktiver zu machen (z. B. Job-Enrichment).
8. Die Stellenbeschreibung kann, muß aber nicht ausdrücklich zum Bestandteil eines Anstellungsvertrages erklärt werden. Auch die Unterschrift des Stelleninhabers unter die für ihn geltende Stellenbeschreibung ist zur Verdeutlichung ihres verbindlichen Charakters nicht zwingend erforderlich.
9. Stellenbeschreibungen stellen für den jeweiligen Stelleninhaber die Vollmacht dar, zielbezogene Eigeninitiative zu entwickeln und sich innerhalb seines Aufgabenbereiches unternehmerisch zu verhalten. Sie dienen nicht dazu, sich dahinter zu verstecken (»Kästchen-Denken«).
10. Stellenbeschreibungen sind keine Geheimakten; sie erfüllen nur ihren nützlichen Zweck, wenn sie allen Stellen zugänglich und möglichst auch bekannt sind.
11. Für Stellenbeschreibungen gibt es kein einheitliches Gliederungs-Schema, das für alle Betriebe gleichermaßen am vorteilhaftesten wäre. Die Gliederung der Stellenbeschreibung sollte innerhalb eines Betriebes jedoch einheitlich sein und sich bestmöglich den besonderen betrieblichen Erfordernissen anpassen.
12. Stellenbeschreibungen gelten nicht für alle Zeiten, sondern sind den veränderten Bedingungen des Marktes und des Betriebes, den individuellen Bedürfnissen und den geltenden Konzeptionen für die Personal- und Organisationsentwicklung anzupassen.

Check-Liste

Aussage zum Ist-Zustand	Selbsteinschätzung*)		
	+	+/–	–
1. Unsere Betriebsorganisation und insbesondere die Zuständigkeit der einzelnen Mitarbeiter in unserem Hause ist klar festgelegt und allen Beteiligten bekannt.			
2. Für alle Vorgesetztenstellen sowie für alle Mitarbeiterstellen, für die im besonderen Maße selbständiges Arbeiten gefordert ist, sind Stellenbeschreibungen in aktueller Fassung vorhanden.			
3. Unsere Stellenbeschreibungen tragen wesentlich dazu bei, daß bei uns wirklich Verantwortung delegiert wird, Kompetenzstreitigkeiten in sachlicher Form ausgetragen werden und eine gute horizontale wie vertikale Zusammenarbeit zwischen den Stelleninhabern gepflegt wird.			
4. An der Erarbeitung unserer Stellenbeschreibungen haben die betreffenden Vorgesetzten und Mitarbeiter aktiv mitgewirkt. Auch bei notwendigen Überarbeitungen und Veränderungen werden sie ohne Vorbehalt hinzugezogen.			
5. Das Arbeiten mit Stellenbeschreibungen hat bei uns nicht zu bürokratischer Erstarrung oder »Kästchen-Denken« führt, da unsere Mitarbeiter auf Grund der durchgeführten Schulungen wissen, daß diese Unterlagen vor allem notwendige Träger der auch von ihnen			

Aussage zum Ist-Zustand	Selbsteinschätzung*)		
	+	+/–	–
unterstützten Grundsätze der Organisations- und Personalentwicklung sind.			
6. Mit Hilfe der Stellenbeschreibungen haben wir unsere Betriebsorganisation transparent gemacht. Unsere Mitarbeiter wissen, wer bei uns wofür zuständig ist.			
7. Wir nutzen die Stellenbeschreibungen für die vielfältigen Zwecke der Personalführung und -verwaltung. Besonders die Schaffung neuer attraktiver Stellen und die Einarbeitung neuer Mitarbeiter gelingt mit Hilfe dieser Organisationsunterlage besser.			
8. Unsere Mitarbeiter identifizieren sich weitgehend mit ihren Stellenbeschreibungen. Viele empfinden es als befriedigend, daß ihre fachliche Kompetenz und die Bedeutung ihrer Stelle auf diese Weise klarer dokumentiert wird.			
9. Auch unser Betriebs- bzw. Personalrat ist grundsätzlich mit dem Vorhandensein unserer Stellenbeschreibungen einverstanden, da manches Problem mit ihrer Hilfe zufriedenstellend gelöst werden konnte.			

Aussage zum Ist-Zustand	Selbsteinschätzung*)		
	+	+/–	–
10. Stellenbeschreibungen werden bei uns fortgeschrieben, so daß sie stets ausreichend aktuell sind. Für neue Stellen wird so früh wie möglich – am besten schon zum Zeitpunkt ihrer Genehmigung – eine Stellenbeschreibung angefertigt.			

*) + = Stimmt genau! Ich kann zufrieden sein.
+/– = Es geht so! Ich muß aufpassen.
– = Stimmt nicht! Ich muß hier etwas tun.

Aufgaben:

1. Füllen Sie bitte den auf den folgenden vier Seiten als Beispiel dargestellten Vordruck einer Stellenbeschreibung aus, indem Sie Ihre eigene Stelle in den wesentlichen Merkmalen beschreiben.
2. Welche Angaben zu Ihrer Stellenbeschreibung bedürfen Ihrer Meinung nach vorweg grundsätzlicher Überlegungen bzw. möglicherweise einer organisatorischen Neuregelung?

a) ______________________________

b) ______________________________

c) ______________________________

d) ______________________________

e) ______________________________

Stellenbeschreibung

für Stelle: .... Blatt-Nr. 1

1	Stellenbezeichnung
2	Vorgesetzter
3	Mitarbeiter
3.1	
3.2	
3.3	
3.4	
3.5	
4	Stellvertretung
4.1	Der Stelleninhaber wird vertreten durch
4.2	Der Stelleninhaber vertritt
5	Ziel der Stelle
	Der Stelleninhaber hat seine Aufgaben so wahrzunehmen, daß
5.1	
5.2	
5.3	
5.4	
5.5	
5.6	

Stellenbeschreibung

für Stelle: .... Blatt-Nr. 2

6	Aufgaben und Kompetenzen der Stelle
6.1	Entscheidungsaufgaben
	Der Stelleninhaber entscheidet über:
6.1.1	
6.1.2	
6.1.3	
6.1.4	
6.1.5	
6.1.6	
6.1.7	
6.2	Beratungsaufgaben
	Der Stelleninhaber berät (welche Stelle in welcher Angelegenheit?):
6.2.1	
6.2.2	
6.2.3	
6.2.4	
6.2.5	
6.3	Kontrollaufgaben
	Er kontrolliert (welchen Sachverhalt nach welchen Kriterien?):
6.3.1	
6.3.2	
6.3.3	
6.3.4	

Stellenbeschreibung

für Stelle: .... Blatt-Nr. 3

6.4 Informationsaufgaben

Er informiert (welche Stellen worüber?):

6.4.1

6.4.2

6.4.3

6.5 Ausführungsaufgaben

Er führt folgende Tätigkeiten selbst aus:

6.5.1

6.5.2

6.5.3

6.5.4

6.5.5

6.6 Aufgaben nach außen

Er hält Kontakt (zu welchen Stellen in welchen Angelegenheiten?):

6.6.1

6.6.2

6.6.3

6.6.4

6.7 Sonstige Aufgaben

6.7.1

6.7.2

6.7.3

6.7.4

Stellenbeschreibung

für Stelle: .... Blatt-Nr. 4

7 **Einzelaufträge (Vorbehaltsklausel)**

Der Stelleninhaber nimmt neben den in Abschnitt 6 genannten Aufgaben nach Weisung seines Vorgesetzten Einzelaufträge wahr, die dem Wesen nach zu seinem Aufgabenbereich gehören oder die sich aus der betrieblichen Notwendigkeit ergeben.

8 **Besondere Befugnisse oder Anforderungen**

8.1

8.2

8.3

8.4

8.5

9 **Inkraftsetzung/Änderung**

Diese Stellenbeschreibung wird mit Wirkung vom heutigen Tage inkraftgesetzt. Sie ist vom Stelleninhaber durchgesehen und mit ihm besprochen worden. Dies wird durch die nachfolgenden Unterschriften bestätigt. Änderungen sind vorher mit dem Stelleninhaber zu besprechen und sollen nach Möglichkeit sein Einverständnis voraussetzen.

...................., den ....
(Ort) (Datum)

....
(Stelleninhaber) (inkraftsetzende Stelle)

5.3 Richtlinien – Wann sind sie sinnvoll? Worauf kommt es bei ihnen an?

»Gute Richtlinien machen Delegation von Verantwortung erst möglich.«

Unter dem umfangreichen Schriftgut, mit dem ein Betrieb täglich zu kämpfen hat, befindet sich – neben dem Informations- sowie dem Arbeits- und Abwicklungsschriftgut – eine ebenso wichtige wie zwielichtige dritte Kategorie: das sogenannte Weisungsschriftgut. Will man etwas über die Firmenkultur des Betriebes erfahren, ist es ergiebig, Einblick in dieses Weisungsschriftgut, bestehend aus Richtlinien und Einzelanweisungen, zu nehmen. Wie umfangreich und verständlich ist es? Wie ist der Ton dieser »Musik«: laut und befehlend oder sachlich und motivierend? Wird mit dem Mitarbeiter alles und jedes bis ins einzelne vorgeschrieben oder beschränkt es sich auf das Notwendige? Handelt es sich dabei um alte Kamellen oder geben sie den neuesten Stand der Organisationsentwicklung wieder?

Während mit (Einzel-)Anweisungen zumeist ein bestimmter aktueller Sachverhalt »punktuell« geregelt wird, sind Richtlinien vor allem dazu da, die vielen täglichen Routinevorgänge und generellen Abläufe vom Grundsätzlichen her zu regeln. Damit viele Einzelvorgänge möglichst zweckgerichtet und störungsfrei ablaufen können, wird für sie eine einheitliche Rahmenvorgabe festgelegt. Die Stelle, die mit der Richtlinienkompetenz ausgestattet ist, regelt das, was einheitlich beachtet werden muß, in Form von Grundsätzen, überläßt es aber den zu ständigen Mitarbeitern, innerhalb dieser Rahmenvorgabe die jeweils beste Lösung für den konkreten Einzelfall zu finden.

Zweck einer solchen Richtlinie ist es also:

- den einzelnen berührten Stellen eine praktikable Arbeits- und Orientierungsunterlage zu geben, wenn sie ihre Aufgaben wahrnehmen,

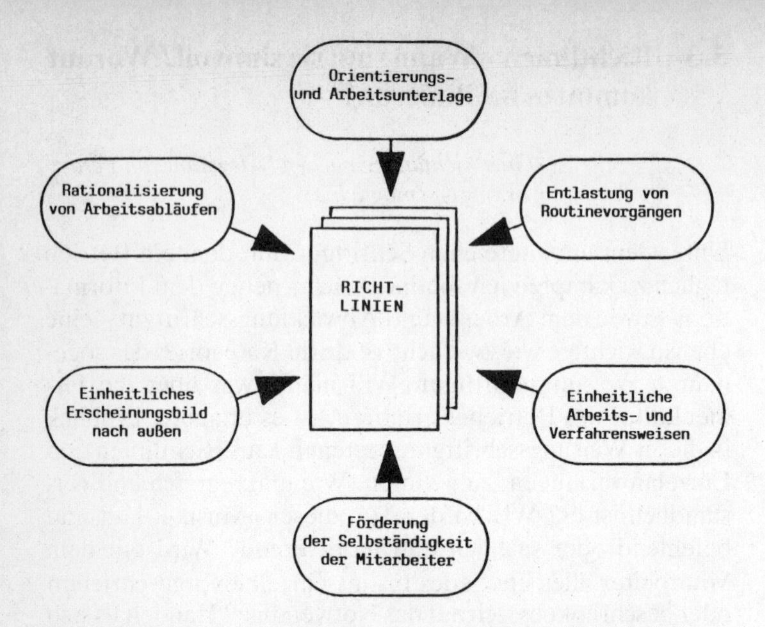

Die Vorteile des sinnvollen Umgangs mit Richtlinien. Richtlinien sind nur dann ein Hilfsmittel bei der Delegation von Verantwortung, wenn sie Freiraum lassen.

- in kompakter, übersichtlicher Form die wesentlichen Regelabläufe im Betrieb darzustellen,
- in dem betrieblich notwendigen Rahmen einheitliche, als optimal angesehene Arbeits- und Verfahrensweisen sicherzustellen und damit auch die Zusammenarbeit mit anderen beteiligten Stellen zu vereinfachen,
- eine verstärkte Anwendung des Delegationsprinzips zu ermöglichen und die Selbständigkeit der Mitarbeiter zu stärken,
- durch ein einheitliches positives Erscheinungsbild nach außen und durch eine gleichbleibend zuverlässige Behandlung der Kunden und Geschäftspartner das Ansehen des Betriebes in der Öffentlichkeit zu festigen.

Diese Richtlinien haben sich in der Praxis bewährt. Vielleicht sind sie auch in Ihrem Betrieb nützlich?

- Richtlinie Weisungschriftgut
- Richtlinie Schriftverkehr
- Richtlinie Unterschriftenregelung
- Richtlinie Unternehmensplanung
- Richtlinie Organisationsentwicklung
- Richtlinie Personalentwicklung
- Richtlinie Investitions- und Unterhaltungsplanung
- Richtlinie Einkauf und Logistik
- Richtlinie Zahlungsverkehr
- Richtlinie Forschung und Entwicklung
- Richtlinie Qualitätssicherung
- Richtlinie Marketing/Vertrieb
- Richtlinie Arbeitsschutzorganisation
- Richtlinie Provisions- und Prämienregelung
- Richtlinie Reklamationsbearbeitung
- Richtlinie Öffentlichkeitsarbeit
- Richtlinie Reisekosten und Bewirtungen
- Richtlinie Datenverarbeitung/Bürokommunikation
- Richtlinie Archiv/Dokumentation

Das Erarbeiten einer neuen Richtlinie erfordert zunächst allerdings einen nicht zu unterschätzenden Arbeitsaufwand, der erfahrungsgemäß später durch das Arbeiten mit dieser Richtlinie schnell wieder wettgemacht werden kann. Wie meistens, wenn Organisationsarbeit zu leisten ist, wird der zu regelnde Sachverhalt oder Arbeitsablauf im Ist-Zustand erfaßt und analysiert. Da es bei Richtlinien oft um komplexe Sachverhalte mit unterschiedlichem fachlichen Erfahrungs- und Interessenshintergrund geht, kann es von Vorteil sein, wenn hierzu eine Arbeitsgruppe eingesetzt wird.

Diese muß sich angesichts des festgestellten Ist-Zustandes fragen, ob und welche Verbesserungsmöglichkeiten zum derzeitigen Verfahren wünschenswert und machbar sind. Was kann kunden- oder mitarbeiterfreundlicher gestaltet werden? Wo können Wirtschaftlichkeit und Effizienz verbessert werden? Welche technischen Unterstützungsmöglichkeiten bieten sich an? Wo lassen sich künftig die bisher verzeichneten Risiken oder Mängel beseitigen? Welche Einzelanforderungen seitens der Betriebsleitung und der beteiligten Fachabteilungen sind zu berücksichtigen?

Wer so offen an die Neuregelung eines Sachverhaltes herangeht, stellt schnell fest, daß sich ungeahnte Möglichkeiten für Verbesserungen eröffnen. Es lohnt sich, Arbeit und Zeit in die Vorbereitung einer Richtlinie zu investieren, da auf diese Weise wirkliche Verfahrens- und Produktivitätsverbesserungen erzielt werden können.

Beispiel 1: Herr Ruprecht, Inhaber einer gutbeschäftigten Autowerkstatt, wundert sich täglich aufs neue darüber, daß die Arbeitszeit schon immer herum ist, bevor er zu den eigentlichen Dingen gekommen ist. Er schafft es daher auch nicht, wenigstens einmal in der Woche durch den Betrieb zu gehen, nach dem Rechten zu schauen und mit einzelnen Mitarbeitern auch mal ein persönliches Wort zu sprechen, so, wie er dies früher sogar täglich tat. Aber das Durchsehen, Nachrechnen und Abzeichnen der vielen Rechnungen, Kostenvoranschläge, Materialscheine, Stundenzettel und vieler anderer Unterlagen nimmt ihn zu sehr in Anspruch. Diese Arbeit hält er für unverzichtbar, weil er hier die Ursachen vieler unnötiger Kosten und entgangener Umsätze vermutet. In Einzelfällen hat er tatsächlich auch einen viel zu teueren Arbeits- und Materialaufwand feststellen, manchmal sogar verhindern können. Er glaubt, daß sich seine zeitraubenden Kontrollarbeiten am Schreibtisch wirklich lohnen und daß nur er die dazu erforderlich breite Übersicht hat.

Beispiel 2: Herr Nikolaus, Inhaber der Kfz-Werkstatt am anderen Ortsausgang, sieht das Problem ähnlich wie Herr Ruprecht, löst es aber anders. Es ist ihm einfach zuwider,

z. B. alle Materialentnahmescheine zu überprüfen und damit täglich Stunden am Schreibtisch zu verbringen. Er hat das Problem mit seinem Betriebsleiter erörtert. Nachdem alle Punkte abgeklärt waren, faßte Herr Nikolaus die wesentlichen Grundsätze in einer Richtlinie zusammen, in der es u. a. hieß:

- Im Umgang mit Ersatzteilen, Werkzeugen und Verbrauchsmaterial hat jeder Mitarbeiter auf Wirtschaftlichkeit und Sparsamkeit zu achten.
- Anforderungen mit einem VK-Wert von mehr als DM 100 sind vom zuständigen Meister, von mehr als DM 1.000 vom Betriebsleiter abzuzeichnen.
- Bei Kundenreklamationen, die Materialbeanstandungen oder die Rechnungsstellung zum Gegenstand haben, ist der gesamte Vorgang umgehend mir vorzulegen.

Mit Hilfe solcher grundsätzlichen Regelungen war es Herrn Nikolaus möglich, täglich durch den Betrieb zu gehen, von Kunden und Mitarbeitern Erfreuliches und manchmal auch weniger Erfreuliches zu hören, und sich an Ort und Stelle davon zu überzeugen, daß die Richtlinie befolgt und sorgfältig mit dem Material umgegangen wurde.

In Form einer Richtlinie wird also der möglichst verbesserte, für die Zukunft geltende Verfahrensablauf in seinen Grundsätzen beschrieben und verbindlich festgelegt. Um sicherzustellen, daß sie im täglichen Betriebsgeschehen dann auch wirklich beachtet und sinnvoll angewendet werden, sollten sie von den Mitarbeitern als praxisnah und hilfreich angesehen werden. Auf keinen Fall dürfen Richtlinien den Eindruck erwecken, als seien sie am berüchtigten grünen Tisch festgelegt worden oder als dienten sie nur dem Zweck, den Handlungsspielraum der Mitarbeiter zu beseitigen.

Solche Richtlinien schaffen allerdings nur Unruhe und

provozieren womöglich einen »Dienst nach Vorschrift«, der im hohen Maße schädlich für den Betrieb wäre. Es gibt ohnehin schon für den normalen Arbeitsplatz eine solche Fülle gesetzlicher, behördlicher oder tariflicher Bestimmungen, die zu beachten sind, daß von zusätzlichen Normen im innerbetrieblichen Bereich möglichst sparsamer Gebrauch gemacht werden sollte.

Wer Richtlinien herausgibt, hat auch dafür zu sorgen, daß sie stets auf dem neuesten Stand gehalten werden. Dazu gehört, daß ungültige oder fehlerhafte Richtlinien umgehend überarbeitet oder außer Kraft gesetzt werden. Wenn einer Richtlinie erst einmal der Geruch anhaftet, daß sie nicht mehr stimmt oder daß sie an der Praxis vorbeigeht, kann sie mehr Unheil als Nutzen stiften.

Praktischer Tip: Wenn eine Richtlinie überarbeitet und neu herausgegeben wird, empfiehlt es sich, die geänderten Stellen zu markieren oder am Rand mit dem Zusatz »neu!« kenntlich zu machen. Das erspart lange Textvergleiche und trägt dazu bei, die geänderten Regelungen schnell umzusetzen.

Richtlinien gehören – möglichst übersichtlich nach Sachthemen geordnet – in das Organisationshandbuch oder in einen Ordner für das gesamte geltende Weisungsschriftgut. Soweit in einem Betrieb mit einem computergestützten Informations- und Dokumentationswesen gearbeitet wird, ist es selbstverständlich, auch hier das Weisungsschriftgut zu integrieren, es der Datenpflege zu unterwerfen und es allen den Stellen zugänglich zu machen, die sich bei ihrer Arbeit an diesen Richtlinien orientieren sollen.

Grundregeln:

1. Richtlinien regeln – möglichst längerfristig – wichtige und umfassende Sachverhalte oder Abläufe im Betrieb oder in einzelnen Betriebsbereichen in einheitlicher,

grundsätzlicher, zielorientierter und verbindlicher Weise.

2. Richtlinien herausgeben, ändern oder außer Kraft setzen dürfen nur die Stellen, die mit der entsprechenden Richtlinienkompetenz ausgestattet sind.
3. Richtlinien sollten übersichtlich nach Sachthemen geordnet, fortlaufend numeriert und auf den Tag der Inkraftsetzung datiert sein. Bei der überarbeiteten Ausgabe sollten die geänderten Stellen gekennzeichnet werden.
4. Im Text sollen Richtlinien knapp, aber dennoch klar und verständlich sein. Es kommt nicht darauf an, daß die Herausgeber sie verstehen, sondern ihre Adressaten. Daher sollten sie sich an der Arbeitssituation und den Erfordernissen der Stellen orientieren, die damit arbeiten müssen.
5. Ausmaß und Inhalt von Richtlinien werden durch den Grundsatz bestimmt, die bestehenden Kompetenzen der beteiligten Stellen zu respektieren und ihre Initiative, Selbständigkeit und Eigenverantwortung zu fördern. Richtlinien sind nicht dazu da, die übertragenen Kompetenzen auf anderem Wege wieder zu kassieren.
6. Wegen ihrer grundsätzlichen Bedeutung sollen Richtlinien stets schriftlich abgefaßt werden und deutlich als Weisungsschriftgut kenntlich gemacht sein. Es ist gegenüber Mitarbeitern unfair, eine Weisung im Tone einer unverbindlichen Bitte zu kleiden, und dann so zu tun, als habe es sich um eine unmißverständliche Anordnung gehandelt.
7. In der Regel soll eine Richtlinie neben den formalen Angaben (Sachthema, Bezeichnung, Nummer, Datum, Version) zu den folgenden vier Punkten Ausführungen enthalten: Ziel der Richtlinie, Grundsätze, Ausnahmen/Übergangsregelungen, Aufhebungshinweise.
8. Beim Erarbeiten neuer wie auch beim Überarbeiten bestehender Richtlinien sind die fachlich berührten oder für die Ausführung vorgesehenen Stellen einzubezie-

hen. Ihnen ist Gelegenheit zu eigenen Vorschlägen und zu Stellungnahmen zu geben.

9. Bei Richtlinien, in denen Sachverhalte geregelt werden, die den Beteiligungsrechten des Betriebs- bzw. Personalrates unterliegen, ist dieser rechtzeitig einzuschalten. Liegen mitbestimmungspflichtige Sachverhalte vor, bedarf es zur Inkraftsetzung der Richtlinie einer Betriebsvereinbarung.
10. Richtlinien gelten in der Regel auf unbestimmte Zeit. Sie sind daher regelmäßig von der inkraftsetzenden Stelle oder von der von ihr mit der Bearbeitung beauftragten Stelle auf ihre Aktualität hin zu überprüfen und gegebenenfalls zu ändern oder außer Kraft zu setzen (Richtlinienpflege).

Check-Liste

Aussage zum Ist-Zustand	Selbsteinschätzung*)		
	+	+/–	–
1. Bei uns gibt es zur Regelung wichtiger Abläufe und wiederkehrender Vorgänge die notwendigen Richtlinien in verständlicher und aktueller Form.			
2. Die bei uns vorhandenen Richtlinien versuchen nicht nur, möglichst rationelle, einheitliche organisatorische Lösungen vorzugeben, sondern auch das Delegationsprinzip verstärkt zur Anwendung zu bringen.			
3. Wenn bei uns wiederholt Einzelfälle auf den Tisch kommen, die stets ähnlich gelagert sind und die routinemäßig			

Aussage zum Ist-Zustand	Selbsteinschätzung*)		
	+	+/–	–
erledigt werden können, versuchen wir, sie in Form einer Richtlinie grundsätzlich zu regeln und sie an eine nachgeordnete Stelle zu delegieren.			
4. Richtlinien werden bei uns nicht »im stillen Kämmerlein« aufgestellt, sondern unter Mitarbeit der beteiligten Stellen.			
5. Richtlinien werden bei uns nicht als betrieblicher Paragraphen-Dschungel und als lästiger Zwang empfunden, sondern als hilfreich und notwendig.			
6. Wir sind uns bei der Herausgabe neuer Richtlinien bewußt, daß zu viele und zu detaillierte Richtlinien zu Bürokratismus, Unsicherheit und zur Bevormundung unserer Mitarbeiter führen können. Dieser Gefahr arbeiten wir durch einen disziplinierten und sparsamen Einsatz von Weisungsschriftgut bewußt entgegen.			
7. Richtlinien gelten bei uns in der einmal verabschiedeten Fassung nicht für die Ewigkeit, sondern werden den sich ändernden Zwecken und Verhältnissen angepaßt und notfalls auch wieder aufgehoben.			
8. Richtlinien tragen bei uns ganz wesentlich dazu bei, daß unser Unternehmen nach außen hin ein einheitliches, positives Erscheinungsbild abgibt.			

*) + = Stimmt genau! Ich kann zufrieden sein.
+/– = Es geht so! Ich muß aufpassen.
– = Stimmt nicht! Ich muß hier etwas tun.

Aufgabe

Überlegen Sie, wo Sie sich durch Richtlinien am stärksten entlasten könnten.

a) ____

b) ____

c) ____

d) ____

e) ____

5.4 Check-Listen – einmal erstellt, oft genutzt

»You must not work harder but smarter«

Ein sehr wirksames, in der Praxis leider oft nicht genügend angewandtes Organisationsmittel ist die Check-Liste (auch: Checklist oder Prüfliste). Sie kann für unterschiedlichste Zwecke und Situationen eingesetzt werden; insbesondere dort, wo es um die Vorbereitung wichtiger Vorhaben (Veranstaltungen, Reisen, Inbetriebnahme von Anlagen, Konzepte usw.), um wichtige Entscheidungen (z.B. Investitionen, Bewerberauswahl, Musterungen) oder um ebenso wichtige wie umfassende Kontrollgegenstände und -vorgänge (Sicherheit, Vollständigkeit, Funktionsfähigkeit, Wirtschaftlichkeit u.a.) geht.

Check-Listen können, sofern sie zweckentsprechend erstellt und angewendet werden, das Risiko von Fehlern, Irrtümern und Vergeßlichkeiten drastisch verringern. Sie ermöglichen es, wertvolle praktische Erfahrungen festzuhalten, auf andere gleichartige Vorgänge zu übertragen und sie auch für andere Mitarbeiter, die noch nicht so erfahren sind, nutzbar zu machen. Sie entlasten das Gedächtnis,

CHECK-LISTE "Einführung eines neuen Mitarbeiters"

Name des Mitarbeiters: ....

Abteilung/Stelle: ....

Eintrittsdatum: ....

Betreuende Stelle: ....

Was?	Wann?	Wer?
1. Begrüßung, erste Einweisung		
2. Orientierung über Betriebsordnung, Hausordnung, Essenszeiten, Tagesablauf		
3. Bekanntmachen mit Kolleginnen und Kollegen		
4. Rundgang durch das Haus/die Abteilung		

Um sicherzustellen, daß neue Mitarbeiter bereits gleich am ersten Tag gründlich und gezielt informiert werden und einen guten ersten Eindruck haben, lohnt sich z. B. eine Einführungs-Check-Liste für neue Mitarbeiter.

verringern den Konzentrationsaufwand und erbringen im Zweifel den Nachweis, daß bestimmte Vorbereitungs-, Kontroll- und Denkvorgänge durchgeführt worden sind. Besonders dort, wo immer wieder die gleichen Abläufe »gecheckt« werden müssen, bewähren sich Check-Listen, indem sie die durch Routine bedingte Oberfächlichkeit, Arbeitsblindheit und Nachlässigkeit weitgehend verhindern.

Eine Check-Liste kann jedoch bei ihrer Anwendung immer nur so nützlich sein, wie diejenigen, die sie erstellt haben, gut und gründlich gearbeitet haben. In der Praxis hat es sich sehr gut bewährt, wenn solche Check-Listen in Gruppenarbeit unter Beteiligung der vorgesehenen Anwender entwickelt wurden. Die gemeinsame Erarbeitung hilft ganz wesentlich, daß wichtige Check-Punkte nicht vergessen werden, eine sinnvolle, praxisnahe Reihenfolge der Check-Punkte eingehalten wird und der notwendige Text hierzu für den Praktiker verständlich ist. Vor allem dadurch werden Check-Listen von ihren Anwendern als nützlich und hilfreich angesehen und akzeptiert.

Praktischer Tip: Um eine Übersicht über die verschiedenen im Betrieb verwendeten Check-Listen insgesamt zu erhalten, sollten wenigstens für jeden Fachbereich möglichst vollständig die hier vorhandenen Check-Listen in Form einer Muster- und Beispielsammlungen angelegt werden. Die hierdurch mögliche schnelle Übersicht kann Fehlentwicklungen im Umgang mit Check-Listen verhindern helfen.

Bewährt hat es sich auch, wenn eine neuerstellte Check-Liste vor ihrer endgültigen Freigabe zunächst noch einmal einen ausreichenden Testvorlauf unter realen Bedingungen erhält, wobei möglichst die gesamte Bandbreite der an ihr gestellten Anforderungen zum Tragen kommt. Dabei ist zu prüfen: Ist die Check-Liste vollständig? Ist sie auch für den »normalen« Mitarbeiter verständlich bzw. unmißverständlich? Wieweit kann sie noch verbessert werden? – Mit den daraufhin festgestellten Korrekturen und Ergänzungen sollte sie dann in Kraft gesetzt werden, wobei es angebracht sein kann, die betreffenden Mitarbeiter im Rahmen einer Schulungsmaßnahme gezielt einzuweisen und sie mit der Unterlage vertraut zu machen.

Beispiel: Die in diesem Buch befindlichen Check-Listen zur Selbstüberprüfung stellen selbst in dieser einfachen Form ein für diesen Zweck sicherlich geeignetes Beispiel dar. Es gibt jedoch auch sehr komplizierte Check-Listen, etwa zur Vorbereitung des Starts eines einfachen Sportflugzeuges oder gar einer bemannten Weltraumrakete, die den Charakter eines sehr komplexen Netzplanes haben und nur noch mit Unterstützung besonders leistungsfähiger Computer abgewickelt werden können.

Auch für Check-Listen gilt selbstverständlich dasselbe, was auch bei anderen Organisationsmitteln zu beachten ist: sie müssen gepflegt und auf den neuesten Stand gehalten werden. Eine Check-Liste, die durch die Praxis überholt ist, aber in der veralteten Ausfertigung weiterbenutzt wird, stellt ganz im Gegenteil zu ihrem eigentlich Zweck ein erhöhtes Risiko dar.

Beispiel: Um ihre Versicherungsprämien zu senken, hatte sich die Firma Scharf & Bissig auf ihrem Werksgelände eine neue elektronische Alarmanlage installieren lassen. Überall dort, wo es keiner vermutete, waren raffinierte Sensoren eingebaut, die auf ungewöhnliche Bewegungen, Geräusche oder Licht- und Wärmeveränderungen eine Reihe von Maßnahmen auslösten, einschließlich einer durchdringenden Sirene und der Alarmierung in der Polizeizentrale. Vergessen hatte man jedoch, die Check-Liste für die nächtlichen Kontrollgänge der Werksschutzmitarbeiter dieser Neuerung anzupassen, so daß die Alarmanlage wiederholt durch eigene Unachtsamkeit ausgelöst wurde. Die Polizei gewöhnte sich so schnell daran, daß sie bei einer Alarmierung gar nicht mehr reagierte, sondern auf den Entwarnungs- und Entschuldigungs-Anruf des Werksschutzes wartete. Eines Nachts wurde es allerdings ernst: der wachhabende Pförtner wurde überfallen, die Alarmanlage wurde ausgelöst, die Diebe machten wertvolle Beute. Die Polizei wartete noch lange auf den entwarnenden Anruf. Verständlich, daß die Check-Liste nun neu überarbeitet wurde.

Grundregeln:

1. Check-Listen sind für viele Zwecke einsetzbar und können auch weniger erfahrenen oder qualifizierten Mitarbeitern es ermöglichen, anspruchsvolle Überprüfungsaufgaben wahrzunehmen.
2. In eine Check-Liste sollten alle wesentlichen Erfahrungen eingehen, die zu dem jeweiligen Thema verfügbar sind. Dazu ist es vorteilhaft, wenn Check-Listen gemeinsam mit den Praktikern bzw. mit ihren späteren Anwendern entwickelt werden.
3. Mit gut durchdachten, praktikablen Check-Listen lassen sich nicht nur Fehler und Versäumnisse vermeiden und Sicherheitsstandards verbessern, sondern auch Rationalisierungseffekte verwirklichen.
4. Check-Listen sind besonders dort gut geeignet, wo es bei einer Überprüfung auf Systematik, Vollständigkeit und Einheitlichkeit der zugrundeliegenden Kriterien ankommt.
5. Die inhaltlichen und formalen Kriterien einer Check-Liste sind generell nicht bestimmbar. Sie sollten sich ganz auf die Bedeutung des Themas oder des Gegenstandes der Überprüfung und auf eine bestmögliche praktische Anwendung ausrichten.
6. Bevor eine neue oder wesentlich überarbeitete Check-Liste freigegeben wird, sollte sie sich im Test unter realen Bedingungen bewährt haben.
7. Check-Listen müssen aktuell gehalten werden. Ändern sich ihre Voraussetzungen oder die Anforderungen des zu prüfenden Sachverhaltes, so ist umgehend festzustellen, ob und inwieweit auch die Check-Liste geändert werden muß.
8. Wo im Prinzip gleichartige Sachverhalte zu überprüfen sind, ist in der Regel auch dieselbe Check-Liste zu benutzen. Unterschiedliche Check-Listen zum gleichen Zweck sind zu vermeiden.
9. Check-Listen sind besonders geeignet für die Organisa-

tion des eigenen Arbeitsbereiches (Selbstorganisation). Ob zur Vorbereitung eines wichtigen Gespräches, eines Besuches, einer Reise, eines Vortrages oder auch für den privaten Bereich – die Check-Liste sorgt dafür, daß rechtzeitig an alles gedacht wird.

Check-Liste

Aussage zum Ist-Zustand	Selbsteinschätzung*)		
	+	+/–	–
1. In unserem Betrieb sind Check-Listen als Hilfsmittel für eine lückenlose, einheitliche Abwicklung wichtiger Prüfvorgänge vorhanden und haben sich in der Praxis bewährt.			
2. Wo bei uns von Mitarbeitern wichtige und umfangreiche wiederkehrende Prüfvorgänge vorzunehmen sind, stellt unsere Organisationsstelle oder eine andere fachlich zuständige Abteilung von sich aus die erforderliche Check-Liste zur Verfügung, damit von vornherein Überforderungen und ggfs. auch Störfälle vermieden werden.			
3. In unseren Check-Listen stecken das zusammengefaßte Wissen und die Erfahrungen unserer hierfür zuständigen Fachleute.			
4. An der Entwicklung von Check-Listen wirken bei uns grundsätzlich auch die für die Anwendung vorgesehenen Mitarbeiter – zumindest ein sie repräsentierender Mitarbeiter – mit.			

*) + = Stimmt genau! Ich kann zufrieden sein.
+/– = Es geht so! Ich muß aufpassen.
– = Stimmt nicht! Ich muß hier etwas tun.

Aussage zum Ist-Zustand	Selbsteinschätzung*)		
	+	+/–	–
5. Check-Listen unterliegen bei uns selbstverständlich, wie andere organisatorischen Hilfsmittel auch, der systematischen Pflege, Aktualisierung und Verbesserung.			
6. Bei komplexen bzw. bei einfachen EDV-fähigen Prüfvorgängen werden die entsprechenden Check-Listen nach Möglichkeit mit Hilfe von Computern abgewickelt.			
7. Das bloße Vorhandensein von Check-Listen bedeutet noch nicht, daß das entsprechende Problem auch gelöst ist. Deshalb wird bei uns jedesmal geprüft, ob die Anwender der Check-Liste zusätzlich eingewiesen, trainiert oder in anderer Weise geschult werden müssen.			
8. Wir empfehlen unseren Mitarbeitern, insbesondere solchen in Stabsfunktion und auch den Sekretariatsmitarbeiterinnen, für sich selbst, aber auch bei der Zuarbeit und Entscheidungsvorbereitung für ihre Chefs, mit Check-Listen zu arbeiten.			

*) + = Stimmt genau! Ich kann zufrieden sein.
+/– = Es geht so! Ich muß aufpassen.
– = Stimmt nicht! Ich muß hier etwas tun.

Aufgabe:

Falls Sie darüber noch nicht verfügen, aber dennoch meinen, Sie sollten so etwas haben: vervollständigen Sie kurz die nachfolgende Check-Liste für das Vorbereiten, Durchführen und Auswerten wichtiger Telefonate.

Telefon-Check-Liste

1. Mit wem will ich telefonieren?

Name/Anrede: ____________________

Firma: ____________________

Stellung: ____________________

Vorzimmer: ____________________

Vorwahl/Rufnummer/Apparat: ____________________

2. Was will ich erreichen?

1. ____________________
2. ____________________
3. ____________________
4. ____________________
5. ____________________

3. Ist das Telefonat hierfür die geeignetste Form?
(Brief/Telefax? Besuch/Treffen/Essen? Bin ich der richtige Gesprächspartner? Wer sonst?)

4. Wie gehe ich vor?

Günstigster Zeitpunkt: ____________________

Stichworte zum Anfangskontakt: ____________________

____

____

Stichworte zum Endkontakt: ____________________

____

____

5. Ergebnisse:

____

____

____

6. Was bleibt zu tun?
(Gesprächsnotiz, Bestätigung, Weitergabe von Informationen, Terminplanung u.ä.)

____

____

____

5.5 Formulare – so wenig wie möglich, soviel wie nötig

»Formulare sind Vorreiter des papierlosen Büros.«

Zur zuverlässigen Erfassung, Abwicklung und Dokumentation wiederkehrender Betriebs- und Arbeitsabläufe und anderer informationshaltiger Sachverhalte bietet sich als einfaches, aber wirkungsvolles Hilfsmittel das Formular an.

Dieses Organisationsmittel – auch Vordruck oder Formblatt genannt – sollte gegenüber »formlosen« Aufzeichnungen den Vorzug haben, daß bei ihm bereits vorgedacht worden ist, welche Informationen in welcher Form und mit welchen Ergänzungen für welche Zwecke benötigt werden. Das Formular soll es denjenigen, die Informationen zu geben oder zu bearbeiten haben, ersparen, jedes Mal das Rad wieder neu erfinden zu müssen. Verständliche, gut aufgemachte Formulare können daher für den Arbeits- und Informationsfluß im inner- wie auch außerbetrieblichen Bereich ein Segen sein.

Sicher, zu viele Formulare bewirken nicht selten das genaue Gegenteil: durch Unverständlichkeit, durch Überfrachtung mit Informationen sowie durch eingebaute bürokratische Schikanen hemmen sie den Arbeitsfluß und führen dazu, daß Leistungswille und Kreativität im Papier ersticken. Viele Betriebe leiden daher eher unter ihrem Formular(un)wesen. Die Ursachen hierfür sind einfach zu erklären: 1. im Zeitalter des Kopiergerätes werden Formulare leichter in die Welt gesetzt als wieder aus dem Verkehr gezogen, 2. zuviele Laien versuchen sich in der Kunst des Formularerstellens und 3. die tatsächlichen Einsatzmöglichkeiten für Formulare werden falsch eingeschätzt.

Beispiel: Herr Stein, ein junger Verkaufsleiter eines großen Baumarktes, will es seinen Kunden besonders recht machen. Für den Fall, daß sie einmal nicht das

☒ Anweisung	☐ Information	☐ Rundschreiben	☐ Aktennotiz

Thema: Entnahme von Fertigprodukten aus dem Lager für Musterzwecke	Datum: 03.06.88 Zeichen: sa/v-sg Sachb.: Herr Sander Hausruf: 221

Übermittlungsvermerke: Eilt! - Bestätigung urschriftlich zurück!

Verteiler (Kurzzeichen): GL - VL - VID - VAD - EL - ML

Beispiel eines Mehrzweckformulares

finden, was sie gern haben wollen, hat er den plötzlichen Einfall, alle Verkaufsberater mit einem Formularblock auszustatten, mit dessen Hilfe die unerfüllten Kundenwünsche aufgenommen werden sollen. Leider sind diese Wünsche jedoch meist sehr ungenau – oft kann eigentlich nur das Problem des Kunden erfaßt werden, geschweige Angaben über Bezeichnung, Typ oder gar das Fabrikat der gewünschten Ware. Viele Felder des von Herrn Stein erdachten Vordrucks bleiben daher weiß. Das Auswerten der Formulare kostet viel Zeit, das Ergebnis ist insgesamt kläglich. Die Kunden empfinden das Interesse an ihren Wünschen mit der Zeit überhaupt nicht mehr als Service, sondern sind verärgert. Sie haben das Gefühl, daß sie mit den »Wunschzetteln« lediglich hingehalten werden. Mit der Zeit geben es die Verkaufsberater auf, unerfüllte Kundenwünsche aufzunehmen, was Herrn Stein das Gefühl verleiht, daß seine Kunden alle wunschlos glücklich sind.

Es kommt bei Formularen nicht nur darauf an, daß sie formal in Ordnung sind, also etwa im Text den gesetzlichen und geschäftsüblichen Normen entsprechen, sich in ihrer Gestaltung an den einschlägigen DIN-Normen orientieren oder von ihrer Handhabung her für die Erfassung, Sammlung, Weitergabe oder Verarbeitung der Daten und Informationen geeignet sind. Sie müssen auch auf die besonderen Zwecke der verschiedenen betrieblichen Bereiche und auf die Erfordernisse der Mitarbeiter abgestimmt werden. Diese sollten sie als zweckmäßig und hilfreich ansehen. Als besonders vorteilhaft haben sich hierbei Mehrzweckformulare erwiesen.

Praktischer Tip: Gehen Sie einfach mal daran, sämtliche in Ihrem Betrieb vorhandenen »legalen« und vor allem auch »illegalen« Formulare sammeln und auflisten zu lassen. Wenn man unterstellt, daß selbst ein kleinerer Betrieb eine »Grundausstattung« von etwa 50 bis 100 Formularen für das Informations-, Arbeits- und Abwicklungsschriftgut braucht, so kann als grober Anhalt gelten, daß darüber hinaus nur ein Formular auf etwa drei Mitarbeiter kommen sollte.

Diese Faustregel mag überraschen oder gar erschrecken; sie wird jedoch durch Erfahrungswerte bestätigt. Sieht man einmal von den sogenannten »überbetrieblichen« Formularen ab, deren Gestaltung vom Betrieb nicht oder nur unwesentlich beeinflußt werden kann (z. B. Lastschriftträger, Steuererklärungen, Vordrucke im Sicherheitsbereich), ist für die Qualität und Nützlichkeit von Formularen immer der Betrieb selbst zuständig.

Wenn ein neues Formular nicht den gewünschten Erfolg hat, heißt es oft: »Das Formular ist in Ordnung, nur die Mitarbeiter sind nicht fähig, es richtig auszufüllen!« Erfolg oder Mißerfolg eines Formulares werden jedoch bereits durch seine Gestaltung vorbestimmt. Am gefährlichsten sind die Formulare, die aus einer bestimmten momentanen Verlegenheit heraus geboren sind, sozusagen aus dem Handgelenk geschüttelt und dann in Massenauflage unter die Mitarbeiter gebracht werden. Die Benutzung eines einfachen weißen Blattes Papier hätte in diesem Fall sicherlich mehr gebracht.

Um das Formularwesen rationeller und wirkungsvoller zu gestalten, sollte zunächst, wenn keine Organisationsstelle vorhanden ist, ein geeigneter Mitarbeiter beauftragt werden, sich in die Formulartechnik einzuarbeiten, sich mit den DIN-Regeln für Vordrucke vertraut zu machen und sich von Druckereien beraten zu lassen, damit er nach und nach alle im Zusammenhang mit dem Formularwesen stehenden Fragen und Anforderungen zentral koordinieren kann. Hat man einen solchen »nebenamtlichen Experten« im eigenen Hause, dann sollte ab sofort der wichtigste Grundsatz bei der Herausgaben oder Änderung von Vordrucken lauten: »Kein neues Formular, das nicht über diese Stelle gelaufen und von ihr abgesegnet worden ist!« – Damit ist das Wichtigste für ein rationelles Formularwesen geschaffen.

Beispiel: Bei der Bestandsaufnahmen aller Formulare, die sich in der Hauptverwaltung eines Einkaufsverbandes im Umlauf befanden, wurde folgendes festgestellt:

- zu einem großen Teil wurden noch Formulare verwendet und sogar nachgedruckt, die eigentlich schon seit mehr als zehn Jahren nicht mehr den tatsächlichen Gegebenheiten entsprachen;
- zur Aufnahme gleichgearteter Sachverhalte standen ohne erkennbaren Grund oft mehrere Formulare unterschiedlichen Alters und unterschiedlicher Herkunft zur Verfügung;
- fast jede Abteilung benutzte ihre eigenen Formulare, nur wenige davon waren mit den anderen Abteilungen abgestimmt;
- nur die EDV-Abteilung registrierte und numerierte die von ihr verwendeten Formulare, nur hier entsprachen die Vordrucke den DIN-Regeln;
- vielfach wurden Angaben, die unter dem Gesichtspunkt der Dokumentation von Bedeutung gewesen wären, durch die Formulare nicht erfaßt, während zahlreiche verlangte Angaben sich als überflüssig erwiesen.
- Ein Mitarbeiter, mit der Durchforstung des Formular-Dschungels beauftragt, schaffte es mit Unterstützung aller Fachabteilungen innerhalb eines Jahres, diese Mängel zu beseitigen.

Es reicht jedoch nicht aus, wenn sich nur eine Stelle im Unternehmen um das Formularwesen kümmert. Auch die übrigen beteiligten Stellen müssen die wichtigsten Grundregeln für das Formularwesen beherrschen bzw. beachten. Eine betriebliche Richtlinie, in der die notwendigen Hinweise für das Erstellen von und den Umgang mit Formularen enthalten sind, kann dem Betrieb dazu verhelfen, mit praxisgerechten Formularen ausgestattet zu sein und sinnvollen Gebrauch von ihnen zu machen.

Grundregeln:

1. Formulare sollten dort angewendet werden, wo ständig wiederkehrende Arbeits- und Informationsabläufe sowie entsprechende Kontroll- und Dokumentationsbedürfnisse auftreten, die durch den Einsatz von Formularen rationell gestaltet und unterstützt werden können.
2. Formulare zu gestalten, erfordert formulartechnisches Grundwissen. Auch wenn keine Organisationsstelle oder -abteilung im Hause vorhanden ist, sollte wenigstens ein Mitarbeiter über die erforderlichen Kenntnisse verfügen und zentral das gesamte Formularwesen koordinieren und betreuen. Formulare ohne Einschaltung dieser Stelle herauszugeben, sollte unzulässig sein.
3. Da das Arbeiten mit Formularen immer auch ein logistisches Problem darstellt (Disponieren, Beschaffen, Bevorraten, Verteilen, Pflegen, Nachdisponieren) und damit auch Kosten verursacht, lautet die wichtigste Frage im Zusammenhang mit einem neuen Formular: Ist es wirklich erforderlich?
4. Die Frage, ob und wie ein Formular neu entwickelt oder verändert werden muß, sollte stets auch den Mitarbeitern gestellt werden, die damit zu arbeiten haben. Ihren Anregungen sollte besonderes Augenmerk geschenkt werden.
5. Es muß nicht immer gleich ein neues Formular sein. Oft kann der angestrebte Zweck auch durch ein bereits vorhandenes Formular abgedeckt werden. Soweit wie

möglich sollten Mehrzweckformulare eingesetzt werden.

6. Formulare sollten möglichst parallel zum jeweiligen Arbeitsablauf wandern (Belegfluß), die nötigen weiteren Ausfertigungen (Durchschriften) bereits im Durchschreibesatz bereithalten und hinsichtlich etwaiger Aufbewahrungspflichten und weiterer Bestimmungen über ihren Verbleib klar definiert sein.
7. Besonders wichtig für die Gestaltung von Formularen sind folgende Kriterien:
   - richtiges Format, Zahl der erforderlichen Durchschriften;
   - übersichtliche Gliederung, ausreichender Raum;
   - maschinen- und handschriftgerechte Einteilung der Zeilen, Spalten und Felder;
   - Lesbarkeit und Eignung zur Weiterbearbeitung (Datenerfassung, Bearbeitungsvermerke, Unterschriften u. a.);
   - verständliche Leitwörter und sachgerechte Textvorgaben;
   - Berücksichtigung betriebstypischer Merkmale bei der Gestaltung (Corporate Identity, Firmenlogo, Druck- und Papierfarbe u. a.).
8. Formulare sollten systematisch zentral registriert und numeriert werden, damit Übersicht, Überwachung und Pflege aller vorhandenen Formulare gewährleistet sind.
9. Formulare sind nicht nur ein Organisations-, Steuerungs- und Rationalisierungsmittel, sondern dienen auch der Information, Kommunikation und Dokumentation.
10. Nicht zuletzt sind Formulare auch ein Werbe- und Image-Faktor für den Betrieb. Lieferscheine, Kundendienstaufträge, Rechnungen, Quittungen und andere Vordrucke sollten besonders kundenfreundlich gestaltet sein (z. B. die Bankverbindungen mit Bankleitzahlen, die Telefonverbindungen mit Vorwahlnummer oder den Namen des zuständigen Sachbearbeiters enthalten).

Check-Liste

Aussage zum Ist-Zustand	Selbsteinschätzung*)		
	+	+/–	–
1. Ich habe nicht das Gefühl, daß es bei uns zu viele oder zu wenige Formulare gibt.			
2. Für alle wichtigen Arbeitsabläufe verfügen wir über die richtigen Formulare, mit denen unsere Mitarbeiter, soweit sie eingearbeitet sind, keine Schwierigkeiten haben.			
3. Die bei uns verwendeten Formulare stellen eine wirkliche Arbeitserleichterung für die Mitarbeiter dar. An sich dürfte keiner das Gefühl haben, daß die Formulare besser gleich in den Papierkorb gehörten.			
4. Soweit wie möglich arbeiten wir mit Mehrzweckformularen, die auch im gesamten Unternehmen verwendet werden können.			
5. Den internen und externen Informations-, Kontroll- und Dokumentationszwecken tragen unsere Formulare ausreichend Rechnung.			
6. Formulare nach dem »Do it yourself-Verfahren«, wonach sich jeder seine Formulare selbst macht, die er braucht, gibt es bei uns nicht.			
7. Das Formularwesen wird bei uns durch die Organisationsstelle bzw. durch einen geeigneten Mitarbeiter koordiniert, so daß es nicht zu einem Wildwuchs kommt.			

Aussage zum Ist-Zustand	Selbsteinschätzung*)		
	+	+/–	–
8. Wir achten darauf, daß niemand von neuen Formularen unangenehm überrascht wird. Die betroffenen Stellen haben bei der Gestaltung von Formularen rechtzeitig ein Wort mitzureden,			
9. Das Formularwesen wird bei uns systematisch gepflegt, so daß es kaum möglich ist, daß irgendwo ungültige oder »wilde« Formulare in Gebrauch sind.			

*) + = Stimmt genau! Ich kann zufrieden sein.
+/– = Es geht so! Ich muß aufpassen.
– = Stimmt nicht! Ich muß hier etwas tun.

Aufgabe:

Mit welchen Formularen – ob bereits ausgefüllte oder solche, die ich selbst ausfülle – habe ich es eigentlich selbst immer wieder zu tun? Sind sie für mich nützlich (+) oder eher überflüssig (–)?

+/–

1. ______________________________

2. ______________________________

3. ______________________________

4. ______________________________

5. ______________________________

6. ______________________________

7. ______________________________

8. ______________________________

9. ______________________________

5.6 Warum größere Betriebe ein Organisationshandbuch haben sollten

»Erst nachschlagen, dann vorschlagen!«

In manchen Betrieben könnte das Organisationshandbuch – wenn es vorhanden wäre – als »Praktischer Führer durch den betrieblichen Dschungel« bezeichnet werden. Aber gerade in den Betrieben, in denen die Organisations-Landschaft unübersichtlich ist, fehlt ein solcher »Reiseführer«.

Was ist der Inhalt eines Organisationshandbuches? Die pauschale Antwort darauf lautet: alles, was im Unternehmen an aktuellen Organisationsunterlagen vorhanden und als Grundinformation allen Mitarbeitern zur Kenntnis zu geben ist.

Solche Organisationsunterlagen können in der Regel sein:

- das schriftlich festgelegte Unternehmensziel mit den Teilzielen für die einzelnen Unternehmensbereiche,
- der Organisationsplan für das Unternehmen, am besten vollständig mit allen vorhandenen Stellen,
- die Grundsätze der Führung, Zusammenarbeit und Organisation für das Unternehmen,
- die Betriebs- und/oder Hausordnung sowie andere Betriebsvereinbarungen zu Angelegenheiten der betrieblichen Ordnung
- die Organisationsrichtlinien (Weisungsschriftgut, Informationsregelung, Schriftverkehr, Unterschriftenregelung, Formularwesen, Kurzzeichen u. a.)
- die Stellenbeschreibungen für möglichst alle Stellen,
- sonstige Organisationspläne (Organigramme, Diagramme, Tabellen)
- zum Schluß ein Stichwortverzeichnis, falls dies im Hinblick auf den Umfang des Organisationshandbuches zur besseren Übersichtlichkeit und Handhabung beiträgt.

Für den gesamten Inhalt des Organisationshandbuches gilt:

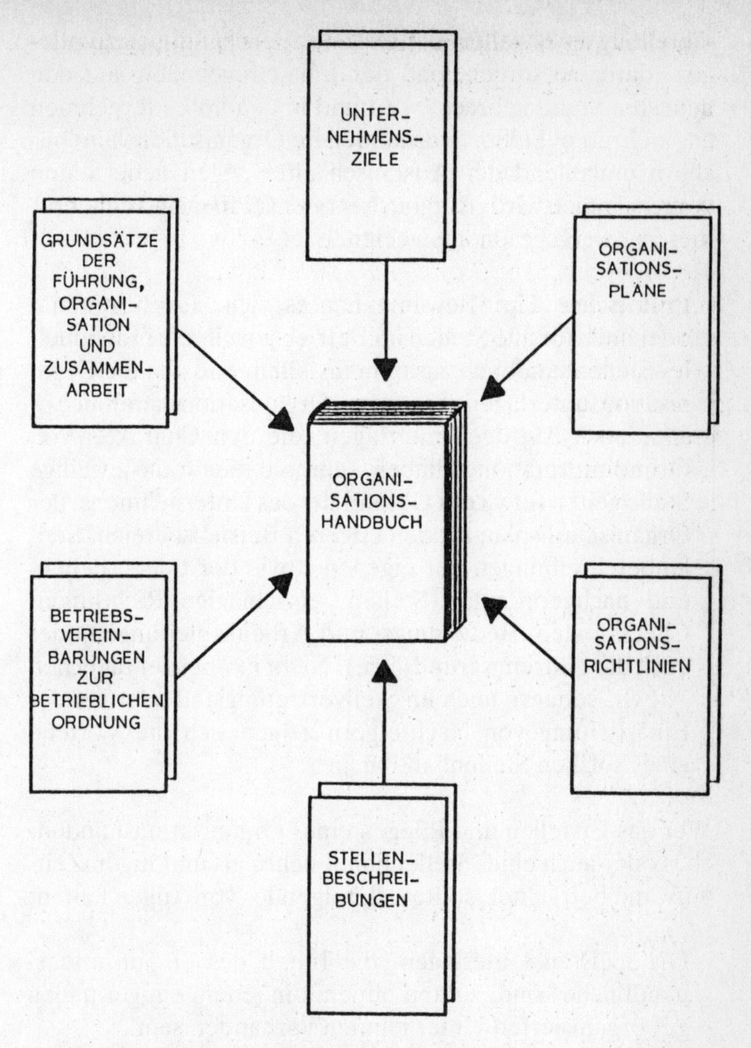

Der Inhalt eines Organisationshandbuches.

die Unterlagen müssen aktuell sein. Der Mitarbeiter, der daraus eine Information bezieht, soll sich darauf verlassen können, daß diese Information zutreffend und gültig ist. Eine der wesentlichen Aufgaben einer Organisationsstelle/

-abteilung ist es daher, das Organisationshandbuch zu pflegen, dafür zu sorgen, daß der Inhalt regelmäßig auf den neuesten Stand gebracht wird und in den im Unternehmen an mehreren Stellen vorhandenen Organisationshandbüchern umgehend der Austausch alter gegen neue Seiten vorgenommen wird. Ringbücher oder Ordner sind daher für diesen Zweck besonders geeignet.

Praktischer Tip: Bewährt hat es sich, für bestimmte oder auch für alle Stellen im Betrieb jeweils ein individuelles Stellenhandbuch zusammenstellen, daß alle die Organisationsunterlagen aus dem Organisationshandbuch – aber auch sonstige Unterlagen, die den Charakter von Grundinformationen haben – enthält, die für die jeweilige Stelle gelten (etwa das Gesamtziel des Unternehmens, der Organisationsplan für den engeren Betriebsbereich, Stellenbeschreibungen der eigenen sowie der über-, neben- und nachgeordneten Stellen, einschlägige Richtlinien, Check-Listen, Bedienungs- und Arbeitsanleitungen oder auch die Führungsgrundsätze). Nicht nur bei der täglichen Arbeit, sondern auch im Stellvertretungsfall oder bei der Einarbeitung von Nachfolgern zeigen sich die Vorteile eines solchen Stellenhandbuches.

Wer das Erstellen und Pflegen eines Organisationshandbuches oder auch eines Stellenhandbuches als unnötigen Zeitaufwand betrachtet, sollte sich folgendes vor Augen halten:

- Die meisten Unterlagen, die Inhalt des Organisationshandbuches sind, sollten ohnehin in jedem einigermaßen gut organisierten Unternehmen vorhanden sein.
- Wenn die Unterlagen ohnehin vorhanden sind, dann sollte auch ein guter Zugriff auf sie möglich sein, damit sie benutzt werden können.
- Damit ein solcher Nutzen gewährleistet ist, sollten sie – und damit die ihr zugrundeliegenden Organisationssachverhalte – auch regelmäßig überprüft und aktualisiert

werden; das Organisationshandbuch zwingt also dazu.
- Wie kann der Aufwand für die Erstellung solcher Unterlagen besser in Nutzen umgesetzt werden, wenn sie auch in Form von Stellenhandbüchern allen Mitarbeitern zur Verfügung gestellt werden?

Grundregeln:

1. Ein Organisationshandbuch ist der zentrale Ort, an dem alle für den Betrieb geltenden Organisationsunterlagen zusammengefaßt sind und in jeweils aktueller Form den Mitarbeitern zur Verfügung stehen.
2. In ausreichender Zahl verteilt, sind Organisationshandbücher ein wichtiges Nachschlagewerk über die organisatorischen Grundinformationen, die für den Betrieb gelten und deren Kenntnis für alle Mitarbeiter wichtig sein kann.
3. Organisationshandbücher haben uneingeschränkt dann ihren Nutzen, wenn sie regelmäßig aktualisiert werden. Dadurch geht von ihnen der heilsame Zwang aus, den betrieblichen Organisationszustand immer wieder zu überprüfen und ihn transparent zu machen.
4. Organisationshandbücher selbst machen dadurch, daß sie den organisatorischen Ist-Zustand in umfassender Weise dokumentieren und allgemein zum Zwecke der Selbstinformation zugänglich sind, eine gründliche betriebliche Transparenz erst möglich.
5. Damit der Aufwand für die Erstellung und Pflege von Organisationshandbüchern in einem zu rechtfertigenden Rahmen bleibt, ist einerseits Perfektion zu vermeiden, andererseits aber durch generellen Zugang für alle Mitarbeiter ein größtmöglicher Nutzen zu gewährleisten.
6. Für bestimmte Stellen (z. B. Stellen mit Leitungsfunktionen, Vorgesetzten- oder Spezialistenstellen) ist es angebracht, in Form eines Stellenhandbuches Auszüge des Organisationshandbuches zusammenzustellen und es mit weiteren stellenbezogenen Unterlagen zu ergänzen.

7. Aufgabe der Organisationsstelle ist es, sicherzustellen, daß der Inhalt von Organisations- und Stellenhandbücher gepflegt wird und die jeweils aktualisierten Unterlagen dafür nachgeliefert werden. Für Vollständigkeit und Zustand der Handbücher selbst sind jedoch die Stellen verantwortlich, in deren Obhut sie sich befinden.

Check-Liste

Aussage zum Ist-Zustand	Selbsteinschätzung*)		
	+	+/–	–
1. Für unsere wesentlichen Organisationsunterlagen haben wir bei uns ein Organisationshandbuch zusammengestellt, das grundsätzlich allen Mitarbeitern zur Einsicht zur Verfügung steht.			
2. Wenigstens für wichtige Einzelstellen sind darüber hinaus bei uns Stellenhandbücher vorhanden, in der sich alle stellenbezogenen wesentlichen Organisationsunterlagen und Grundinformationen befinden.			
3. Vor die Alternative gestellt, unsere Organisationsunterlagen verteilt auf viele Stellen, Ablagen oder Schubläden zu wissen oder sie geschlossen als Handbuch jederzeit im Zugriff zu haben, sind wir von den Vorteilen eines Organisationshandbuches überzeugt.			
4. Organisations- und Stellenhandbücher werden bei uns systematisch gepflegt, so daß wir davon ausgehen können, daß die darin befindlichen Unterlagen den jeweils aktuellen Stand wiedergeben.			

Aussage zum Ist-Zustand	Selbsteinschätzung*)		
	+	+/–	–
5. Nicht nur als Unterlage für wichtige Organisations- und Personalentscheidungen, sondern auch für die Stellvertretung und Einarbeitung haben sich solche Handbücher bei uns bewährt.			
6. Wenn wir den Aufwand für die Organisations- und Stellenhandbücher mit ihrem Nutzen vergleichen, sind wir der Meinung, daß bei uns der Nutzen deutlich überwiegt.			
7. Organisations- und Stellenhandbücher leisten bei uns einen wirksamen Beitrag zur betrieblichen Transparenz und haben bereits des öfteren den Anstoß für wesentliche organisatorische Verbesserungen gegeben.			

*) + = Stimmt genau! Ich kann zufrieden sein.
+/– = Es geht so! Ich muß aufpassen.
– = Stimmt nicht! Ich muß hier etwas tun.

Aufgabe:

Falls Sie für Ihren Arbeitsbereich noch kein Organisations- oder Stellenhandbuch haben, überlegen Sie bitte, welche der bei Ihnen bereits vorhandenen Organisationsunterlagen dort hineingehören und welche Unterlagen dafür noch benötigt würden.

Folgende Unterlagen für das Stellenhandbuch sind vorhanden:

____

____

____

____

Folgende dafür benötigte Unterlagen fehlen noch:

____

____

____

____

6 Besondere Aspekte der Organisation

6.1 Kunden, Qualität, Innovation, Rentabilität: die eigentlichen Präger erfolgreicher Organisation

»Organisation muß auf den Engpaß und dessen Beseitigung ausgerichtet sein.«

Es gibt keine Organisation, die für alle Branchen, für alle betrieblichen Situationen und für alle außerbetrieblichen Anforderungen gleichermaßen paßt. Jede Organisation sollte von ihrer Struktur her wie auch in ihren feineren Ausprägungen in Übereinstimmung zur jeweiligen strategischen Konzeption stehen. Denn nicht so sehr die Persönlichkeiten an der Spitze des Unternehmens sollten die Betriebsorganisation am nachhaltigsten prägen, sondern die strategisch bedeutsamen Größen, die über den Erfolg des Unternehmens entscheiden.

In unserem Wirtschaftssystem sind dies in der Regel: die tatsächlichen und die potentiellen Nachfrager nach den angebotenen betrieblichen Leistungen, das Qualitätsniveau dieser Leistungen, ausgedrückt im Preis-Leistungs-Verhältnis, sowie die Fähigkeit, solche Leistungen nutzbringend zu erneuern und zu verbessern, und schließlich die Gewinnsituation im Sinne des Rentabilitätsprinzips.

Mit zunehmendem Wettbewerb ist es für die meisten Unternehmen lebenswichtig, daß ihre Betriebsorganisation ausreichend kundenorientiert ist. Unklare Zuständigkeiten für den einzelnen Kunden oder für bestimmte Kundengruppen, eine starre, umständliche und zeitraubende Erstellung von Angeboten oder eine unzuverlässige Auftragsabwicklung, aber auch eine kundenfeindliche EDV, sind häufige organisatorische Schwachstellen, die bedrohlich für ein Unternehmen werden können.

Beispiel: Die für ihre Kunden mit Hilfe der EDV erstellten Verbrauchsabrechnungen der Stadtwerke sind zum Teil immer noch Musterbeispiele für mangelhafte Verständlichkeit. Ohne Rücksicht auf die Fähigkeit eines durchschnittlich begabten Kunden, eine solche Abrechnung zu lesen oder gar zu verstehen, sind sie oft nur nach den gesetzlichen Bestimmungen und unter dem Aspekt der eigenen verwaltungstechnischen Optimierung gestaltet. Die zahlreichen Rückfragen und Reklamationen sowie die damit zum Ausdruck kommende Unzufriedenheit sind sicherlich ein Zeichen äußerst mangelhafter Kundenorientierung.

Wenn es gilt, anspruchsvolle Kunden zu gewinnen und zu halten, muß sich auch die Organisation an diesem Ziel ausrichten. Ihre Bedürfnisse und Probleme müssen insoweit auch den Organisatoren bewußt sein.

Eng verbunden mit einer kundenorientierten »Individualisierung« des Leistungsangebotes ist die Qualitätsorientierung, besonders bei Unternehmen, die beständig gute oder überdurchschnittliche Qualität liefern. Zufriedene Kunden sind nicht nur treue Kunden, sondern auch die beste Werbung. Hinzu kommt, daß der Qualitätsanspruch des Kunden mit der Höhe seines verfügbaren Einkommens steigt. Höhere Qualität erschließt höhere individuelle Kaufkraft. Kaufkräftige Kunden sind zumeist auch anspruchsvolle, oft sogar verwöhnte Kunden. Sie erwarten überdurchschnittliche Qualität. Dieser verkaufspsychologische Aspekt hat auch für die Organisation große Bedeutung, und zwar sowohl in ihrer Außen- als auch in ihrer Innenwirkung. Qualitätssicherung (als vorbeugende Maßnahme) muß organisiert werden, um bereits in einem sehr frühen Stadium Abweichungen in den Qualitätsmerkmalen zu erkennen und rechtzeitig gegensteuern zu können. Dasselbe gilt natürlich auch für die abschließende Qualitätskontrolle, wenn also die Leistung oder das Produkt »kundenfertig« gemacht wird.

Beispiel: Nur mit Hilfe einer konsequenten Neuorganisation ihrer Qualitätssicherung – verbunden mit einem intensiven Training der Mitarbeiter, die sich anschließend in Qualitätszirkeln regelmäßig wieder zusammenfanden – gelang es einem in Schieflage geratenen Zulieferer der Automobilindustrie, seinen Ruf als zuverlässiger Lieferant hochwertiger Qualitätsteile zurückzugewinnen und das Abrutschen in die roten Zahlen zu verhindern.

Des weiteren ist für viele Unternehmen die Innovationsorientierung ein wesentlicher Bestandteil ihrer Philosophie. Mittelbetriebe sind häufig wesentlich innovativer als Großbetriebe, weil bei letzteren die langen, frustrierenden Instanzenzüge, verbunden mit dem übermäßigen Aufwand an Zeit, Papier und damit Kosten, nur allzuoft die Initiative der Beteiligten erlahmen lassen und sie sogar innovationsunfähig machen können.

Natürlich gibt es gerade auch hinsichtlich dieses Merkmales große Unterschiede zwischen den Organisationen einzelner Betriebstypen, etwa der eines forschungsintensiven Ingenieurbüros und der einer Discounter-Filiale, bei der es vorwiegend darauf ankommt, möglichst kostengünstig mit überwiegend angelernten Aushilfskräften die auf das Notwendigste beschränkten Tätigkeiten auszuführen.

Dieser Vergleich macht deutlich, daß ein Unternehmen mit sogenannter »Differenzierungsstrategie«, das also in wesentlichen Merkmalen anders und besser sein will als die anderen Wettbewerber, auch anders organisiert sein muß als ein Unternehmen, das vorwiegend Kostenminimierung anstrebt. Im Prinzip gelten die hier genannten Grundsätze natürlich auch für den öffentlichen Dienst. Wieviele Bürger würden sich freuen, wenn manche Behörde sie stärker als »Kunden« und weniger als »Untertanen« ansprechen würde!

Praktischer Tip: Um zu erfahren, wie andere über die Organisation Ihres Betriebes denken, sollten Sie hin und wieder Geschäftsfreunde und Kunden – also Außenstehende – dazu befragen.
Auch bei der Auswertung von Reklamationen sollte über die meist vordergründig genannten Ursachen hinaus geprüft werden, ob es sich hier nicht auch um Mängel in der Organisation handelt.

Alle Organisationsarbeit, auch und gerade solche, die sich besonders an Kunden, Qualität und Innovationsfähigkeit orientiert, ist brotlose Kunst, wenn nicht am Ende ein positives Ergebnis steht. Ohne die Legitimation, wenigstens mittelbar einen rechen- oder wenigstens spürbaren Beitrag zur Festigung der Rentabilität zu leisten und damit auch erfolgswirksam zu sein, würde die aktiv gestaltende Betriebsorganisation nur eine untergeordnete Rolle unter allen technischen und betriebswirtschaftlichen Funktionen innerhalb eines Betriebes spielen.

Unter dem Strich müssen sich also die betriebsorganisatorischen Pläne und Maßnahmen »rechnen«. Es muß im Prinzip stets der Nachweis zu erbringen sein, daß durch die jeweilige organisatorische Aktivität letztlich Kosten eingespart, Leistungen verbessert oder ein aus übergeordneten Überlegungen heraus vorgegebenes Ziel im Sinne der Wirtschaftlichkeit bestmöglich erreicht wird. Gibt es zwei oder mehr Möglichkeiten, den Organisationszweck zu erreichen, so scheiden die aus, die sich – ganz im Sinne einer Investitionsrechnung – als weniger wirtschaftlich erweisen.

Schließlich orientiert sich Organisationsarbeit an den aktuellen, für die Zielerreichung maßgeblichen Engpässen im Betrieb. Es ist die hohe Kunst des Organisierens, derartige Engpässe wieder passierbar zu machen oder sie zu beseitigen, ohne dabei die übrigen strategischen Orientierungsgrößen zu vernachlässigen und ohne die Rahmenbedingungen für Führung und Zusammenarbeit zu beeinträchtigen.

Grundregeln:

1. In weitgehend gesättigten Märkten muß eine Organisation in in erster Linie im hohen Maße kundenorientiert sein.
2. Diese außengerichtete Kundenorientierung ist in der Regel wichtiger als die innengerichtete betriebliche Optimierung.
3. Bei organisatorischen Überlegungen sind über die wesentlichen strategischen Merkmale hinaus besonders auch die Eigenarten der jeweiligen Branche zu berücksichtigen.
4. Über den Service-Gedanken sind Kunden- und Qualitätsorientierung in der Regel eng miteinander verknüpft. Unterstützt durch eine leistungsfähige, dem Qualitätsziel verpflichtete Organisation, muß dieser Gedanke frei von Bruchstellen durchgängig abgesichert werden.
5. Durch eine impulsgebende und belebende Organisationsarbeit sind geistige Regsamkeit und Kreativität im Betrieb zu fördern, um damit seine innovativen Fähigkeiten bzw. die der Mitarbeiter zu stärken.
6. Als Teil eines gewinnorientierten Unternehmens muß sich auch die Betriebsorganisation selbst am Wirtschaftlichkeitsprinzip messen lassen.
7. Eine gute Organisationsarbeit schließlich ist »engpaßorientiert«. Die jeweiligen Engpässe können sich im Laufe der Zeit natürlich verändern. Sie müssen sich verändern, wenn sich die Betriebsorganisation ihrer annimmt.

Check-Liste

Aussage zum Ist-Zustand	Selbsteinschätzung*)		
	+	+/–	–
1. Unsere gesamte Organisation ist darauf ausgerichtet, die Kundenwünsche im Rahmen unserer Unternehmenskonzeption optimal zu befriedigen.			
2. Dies gilt auch für die Organisation unserer EDV, soweit sie für den Kunden sichtbar und fühlbar wird.			
3. Wie alle betrieblichen Bereiche ist auch unsere Betriebsorganisation vom Service-Gedanken erfüllt. Organisatorische Maßnahmen orientieren sich daher auch daran, unseren Qualitätsanspruch sicherzustellen.			
4. Unsere Organisation erleichtert das schnelle und wirtschaftliche Abwickeln von Routineaufgaben und schafft damit Raum für die Konzentration unserer Kräfte auf die für uns wichtigen Fragen.			
5. Zugleich fördert sie das Entstehen, Erkennen, Reifen, Entwickeln und Umsetzen von Ideen und Vorschlägen mit innovatorischem Charakter und stärkt unser Erfolgspotential.			
6. Unsere Organisation ist so ausgerichtet, daß sie Basis und Kopf unseres Betriebes in beiden Richtungen eng verbindet, so daß bei beiden ein hohes Maß an Übereinstimmung im Wissen und Wollen vorhanden ist.			

Aussage zum Ist-Zustand	Selbsteinschätzung*)		
	+	+/–	–
7. Wir kennen den jeweiligen innerbetrieblichen Engpaß für unser weiteres Gedeihen und haben daher unsere Organisation darauf ausgerichtet, diesen Engpaß erfolgreich zu beseitigen.			
8. Wir können behaupten, daß unsere augenblickliche Organisation einen beachtlichen Beitrag zum wirtschaftlichen Erfolg unseres Betriebes leistet.			

*) + = Stimmt genau! Ich kann zufrieden sein.
+/– = Es geht so! Ich muß aufpassen.
– = Stimmt nicht! Ich muß hier etwas tun.

Aufgaben:

1. Überlegen Sie, welche Möglichkeiten es gibt, Ihre Organisation noch stärker kundenorientiert zu gestalten.

2. Versuchen Sie, möglichst viele Informationen über die Organisation Ihres stärksten bzw. fähigsten Wettbewerbers zu erfahren. Wie »packt« er von seiner Betriebsorganisation her die Probleme Kundenorientierung, Qualitätssicherung, Innovationsfähigkeit und Rentabilität an? Prüfen Sie, was Sie daraus für Ihren Betrieb lernen können.

____

____

____

____

____

____

____

____

6.2 Rechtliche Rahmenbedingungen für die Organisationsarbeit

»Recht geht vor Ordnung.«

Auch wenn es in Einzelfällen immer wieder versucht wird: Organisation in einem rechtsfreien Raum gibt es nicht. Im Gegenteil; wer sich mit der Gestaltung der Betriebsorganisation beschäftigt, muß sich manchmal sehr intensiv mit den geltenden rechtlichen Normen aus sehr unterschiedlichen Rechtsgebieten, aber auch aus sehr unterschiedlichem Anlaß, auseinandersetzen. Es gilt schließlich, die einschlägigen Bestimmungen, soweit sie gestaltend oder begrenzend eingreifen, vollständig zu erfassen, sie richtig zu verstehen, sie sinnvoll anzuwenden oder sie wenigstens so zu berücksichtigen, daß es nicht zu vermeidbaren und für den Betrieb nachteiligen Konflikten kommt.

Die Spanne von Gesetzen, Konventionen, Verordnungen, behördlichen Bestimmungen, tarifrechtlichen Vereinbarungen, Verträgen und anderen verbindlichen Normen reicht von internationalen Abkommen über die Gesetze des Bundes und der Länder bis hin zum individuellen privatrechtlichen Vertrag, etwa dem Gesellschaftsvertrag für das Unternehmen. Diese Fülle von Normen und ihren Einfluß auf die soziale, personelle, technische, finanzielle und praktische Ausprägung einer Organisation aufzuzeigen, kann nicht Aufgabe dieses Buches sein. Eine beispielhafte und damit unvollständige Aufzählung solcher organisationsprägender Normen soll dies aber deutlich machen:

- Verfassungsrecht, insbesondere die Grundrechte des Grundgesetzes (GG), z. B. Schutz der Menschenwürde, Gleichheitsgrundsatz, Meinungsfreiheit, Freizügigkeit, Freiheit der Berufswahl, Eigentum, Sozialisierung;
- Bürgerliches Recht, etwa die Abschnitte über Personen, Rechtsgeschäfte, Schuldverhältnisse oder Eigentum im Bürgerlichen Gesetzbuch (BGB) oder das Gesetz über die Allgemeinen Geschäftsbedingungen (AGB-Gesetz);
- Strafrecht und Ordnungswidrigkeitenrecht;
- Wirtschafts-, Handels- und Gesellschaftsrecht, einschließlich internationaler Handelsabkommen und der Gesetze der Europäischen Gemeinschaft (EG), darunter das Aktiengesetz, das GmbH-Gesetz, das Handelsgesetzbuch (HGB), das Kartellgesetz, das Gesetz gegen den unlauteren Wettbewerb oder die Gewerbeordnung;
- Arbeitsrecht mit Betriebsverfassungsgesetz, Mitbestimmungsgesetz, Personalvertretungsgesetz, Kündigungsschutzgesetz, Bundesurlaubsgesetz, Arbeitssicherheitsgesetz, Arbeitsstättenverordnung, Arbeitszeitordnung, Tarifvertragsgesetz oder den geltenden Tarifverträgen;
- Sozialrecht, insbesondere das Sozialgesetzbuch (SGB) oder das Schwerbehindertengesetz;
- Öffentliches Recht, etwa das Datenschutzgesetz, das Baurecht oder auch die Gemeindeordnung, soweit es sich um

einen Verwaltungsbetrieb oder eine kommunale Eigengesellschaft handelt;
- Umweltrecht, wie z. B. das Abfallbeseitigungsgesetz, das Bundes-Immissionsschutzgesetz oder das Bundesnaturschutzgesetz.

Um keine Verwirrung zu stiften: diese genannten oder auch die nicht genannten Rechtsvorschriften muß der Organisator nicht alle kennen; es kann jedoch sein, daß er bei seiner Arbeit hiermit intensiv in Berührung kommt.

> **Beispiel:** Nachdem Organisationssachbearbeiter Wendig bereits eine ganze Reihe Stellenbeschreibungen gemeinsam mit den betreffenden Mitarbeitern erstellt hat, trifft er auf Herrn Schützer, der nicht nur Leiter Werksplanung ist, sondern auch noch die Funktion der Fachkraft für Arbeitssicherheit wahrnimmt. Nachdem zunächst in üblicher Weise die Aufgaben nach dem Ist-Zustand erfaßt werden, werfen beide einen Blick in das Arbeitssicherheitsgesetz. Unter §§ 5 ff. ArbSichG finden sie sehr konkrete Hinweise zur Funktion und zum Aufgabenbereich der Fachkraft für Arbeitssicherheit. Diese Regelungen werden auf die Stellenbeschreibung übertragen. So heißt es nun z. B. unter Ziffer 8 »Besondere Befugnisse oder Anforderungen«: »Der Stelleninhaber ist bei der Anwendung seiner sicherheitstechnischen Fachkunde weisungsfrei.« So konkret hatte das bisher auch Herr Schützer nicht gewußt.

Nicht nur die Fülle der manchmal zu beachtenden Rechtsvorschriften wirft für die Organisationsarbeit Probleme auf, sondern auch der schnelle Wandel ihrer Gültigkeit. Das Tempo bei Gesetzesnovellierungen wird immer atemberaubender. Wohl der Organisationsabteilung, die in ihrem Betrieb auch noch eine Rechtsabteilung hat, die um Rat gefragt werden kann. Aus Kostengründen ist dies jedoch nur bei größeren Betrieben der Fall. Der Klein- und Mittelbetrieb wird sich in rechtlich besonders kniffeligen Organisations- wie auch in anderen fachlichen Rechtsfragen an seinen ständigen Rechtsbeistand, an einen speziellen Rechtsexperten oder an den Fachmann bei der Kammer bzw. beim Wirtschaftsverband wenden müssen.

Sehr häufig geht es bei der Durchführung von Organisationsarbeiten darum, ob, auf welcher Grundlage (z. B. soziale, personelle oder wirtschaftliche Angelegenheit, Gestaltung von Arbeitsplatz, Arbeitsablauf und Arbeitsumgebung, Fragen der betrieblichen Ordnung) und in welcher Form der Betriebs- oder Personalrat zu beteiligen ist. Schon bei der Klärung dieser Frage wird häufig soviel Porzellan zerschlagen, daß das Vorhaben und sein angestrebter Erfolg von vornherein einer erheblichen Belastung ausgesetzt sind. Im wohlverstandenen Sinne der vertrauensvollen Zusammenarbeit, im Interesse einer mitarbeiterunterstützten Organisationsentwicklung und natürlich auch im Interesse des Organisationserfolges sollte gelten: die Arbeitnehmervertretung frühzeitig einschalten, sie ausreichend informieren und sie nach Möglichkeit umfassend, zumindest im Rahmen ihrer Beteiligungsrechte, an der Meinungsbildung und an den Entscheidungen beteiligen.

Praktischer Tip: Bei umfangreicheren Organisationsvorhaben hat es sich bewährt, einen Organisationsausschuß einzurichten, in dem nicht nur die Organisationsabteilung, die Personalabteilung und die betroffenen Fachbereiche vertreten sind, sondern in den auch der Betriebs- bzw. Personalrat seinen ständigen Vertreter entsendet.

Nur der Vollständigkeit halber sei erwähnt, daß für den Organisator selbstverständlich auch die Vorschriften für Arbeitssicherheit, Arbeitsschutz, Unfallverhütung, Hygiene und andere dem Schutz und der Gesundheit dienende Bestimmungen wesentliche Bedeutung haben können. Hier wird er sich darum bemühen, die vorhandenen Fachkräfte für eine enge Zusammenarbeit zu gewinnen.

Grundregeln:

1. Organisation spielt sich in einem sehr stark durch externe Rechtsnormen geprägten Gestaltungsbereich ab.
2. Es hängt von den spezifischen Merkmalen des Betriebes ab, welche Rechtsnormen bei der Organisationsarbeit generell oder für bestimmte Projekte im Vordergrund stehen. Hierüber muß sich der Organisator gut informieren.
3. Organisieren ist so gesehen ein Optimierungsvorgang, der nicht nur auf strategische Ziele und die betrieblichen Gegebenheiten ausgerichtet ist, sondern auch auf umfangreiche rechtliche Rahmenbedingungen.
4. Speziell im Zusammenhang mit dem Betriebsverfassungsgesetz und den Anforderungen einer von Mitarbeitern mitgetragenen Organisationsentwicklung sind für den Organisator die vertrauensvolle Zusammenarbeit und die Beachtung gesetzlich geregelter Einzel- und Kollektivrechte eine Verpflichtung.
5. Da Organisation sehr wesentlich auch die Gestaltung von Arbeitsplätzen, Arbeitsabläufen und Arbeitsumgebungen zum Gegenstand hat, müssen Rechtsnormen im Bereich der Arbeitssicherheit und des Gesundheitsschutzes »tägliches Brot« für den Organisator sein.

Check-Liste

Aussage zum Ist-Zustand	Selbsteinschätzung*)		
	+	+/–	–
1. Bei uns werden nicht nur im Rahmen der Betriebsorganisation die bestehende Rechtsnormen – wenn auch manchmal unter Anstrengungen – eingehalten.			

*) + = Stimmt genau! Ich kann zufrieden sein.
+/– = Es geht so! Ich muß aufpassen.
– = Stimmt nicht! Ich muß hier etwas tun.

Aussage zum Ist-Zustand	Selbsteinschätzung*)		
	+	+/–	–
2. Wer sich bei uns über die rechtlichen Rahmenbedingungen seines Aufgabenbereiches informieren will, der hat dazu auch die Möglichkeit.			
3. Bei rechtlich sehr komplexen oder strittigen Fragestellungen holen wir uns rechtzeitig den Rat eines Rechtsexperten ein.			
4. Speziell im Bereich der Beteiligungsrechte besinnen wir uns auch bei Organisationsvorhaben im Zweifel auf den Grundsatz der vertrauensvollen Zusammenarbeit zum Wohl der Arbeitnehmer und des Betriebes.			
5. Uns ist bewußt, daß sowohl Verantwortung als auch die Beachtung und Einhaltung von Rechtsnormen im kritischen Fall mit der Frage der Betriebs- oder gar der persönlichen Haftung zu tun haben können.			

Aufgabe:

Überlegen Sie bitte, welche Rechtsnormen für die Organisationsstrukur Ihres Betriebes besonders maßgeblich sind. Welche dieser Normen empfinden Sie als eher hinderlich, welche als eher förderlich? Woran liegt es?

____

____

____

____

6.3 Ein heikles Thema: die Unterschriftenregelung

»In vielen Betrieben gibt es zwei Typen von Menschen: die Signierenden und die Resignierenden.«

Qualifizierte Mitarbeiter kann man nicht nur durch gutes Gehalt und umfassende Sozialleistungen halten: sie streben danach, ihre Ideen zu realisieren, und möchten, daß das Vertrauen, das die Unternehmensleitung in sie setzt, nach innen und außen sichtbar wird.

Eine Möglichkeit, das Delegationsprinzip extensiver und konsequenter zu praktizieren, ist die Vertretungs- und Zeichnungsvollmacht. Sie sollte einerseits nicht nach dem Gießkannenprinzip ausgeteilt werden, sondern gezielt nach sachlichen Erfordernissen, individuellen Fähigkeiten und zur Förderung basisnaher, teilautonomer Verantwortung. Andererseits sollte sie aber auch nicht wie ein seltener Orden verliehen werden, der zwar das persönliche Prestige, nicht aber die betriebliche Effizienz erhöht. Am besten ist es also, das Recht der Unterschriftsleistung als eine sachlich notwendige Konsequenz aus dem übertragenen Aufgaben- und Verantwortungsbereich des einzelnen Mitarbeiters zu betrachten.

In vielen Firmen – nicht nur bei den ganz kleinen – ist die Unterschriftsvollmacht generell, auch bei ausgesprochenen Nichtigkeiten, der Unternehmensleitung vorbehalten. Vielfach unterschreibt sie dann eilig kurz vor Feierabend noch einige Unterschriftenmappen, ohne den Inhalt ausreichend zu prüfen. Es wird dabei nicht zwischen wichtigen und unwichtigen Vorgängen unterschieden.

Beispiel: Die Autoren haben in einigen Industrie- und Handelsbetrieben die Unterschriftenregelungen untersucht. Hier gibt es sehr große Unterschiede. In einzelnen Großbetrieben benötigte man für die Anschaffung eines

Werkzeuges im Werte von ca. DM 60 von der Anforderung über die Befürwortung und Kontrolle bis zur Genehmigung bis zu acht Unterschriften. Dieser Vorgang hat in einzelnen Fällen mehrere Wochen benötigt. Wie hoch war hier wohl der Entscheidungsaufwand? – Es ist dann kein Wunder, wenn die Beteiligten mit erfindungsreichen Tricks versuchen, solche hemmenden Regelungen zu umgehen, um überhaupt handlungsfähig zu bleiben.
Wesentlich gewichtigere Entscheidungsvorgänge, wie z.B. personelle Maßnahmen, das Ausrangieren nicht mehr benötigter Maschinen und Anlagen oder die Inanspruchnahme teuerer interner Serviceleistungen, die dem Unternehmen letztlich ungleich teurer kamen, liefen dagegen nicht über den Schreibtisch der Unternehmensleitung, weil es hierzu keine schriftlichen Vorgänge gab und damit auch nichts zu unterschreiben war.

Es ist ganz merkwürdig: dieselben Führungskräfte, die eben noch über chronische Überlastung geklagt haben, sind nicht willens, wirklich zu delegieren. Offensichtlich ist, wie die Sozialpsychologen behaupten, die Unterschrift ein Machtsymbol. Wer viel unterschreibt, hat scheinbar auch viel Macht.

Beispiel: Die Unterschrift eines Prokuristen unter einem Vorgang erweckt den Anschein, daß der Unterzeichner erstens arbeitet, zweitens fachlich kompetent ist, drittens Vertrauen genießt und viertens eine Führungskraft von herausgehobener Bedeutung ist. In Wirklichkeit aber kann es sich um die Unterschrift eines völlig fachfremden Prokuristen handeln, der die Prokura auf Grund langer Firmenzugehörigkeit »ehrenhalber« bekommen hatte, und in diesem Fall nur deshalb mal schnell unterschreiben mußte, weil der zuständige Prokurist auf Dienstreise war und der Brief noch unbedingt raus mußte.

Wer was und in welcher Weise im Unternehmen unterschreiben darf, sollte eindeutig und zweckmäßig geregelt sein.

Dazu dienen nicht nur die individuellen Vereinbarungen mit den einzelnen Mitarbeitern über die übertragenen Vertretungs- und Unterschriftsvollmachten (Prokura, Handlungs-, Vertretungs- und Sondervollmachten), sondern auch Organisationsmittel wie:

- eine Organisations-Richtlinie für den Schriftverkehr, aus der hervorgeht, in welcher Form sowohl einheitlich wie auch einfach der interne und externe Schriftverkehr unter Einbeziehung der Möglichkeiten einer modernen Textverarbeitung abgewickelt wird,
- eine Organisations-Richtlinie für die Unterschriftenregelung, die kompetenzkonform festlegt, wer was und ggfs. auf Grund welcher Vertretungsvollmacht mit welchem Zusatz allein oder gemeinsam mit einem weiteren Zeichnungsberechtigten unterschreibt,
- ein Wertgrenzenkatalog, der in stets aktualisierter Form die Übersicht darüber gibt, innerhalb welcher wertmäßigen Verpflichtungen einzelne Stellen entscheidungs- und zeichnungsberechtigt sind,
- eine Übersicht über die Zeichnungsberechtigten für den Bank-, Postgiro- und Kassenbereich,
- schließlich eine Aufstellung von Zeichnungsberechtigten, die unterschriftsberechtigt im Rahmen bestimmter gesetzlicher Verpflichtungen sowie im Umgang mit bestimmten Behörden sind (z.B. als Fachkraft für Arbeitssicherheit, als Datenschutzbeauftragter oder als Post- oder Fernmeldebevollmächtigter).

Praktischer Tip: Der Vorteil bei der Übertragung von Unterschriftsbefugnissen ist, daß man klein anfangen kann, um dann den Mitarbeiter hinsichtlich seiner Verantwortung systematisch aufzubauen. Mit der »i. A.« Unterschrift unter einem weder rechtserheblichen noch rechtsverpflichtenden Vorgang, der dem Vorgesetzten im Original vorgelegt und gegengezeichnet wird, geht es los. Es folgt die Unterzeichnung von Vorgängen mit begrenzter rechtlicher Verpflichtung, möglicherweise mit Einzelunterschrift, von dem dann später nur noch die Durchschrift dem Vorgesetzten zur Kenntnis gegeben wird. Wenn alles gut geht, unterschreibt der Mitarbeiter schließlich die gesamte Routinepost, auch die mit rechtsverpflichtenden oder rechtserheblichen Charakter, allein. Der Vorgesetzte überzeugt sich nur noch in Stichproben davon, daß alles seine Ordnung hat.

Mit der internen Organisation des Zeichnungsrechtes können die Leistungsabläufe, Engpaßbildungen und Arbeitsgeschwindigkeiten und damit die Kosten im Betrieb ebenso nachhaltig positiv oder negativ beeinflußt werden wie die unternehmerische Einstellung des einzelnen Mitarbeiters, sein Verantwortungsbewußtsein und seine berufliche Zufriedenheit.

Natürlich geht es hier aber auch um das Abwägen von Risiken, besonders im Bereich der rechtserheblichen oder rechtsverpflichtenden Unterschriftsleistungen. Nur: es ist ein Irrtum zu meinen, daß dieses Risiko sich automatisch mit dem höheren hierarchischen Rang des Unterzeichners verringert. Dort sollte unterschrieben werden, wo auch entschieden wird und wo der fachliche Bezug zur Sache am engsten ist. Entscheidungen sollten zudem möglichst nahe an dem Ort fallen, wo sie gebraucht oder wo sie ausgeführt werden.

Grundregeln:

1. Bei der Regelung von Vertretungs- und Unterschriftsvollmachten ist im Prinzip dem vorhandenen Grad der Dezentralisation und der Delegation Rechnung zu tragen.
2. Entsprechend den übertragenen (Entscheidungs-)Kompetenzen ist auch die Zeichnungsvollmacht zu erteilen.

Wer allein entscheidet, unterschreibt allein. Die Doppelunterschrift bildet dazu die – allerdings häufige – Ausnahme.

3. Nur in verhältnismäßig wenigen Fällen ist es zwingend erforderlich, entsprechend den satzungsgemäßen bzw. handelsregisterlich vorgegebenen Vertretungsvollmachten zu verfahren. Die im allgemeinen Geschäftsverkehr am häufigsten praktizierten Vollmachten sind die Anscheins- und die Duldungsvollmacht.
4. Eine überlastete Unternehmensleitung ist oft die Folge eines zu restriktiv gehandhabten Zeichnungsrechtes. Die Erweiterung der Zeichnungsbefugnisse stellt eine einfache Lösung dar, interne Engpässe ohne großen Aufwand zu beseitigen.
5. Für Bank-, Postgiro- und Kassenvollmachten sowie auf Grund besonderer gesetzlicher Bestimmungen oder im Umgang mit Behörden erforderliche Vollmachten sind gesondert festzulegen.
6. Die Verteilung von Unterschriftsberechtigungen und Vertretungsvollmachten sollte sowohl als Prinzipregelung als auch in Form individueller schriftlicher Übertragungen vorgenommen werden.
7. Wie schon bei der Gestaltung von Aufgabenbereichen selbst, sollte bei der inhaltlichen Festlegung und Abgrenzung von Vertretungs- und Unterschriftsvollmachten nicht nur ad rem, sondern auch ad personam vorgegangen werden. Der Handlungs- und Ermessensraum sollte also sowohl von der sachlichen Notwendigkeit als auch von den persönlichen Voraussetzungen her (Fähigkeit, Erfahrung, Besonnenheit) bestimmt werden.
8. Wo Doppelunterschriften vorgesehen sind, sollte beachtet werden, daß sie wirklich notwendig sind und auch sinnvoll umgesetzt werden. Die Zweitunterschrift sollte wenigstens im Sinne einer Plausibilitätskontrolle geleistet werden, d. h. der Mitunterzeichner muß den Vorgang so prüfen, daß ggfs. offensichtliche inhaltliche Fehler erkannt werden.

9. Die Verteilung von Unterschriftsvollmachten muß auch den Fall der Stellvertretung berücksichtigen. Bei Abwesenheit eines Unterschriftsberechtigten sollten die von ihm bearbeiteten Vorgänge nicht mangels eines unterschriftsberechtigten Stellvertreters unerledigt bleiben.

Check-Liste

Aussage zum Ist-Zustand	Selbsteinschätzung*)		
	+	+/–	–
1. Bei uns gibt es keinen Mangel an qualifizierten zeichnungsberechtigten Mitarbeitern im Betrieb.			
2. Daher bilden sich auch weder zeit- noch stellenweise Engpässe im oberen Betriebsbereich, die dazu führen, daß Vorgänge zu lange unerledigt bleiben.			
3. Wenn ich Unterschriften leiste, prüfe ich auch jeweils den Inhalt des Schreibens.			
4. Ob bei uns einfach oder doppelt unterschrieben wird, ist eine Frage der Zweckmäßigkeit, und nicht des Prinzips.			
5. Wer bei uns in der Sache entscheidet, kann in aller Regel auch unterschreiben bzw. mitunterschreiben.			

Aussage zum Ist-Zustand	Selbsteinschätzung*)		
	+	+/–	–
6. Wir haben eine Unterschriftenregelung, die von den Führungskräften und Mitarbeitern akzeptiert wird, weil sie mit dem Delegationsprinzip in Übereinstimmung steht.			
7. Ob bei uns jemand unterschreiben darf, ist weniger eine Frage seines Ranges, als vielmehr der sachlichen Notwendigkeit, der fachlichen Kompetenz und seiner persönlichen Qualifikation.			
8. Wir bereiten unsere Mitarbeiter auf die Handhabung ihrer Zeichnungsberechtigung vor, sagen ihnen, wo die Grenzen ihrer Kompetenz liegen, und haben wirksame Kontrollen und Sicherungen vorgesehen, um das Risiko von Fehlern oder des Mißbrauchs von Unterschriftsvollmachten möglichst auszuschalten.			

*) + = Stimmt genau! Ich kann zufrieden sein.
+/– = Es geht so! Ich muß aufpassen.
– = Stimmt nicht! Ich muß hier etwas tun.

Aufgabe:

Analysieren Sie die Unterschriftenregelung in Ihrem Hause und prüfen Sie dabei insbesondere, ob die Wertgrenzen klar und realistisch sind.

Prüfen Sie bitte auch, wo fachlich nicht zuständige Mitarbeiter unterschreiben bzw. wo fachlich und persönlich befähigte Mitarbeiter nicht unterschreiben dürfen.

6.4 Amateure, Macher und Profis – Wer ist für die Organisation eigentlich zuständig?

»Je geringer das Wissen, desto sicherer das Urteil.«

Es ist noch nicht lange her, da wurde die Frage nach der Zuständigkeit für alle Organisationsangelegenheiten kurz und bündig mit der gut zu merkenden Devise beantwortet: »Die Unternehmensleitung ist Herr der Organisation!« Die erste Ableitung daraus hieß: »Organisationsverbot für alle, die nicht zur Unternehmensleitung gehören!«

Eines stimmt an dieser ebenso schlichten wie eindeutigen Regelung auch heute noch und dürfte auch künftig im Prinzip Bestand haben: alle Organisationsentscheidungen grundsätzlicher Art sind Angelegenheit der Unternehmensleitung.

Beispiel: In einem Unternehmen mit 3 000 Mitarbeitern ist es Sache der Unternehmensleitung, die Strukturorganisation festzulegen soweit es sich um die Abgrenzung der Vorstandsbereiche und der Hauptabteilungen handelt. Die Bildung von Abteilungen ist in der Regel alleinige Angelegenheit des jeweiligen Leiters des einzelnen Vorstandsbereiches, die weitergehende Festlegung von Gruppen oder Sachgebieten fällt zumeist in die Zuständigkeit der jeweiligen Hauptabteilungsleiter. Dagegen wird sich die Geschäftsführung eines Unternehmens mit 100 Mitarbeitern nicht nur die Entscheidung über die Organisationsstruktur auf Gruppen- bzw. Sachgebietsebene vorbehalten, sondern womöglich sogar die Einrichtung und Zuordnung jeder einzelnen Stelle.

Die Frage, wer in Organisationsangelegenheiten zu entscheiden hat, ist jedoch nicht gleichbedeutend mit der Frage, wer denn Organisation macht. Die Praxis zeigt, daß Organisation sehr häufig nebenher und deshalb nicht selten auch dilettantisch erledigt wird. Die Ausstattung der Büros erweist sich als Folge von Entscheidungen der Einkaufsabteilung über Auftragsvergaben an den örtlichen Büromittelhändler oder an die Hersteller von Bürogeräten. Die Frage, ob in den Räumen für die telefonische Auftragsannahme und den Telefonverkauf zwölf Arbeitsplätze eingerichtet sind (und ein sehr unproduktives Arbeitsklima schaffen) oder nur vier Arbeitsplätze (damit sich die Mitarbeiter ergänzen können, ohne sich gegenseitig zu stören), haben häufig der Architekt und der Leiter Technik nebenbei – falsch – entschieden.

Manchmal klappt es mit der Organisation ja auch so gerade, weil in vielen Betrieben irgendwo wenigstens ein »Macher-Typ« vorhanden ist (nicht selten der Inhaber selbst oder ein Geschäftsführer), der für die Bewältigung von Organisationsproblemen den richtigen Blick und das notwendige Geschick hat. Er schafft auch dieses Problem, so wie er auch jedes Finanz-, Personal- oder Vertriebsproblem schafft: zwar nicht immer eine gute oder gar die beste Lösung; immerhin aber ein praktikabler Weg, der weiterführt.

Bei allen diesen Möglichkeiten jedoch, die fachlich-organisatorischen Anforderungen an das Unternehmen personell zu erfüllen, bleibt der Aspekt der Qualität der Organisationsarbeit ziemlich außer acht. Um es noch einmal in das Gedächtnis (und mancher Unternehmensleitung in das Gewissen) zurückzurufen: Organisation muß an den Unternehmenszielen und der Wirksamkeit ihres Beitrages zur Realisierung der strategischen Konzeption gemessen werden. Dabei muß sie sich dem Maßstab der Effizienz und Wirtschaftlichkeit unterwerfen. Es reicht daher bei weitem nicht aus, die Fehler, Unterlassungen und sonstigen Unzulänglichkeiten der Vergangenheit organisatorisch in den Griff zu bekommen und die Organisation zunehmend den gegenwärtigen Anforderungen anzupassen. Vielmehr kommt es bei der Organisationsarbeit darauf an, nach vorne zu denken, die bevorstehenden Probleme zu lösen und die organisatorischen Voraussetzungen für eine reibungslose Verwirklichung der Unternehmenspolitik in der Zukunft mitzuschaffen.

Diesem Anspruch an die Organisation können jedoch auch die bestmeinenden Macher und Amateure in der Organisationsarbeit nicht genügen. Organisation verlangt ebenso Professionalität, wie es in allen anderen betrieblichen Bereichen – ob Konstruktion, Finanzbuchhaltung oder Rechtsabteilung – selbstverständlich ist. In den großen Unternehmen gibt es daher eine mehr oder weniger große Organisationsabteilung, in den mittleren Unternehmen wenigstens eine Organisationsstelle, während in kleineren Unternehmen eine »nebenamtliche« Betreuung der Organisationsfunktion – etwa durch den Assistenten des Geschäftsführers – üblich sein sollte.

Praktischer Tip: In vielen Betrieben leidet die systematische Organisationsentwicklung an der internen Betriebsblindheit und daran, daß die eigenen Fachleute im Hause unterschätzt werden. Durch Einschalten eines externen Organisationsfachmannes kann sichergestellt werden, daß die Betriebsorganisation regelmäßigen, unvoreingenommenen Checks unterzogen wird, der Anschluß an die allgemeine Organisationsentwicklung gehalten wird und dem obersten Leitungsorgan ein kompetenter Ratgeber zur Verfügung steht. Dieser sollte seine Aufgabe insbesondere darin sehen, die längerfristige organisatorische Konzeption mit der längerfristigen Unternehmensstrategie in Übereinstimmung zu bringen.

Ebenso wichtig wie die personelle Ausstattung und Qualifikation der Organisationsstelle ist jedoch die Frage nach der Effizienz der Organisationsarbeit. Dies ist vor allem eine Angelegenheit der sogenannten »Aufhängung« in der betrieblichen Hierarchie und der Kompetenzausstattung. Organisationsarbeit soll schließlich nicht dazu dienen, lediglich großartige Konzepte zur erarbeiten, sondern sie auch mit überzeugendem Sachverstand, Einfühlungsvermögen und Erfolg umzusetzen. Da Organisationsarbeit in der Regel eine zentrale betriebliche Funktion darstellt – vergleichbar mit Recht, Öffentlichkeitsarbeit oder Controlling – gehört sie in den gemeinsamen Verantwortungsbereich der Unternehmensleitung.

Sicherlich ist die Organisationsstelle ihrem Charakter nach – was ihre Kompetenzausstattung angeht – eher ein zentraler Stab, ohne ein generelles fachliches Weisungsrecht und daher ohne die Möglichkeit, in den Betrieb hinein mit Entscheidungen und Anweisungen operieren zu können. Daher wird sie sich auch in der Regel bei Organisationsangelegenheiten üblichen Kalibers durch Rat und Sachargumente gegenüber den betrieblichen Fachbereichen durchsetzen müssen. Wo es um Organisationsfragen von grundsätzlicher Bedeutung geht, wird sie die Autorität und die Entscheidungskompetenz ihres Vorgesetzten – die Unternehmensleitung also – einschalten müssen. Darüber hinaus ist jedoch zu empfehlen, auf die Organisationsstelle auch eigenständige fachliche Entscheidungskompetenzen zu delegieren, wenn es um überwiegend fachlich-organisatorische Gesichtspunkte geht und die einheitliche Handhabung im Interesse des Betriebes als geboten erscheint.

Dort, wo sehr spezielle organisatorische Probleme zu lösen sind oder organisatorisches Neuland betreten wird – dies ist gegenwärtig vor allem im Bereich der elektronischen Datenverarbeitung und Bürokommunikation der Fall – sollte ein Unternehmen immer die Dienste geeigneter, zuverlässiger Unternehmensberater in Anspruch nehmen. Hierfür eigene Spezialisten einzustellen und sie so zu beschäftigen, daß sie sinnvoll ausgelastet sind, können sich zumeist nur größere Unternehmen leisten. Jedoch gerade diese verzichten trotz eigener Spezialstäbe nicht darauf, auch auf die externe Unterstützung zurückzugreifen.

Beispiel: Das Versandhaus »Alles-per-Post« dessen Herzstück eine leistungsfähige Datenverarbeitung für die

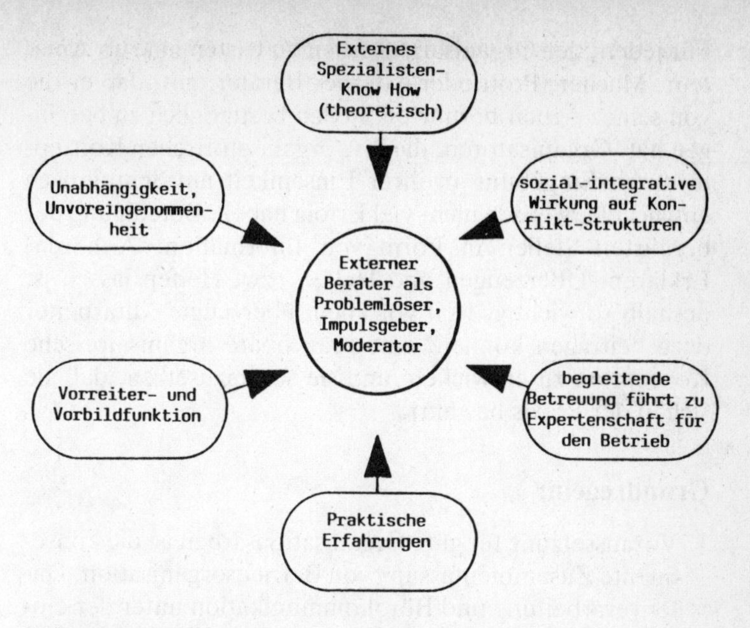

Der externe fachkundige Berater kann im Rahmen der Organisationsentwicklung eine wichtige und nützliche Rolle spielen.

Adressenverwaltung, die Katalogaussendungen, Auftragsbearbeitung, Rechnungsstellung, Kommissionierung, Warenwirtschaft usw. ist, führt regelmäßig eine Revision ihrer Datenverarbeitung durch einen externen herstellerunabhängigen Gutachter durch. Auf diese Weise erfährt die Unternehmensleitung zuverlässig, wie leistungsfähig ihre EDV-Organisation ist, wo sich Engpässe abzeichnen und wie die Fortentwicklung der Hard- und Software mittelfristig aussehen sollte. Bei Verhandlungen mit den Hard- und Software-Anbietern ist dieses Wissen sehr nützlich. Der ADV-Gutachter begleitet die Geschäftsleitung des Versandhauses mit externem Rat und ergänzender Tat in allen wesentlichen Fragen der Entwicklung des Bereiches Datenverarbeitung/Bürokommunikation.

Für jeden, der Organisationsarbeit zu leisten hat, ob Amateur, Macher, Profi oder externer Berater, gilt, daß er die von seiner Arbeit berührten Stellen bestmöglich zu beteiligen hat. Organisatoren, die ihre organisatorischen Konzepte durch Eingebung in ihrer Einsamkeit am Schreibtisch entwickeln, werden nicht viel Erfolg haben. Beteiligung der berührten Stellen in Form von Information, Anhören, Erklären, Überzeugen und Helfen bzw. Helfen lassen ist deshalb so wichtig, weil vor allem überzeugte Mitarbeiter dazu beitragen können, eine brauchbare organisatorische Konzeption zu entwickeln und sie so umzusetzen, daß sie sich in der Praxis bewährt.

Grundregeln:

1. Voraussetzung für gute Organisationsarbeit ist die konsequente Zusammenfassung von Betriebsorganisation, Datenverarbeitung und Bürokommunikation unter der einheitlichen Verantwortung der Organisationsstelle.
2. Diese Organisationsstelle sollte zwar direkt der Unternehmensleitung zugeordnet sein, ihre Mitarbeiter arbeiten jedoch basisnah. Wie ein Anwendungsprogrammierer aus dem EDV-Bereich erfaßt der Organisator vor Ort die Probleme der Fachabteilungen und löst sie in enger Zusammenarbeit mit ihnen.
3. Auch wenn Organisationsarbeit sich hauptsächlich in Stabs- bzw. Beratungsfunktion vollzieht (untersuchen, beraten, vorschlagen, entwerfen, informieren usw.), kann der Leiter der Organisationsstelle – mit Einschränkung sogar der einzelne Organisator – Entscheidungskompetenz haben; dann nämlich, wenn die Einheitlichkeit der Organisation dies gebietet und die fachlichorganisatorischen Belange überwiegen.
4. Organisationsarbeit gehört in zunehmender Weise zu den Betriebsfunktionen, die gleichermaßen umfassende theoretische wie praktische Kenntnisse erfordern. Qualifizierte Ausbildung, Professionalität, Kommunikations-

fähigkeit und unternehmerisches Denken sind die wichtigsten Kriterien bei der personellen Besetzung von Organisationsstellen.

5. Die Arbeit der Organisatoren muß sich in die Unternehmenskonzeption einfügen, an den Unternehmenszielen orientieren und auch den absehbaren künftigen Anforderungen genügen.
6. Daher muß es ein vorrangiges Ziel der Organisationsarbeit sein, für den organisatorischen Ist-Zustand des Unternehmens ein organisatorisches Soll-Konzept bereitzustellen, das – abgestimmt mit der Personalabteilung – zugleich die Grundlage für die Personalentwicklung ist. Besonders diese Anforderung macht eine professionelle Wahrnehmung der Organisationsfunktion erforderlich.
7. Wo das intern vorhandene organisatorische Wissen und Können nicht ausreicht, sollte aus Wirtschaftlichkeits- und Sicherheitsgründen, vor allem aber, um das umfassendere externe theoretische und praktische Wissen für sich verfügbar zu haben, auf qualifizierte, unabhängige, externe Spezialisten für Organisationsfragen zurückgegriffen werden.
8. Speziell für Probleme und Projekte im Bereich Datenverarbeitung/Bürokommunikation ist die externe Revision durch regelmäßige Hinzuziehung unabhängiger ADV-Gutachter lohnend, da erfahrungsgemäß auf diesem Gebiet das vorhandene interne Wissen im Vergleich zum technologischen Fortschritt häufig unzureichend ist.
9. Im Grunde gilt es nicht nur für Organisatoren: regelmäßige Weiterbildung durch Erfahrungsaustausch, Studium der Fachliteratur und Seminarbesuch sind notwendig, damit Betriebsblindheit vermieden und die aktuellen Möglichkeiten der Organisationspraxis auch dem eigenen Unternehmen nutzbar gemacht werden können.

Check-Liste

Aussage zum Ist-Zustand	Selbsteinschätzung*)		
	+	+/–	–
1. Organisatorisches Grundwissen und Verständnis für organisatorische Belange und Möglichkeiten sind für unsere Führungskräfte und auch für die meisten Mitarbeiter selbstverständlich.			
2. Für Aufgaben und Probleme, die professionelles Organisations-Know-how erfordern, steht bei uns eine Organisationsstelle oder -abteilung zur Verfügung, die der Größe und den Anforderungen unseres Betriebes entspricht.			
3. Die Zuständigkeit für organisatorische Fragen – von der Ablauf- und Strukturorganisation über die Büroorganisation bis zur Datenverarbeitung und Bürokommunikation – steht bei uns unter einheitlicher Verantwortung.			
4. Die hierarchische Eingliederung der Organisationsstelle/-abteilung ist bei uns so vollzogen worden, daß sie direkt der Unternehmensleitung untersteht oder wenigstens den direkten Zugang zu ihr hat.			
5. Der Leiter und die Mitarbeiter unserer Organisationsstelle/-abteilung sind gute Fachleute auf ihrem Gebiet, die von den übrigen Fachbereichen akzeptiert werden und auch das notwendige Durchsetzungsvermögen besitzen.			

Aussage zum Ist-Zustand	Selbsteinschätzung*)		
	+	+/–	–
6. Bei der Verwirklichung unser Unternehmenskonzeption erhält die Organisationsstelle/-abteilung die für sie notwendigen Informationen, Vorgaben und Aufträge, die sie in die Lage versetzen, unsere strategischen Operationen mit qualifizierten Organisationsvorschlägen wirksam zu unterstützen.			
7. Wir fördern die Mitarbeiter der Organisationsstelle/-abteilung bei der notwendigen Weiterbildung, stellen die Mittel für die Beschaffung von Fachliteratur bereit und ermöglichen den Erfahrungsaustausch mit den Kollegen anderer Unternehmen, damit sie auf dem neuesten Stand im fachlichen Wissen und Können bleiben.			
8. Falls erforderlich, holen wir bei schwierigen Problemen, unwägbaren Risiken oder vor Investitionsentscheidungen mit wesentlicher Bedeutung für unseren Betrieb den Rat externer Organisationsfachleute ein.			

*) + = Stimmt genau! Ich kann zufrieden sein.
+/– = Es geht so! Ich muß aufpassen.
– = Stimmt nicht! Ich muß hier etwas tun.

Aufgaben:

1. Listen Sie bitte kurz die eigenständigen (Entscheidungs-) Kompetenzen der Organisationsstelle/-abteilung Ihres Betriebes auf. Überlegen Sie, ob diese Kompetenzen ausreichend sind. Was müßte geändert werden? Was wären die Vor- oder Nachteile?

2. Zur Klärung und Lösung welcher Probleme in Ihrem Betrieb würden Sie einen externen Organisationsfachmann als Berater oder Revisor hinzuziehen?

6.5 Der Computer – dein Feind und Helfer

»Die Zukunft läßt sich gestalten, aber nicht verhindern.«

Einige Zeit sah es so aus, als hätten Segen und Schrecken der neuen Technologien nur im Bereich der Produktion von Industrieunternehmen ihre Wirkung getan. Vom gemütlichen Bürostuhl aus in den Verwaltungsetagen derselben Unternehmen, in den Handels- und Dienstleistungshäusern, aber auch in den Amtsstuben der öffentlichen Verwaltung sahen Automatisierung und Rationalisierung der Produktionsprozesse eher faszinierend als bedrohlich aus. Mit der unerschütterlichen Überzeugung, daß Verwaltungsarbeit weitgehend ungeeignet für eine so einschneidende

Technisierung und Automatisierung sei und damit der angestammte Arbeitsplatz im Büro kaum bedroht sein dürfte, ging man täglich zur Arbeit, selbst dann noch, als die mit den drei Buchstaben »EDV« bezeichnete Technologie bereits ihre ersten tiefen Breschen in das weite Feld traditioneller Verwaltungs- und Büroarbeit geschlagen hatte.

In der Fertigungs- und Automationstechnik wird heute schon von »Geisterhallen« gesprochen, wo die auszuführenden Arbeitsgänge und Transportabläufe fast durchweg von Robotern und Automaten der CAM- und CIM-Technologien wahrgenommen werden. Die paar Menschen, die noch verlassen durch die Hallen schlendern, haben »nur« noch Kontroll- und Wartungsaufgaben wahrzunehmen. Ebenso sind in der Nachrichtentechnik oder in der Warenwirtschaft, in Forschung und Medizin oder auch im Druckereigewerbe Computer, Automaten, Roboter oder die Lasertechnik schon fast selbstverständlich.

Inzwischen nimmt die Datenverarbeitung bzw. die technikunterstützte Informationsverarbeitung, wie es in der Amtssprache der öffentlichen Verwaltung heißt, einen so spürbaren Einzug auch in die Büros, daß zu recht von einer Revolution am Schreibtisch gesprochen werden kann. In bestimmten Branchen, etwa bei Banken und Versicherungen, aber beispielsweise auch in den eher bescheidenen Büros der Steuerberater oder der Bezirksschornsteinfegermeister, ist der Bildschirmarbeitsplatz heute ein selbstverständliches Requisit.

Vor allem dort halten Computer, Bildschirmarbeitsplätze und EDV-Listen als die hauptsächlichen, mit Sinnen wahrnehmbaren Erscheinungsformen der Datenverarbeitung ihren Einzug, wo

- große Datenmengen anfallen und zu verarbeiten sind,
- die Planungs-, Kontroll- und Steuerungsmechanismen betrieblicher Abläufe rationalisiert werden müssen,
- Routine-Tätigkeiten und -Abläufe vereinheitlicht und/oder zu integrierten Arbeitsplätzen zusammengefaßt werden können,

- insbesondere Schreib- und Rechenarbeiten großen Ausmaßes zu bewältigen sind,
- mehr Kunden- bzw. Bürgernähe gefordert ist und dabei computergestützte Information zu besseren Ergebnissen führt,
- die Arbeitsproduktivität zu verbessern ist, d. h. wo personalintensive Büroarbeit durch vergleichsweise billige elektronische Rechner und Textautomaten übernommen werden kann,
- es auch im nichtproduktiven Bereich zunehmend auf schnellere Durchlaufzeiten, Genauigkeit und gleichbleibend hohes Qualitätsniveau ankommt.

Gerade die Tatsache, daß der administrative Bereich der Unternehmen und Behörden sich über Jahrzehnte hinweg – zumindest was den technischen Fortschritt anging – nahezu einem »Büroschlaf« hingeben konnte, führte in den letzten Jahren dazu, daß der große Nachholbedarf und die ohnehin schon atemberaubende technologische Entwicklung mit doppelter Wucht über das bis dahin so selbstbewußte Büropersonal hereingebrochen ist. Ein Ende ist nicht abzusehen.

Beispiel: Zwischen 1969 bis 1979 stiegen die Personalkosten im Bürobereich der Wirtschaft um ca. 100 Prozent, während der Produktivitätszuwachs in diesem Bereich gleichzeitig nur 4 Prozent ausmachte. Heute übertrifft der »administrative« Produktivitätszuwachs deutlich den »produktiven« Produktivitätszuwachs. Je günstiger sich das Preis-Leistungsverhältnis bei den angebotenen Geräten für Datenverarbeitung und Bürokommunikation (Hardware) mit den dazugehörenden Programmen und Anwendersystemen (Software) entwickelt – und dies geschieht offensichtlich weiterhin unaufhaltsam – desto stärker lastet auf Unternehmensleitung und Organisatoren der Druck, Büropersonal durch Bürotechnik nicht nur zu unterstützen, sondern auch zu ersetzen.

Noch spricht man heute unter Computer-Fachleuten vom »papierlosen Büro« als von einer realisierbaren Fiktion. Gemeint ist damit: alle Informationen stecken in den Speichern der EDV-Anlagen, erscheinen auf den Bildschirmen, werden verarbeitet über Computer und übertragen mit Hilfe der installierten Netze. Papier wird also zunehmend überflüssig. An dem Tag, an dem diese Fiktion Realität geworden ist, wird möglicherweise die Fiktion vom »menschenlosen Büro« als realisierbar erscheinen.

Soweit der Computer als Feind. Dort, wo Datenverarbeitung störungsfrei funktioniert, weil die Geräte zuverlässig, die Programme maßgeschneidert und die Mitarbeiter im Umgang mit der Datenverarbeitung vertraut sind, wird eben dieses Gerät als Segen empfunden. Für Mitarbeiter, die mit den EDV-Anforderungen gewachsen sind und die nicht den Rationalisierungsmaßnahmen im Verwaltungsbereich zum Opfer gefallen sind, können die neuen Technologien eine höhere Arbeitsqualität bieten. Die durch den Computer unterstützte Arbeit wird als anspruchsvoller empfunden, es bleibt für selbstbestimmte Arbeit mehr Raum, die stärkere Einbindung in die Informations- und Kommunikationsabläufe wirkt sich aufwertend aus.

Beispiel: Die Kunden der Energieversorgungsunternehmen (EVU) bekamen in der zurückliegenden Zeit nur wenig Service von ihrem Strom-, Gas- und Wasserlieferanten geboten. Wegen jeder Frage oder Änderung mußten sie sich zu einem anderen Sachbearbeiter begeben. Einer war für Nachtstromspeicherheizungen zuständig, ein anderer für Strom-Sondertarife, ein Dritter für Gasanschlußpreise und noch ein anderer für die Zählerablesung. Ein Besuch beim EVU war für manchen Kunden eine Wanderung von Büro zu Büro. Für die Mitarbeiter selbst war diese Art von Publikumsverkehr auch nicht gerade angenehm; denn sie fühlten sich nicht nur gestört, sondern mußten auch häufig verärgerte Kunden beschwichtigen. –

Nachdem bei den EVU die Datenverarbeitung auch bis zur Schnittstelle Kundenberatung/Kunde vorgedrungen war, richteten solche Versorgungsbetriebe, die besonders kundenorientiert waren, einen Informations- und Service-Schalter ein. Dort sitzen heute ausgesuchte und geschulte Mitarbeiter, die mit Hilfe ihres Bildschirmarbeitsplatzes etwa 80 Prozent der Kundenwünsche zufriedenstellend beantworten können. Bei den restlichen 20 Prozent der Fragen und Wünsche wird der zuständige Sachbearbeiter eingeschaltet. Auf das Image dieser EVU wirkt sich diese kundenfreundliche Neuerung sehr positiv aus.

Es soll und kann bei der Computer-Problematik, zu der es regalweise Fachliteratur über Anwendungsentwicklung, EDV-Organisation, Programmierung usw. gibt, an dieser Stelle nicht weiter eingegangen werden. Ein sehr wichtiger Grundsatz jedoch, der in vielen Fällen gar nicht oder zuwenig beachtet wurde, soll dennoch angesprochen werden: die Berücksichtigung des Menschen beim Einsatz der modernen Informationstechnologien.

Auch heute werden in manchen Unternehmen und Ämtern auf allen Ebenen die Wunden geleckt, die von elektronischen Rechnern und Textautomaten geschlagen wurden. Noch immer kann festgestellt werden, welche tiefgreifenden Einschnitte eine – wie sich im nachhinein herausstellte – ungeschickte Einführung oder Ausweitung der Daten- und Textverarbeitung in bezug auf das Betriebsklima und die Einstellung betroffener Mitarbeiter zur Folge hatten. War in vielen Fällen der Unternehmensleitung nicht bewußt, welche negativen Nebenwirkungen ihre Entscheidung zu Gunsten des Einsatzes der Informationstechnik haben würde, so waren die betroffenen Mitarbeiter meist noch ahnungsloser. Die Folgen waren nämlich sehr häufig:

- anhaltende Sorge um den Arbeitsplatz;
- teilweise panische Angst davor, den neuen Anforderungen nicht gewachsen zu sein;

- eine ablehnende Haltung verbunden mit Lern- und Denkblockaden sowie Unverständnis im Umgang mit den neuen Geräten;
- Unruhe wegen des Einsatzes der neuen Technologien für Überwachungszwecke (»Big Brother is watching you!«);
- Schuldkomplexe, Verlust von Selbstvertrauen und Resignation bei den »verantwortlichen« Mitarbeitern;
- Pannen in den Arbeitsabläufen mit oft erheblichen wirtschaftlichen Nachteilen und Image-Schäden für das Unternehmen;
- Fehlinvestitionen, weil auch die Unternehmensleitung beim Thema EDV fachlich überfordert war;
- auf Grund eines fehlenden EDV-Gesamtkonzeptes viele »Insellösungen« innerhalb eines Betriebes, die nun ein besonderes Integrationskonzept erforderlich machen;
- schließlich eine chronisch werdende Ablehnungs- und Mißtrauenshaltung gegen jede andere noch so geringfügige Neuerung am Arbeitsplatz, selbst wenn sie offensichtlich der Arbeitsentlastung dient.

Beispiel: In einer großen Fleischwarenfirma wurde vor gut 15 Jahren im Rahmen von Rationalisierungsmaßnahmen ein zentrales Schreibbüro eingerichtet. Allen Führungskräften, die nicht überzeugend geltend machen konnten, daß die bislang angestammte Sekretärin auch künftig für sie unentbehrlich sei, wurde die Vorzimmerdame mitleidslos weggenommen. Einigen Damen wurde gekündigt, einige kündigten von selbst, um anderswo wieder in einem Vorzimmer arbeiten zu können, wenige fanden sich in dem besagten Schreibbüro wieder, wo sie sich sehr unwohl fühlten. Dort, wo für damalige Verhältnisse moderne Schreibautomaten installiert waren, schrieben sie nun Korrespondenzen, Protokolle und Gesprächsnotizen nach Banddiktat für ihre »anonymen« Auftraggeber. Die ständige Geräuschkulisse, die fehlenden Kontakte zum früheren Umfeld und die Monotonie der Arbeit hinderten sie daran, mit ihrer Arbeit wirklich zufrieden zu sein. Als sich nach gut zwölf Jahren alle Beteiligten, die Diktierenden wie die Schreibenden, an diesen Zustand einigermaßen gewöhnt hatten, kam ein hinzugezogener Organisationsfachmann zu dem Ergebnis, daß es nicht nur möglich, sondern sogar vorteilhafter sei, das zentrale Schreibbüro wieder aufzulösen und in den Abteilungen wieder modern konzipierte Sekretariate einzurichten. An den Bildschirmarbeitsplätzen neuester Technik nahmen dort nun die ehemaligen Schreibzimmerdamen nicht nur Sekretariatsaufgaben, sondern auch umfangreiche, wichtige Sachbearbeiteraufgaben wahr. Da dieser Wechsel behutsam, mit vorbereitenden Gesprächen und den notwendigen Einarbeitungen vorgenommen wurde, sind heute alle Beteiligten zufrieden. Vor allem die betroffenen Mitarbeiterinnen freuen sich über ihren neuen, vielseitigen und anspruchsvollen Arbeitsplatz.

Die informationstechnische Entwicklung muß heute als Teil der Organisationsentwicklung angesehen werden. Maßnahmen in diesem Bereich sind nur dann erfolgreich, wenn der Mensch verstandesmäßig und psychisch mit den technisch-organisatorischen Entwicklungen Schritt hält, noch besser: ihr immer einen Schritt voraus ist. Dies ist jedoch nur dann gewährleistet, wenn er frühzeitig informiert und in die Planungen einbezogen wird, wenn er Gelegenheit hat, sich auf die neue Situation einzustellen, wenn er Veränderungen auch für sich als positiv bewerten kann und nicht um seinen Arbeitsplatz fürchten muß, wenn also die Spielregeln der Organisationsentwicklung eingehalten werden.

Praktischer Tip: Es ist eine Tatsache, daß moderne Bildschirmarbeitsplätze zu einem höheren Autonomie- und Integrationsgrad führen. Dies wirft grundsätzlich die Frage auf, ob dies nicht auch zu einer veränderten Organisationsstruktur führen müßte. Die Erfahrung zeigt, daß in den meisten Fällen tatsächlich die Führungsspanne ver-

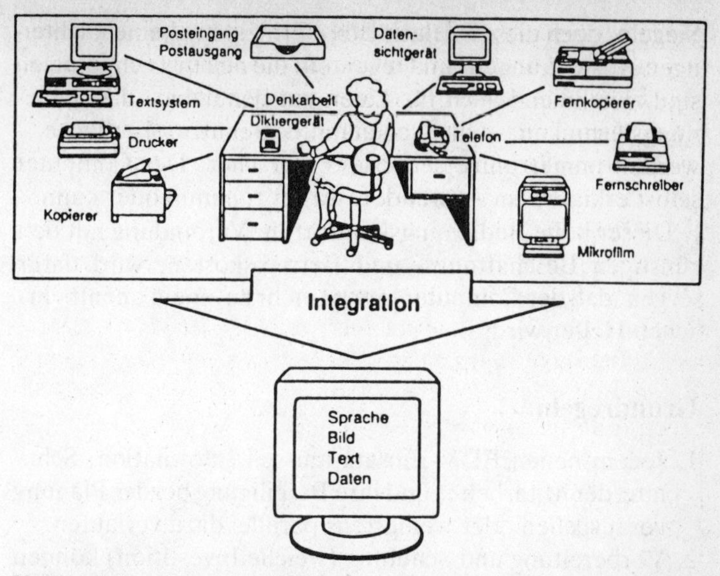

Multifunktionales Arbeitsplatzsystem. Mit einem Gerät schreiben, ablegen, wiederfinden, senden, empfangen, auf Datenbank zurückgreifen u. a. Büroanwendungen (aus: B. Weinberger u. a., Informations- und Kommunikationstechniken in der Kommunalen Praxis, Köln 1988).

größert werden kann und damit Änderungen der Aufbaustruktur möglich werden. Dabei darf jedoch nicht vergessen werden, daß ein zusätzlicher Bedarf an »warmen« Faktoren entsteht, der besonders dadurch verwirklicht werden kann, daß der Mitarbeiter im Rahmen der Personalführung mehr Zuwendung erhält.

Sicherlich wird mit der Zeit die Hemmschwelle zu den neuen Technologien immer weiter abgebaut werden. Für die jüngere Generation, die hoffnungsvolle »Computer-Freaks« in großer Zahl aufweist, ist der Computer so vertraut, wie bei früheren Generationen das Briefmarkensammeln. Auf der anderen Seite sind Hard- und Software für die meisten zwar immer noch ein Buch mit sieben

Siegeln, doch dieses »Black Box«-Prinzip hat keine nachteiligen Auswirkungen. Im Gegenteil: die neuen Technologien sind zunehmend auch für Laien gut benutzbar, die Bedienungstechniken – die sogenannte Benutzeroberfläche – werden immer universeller und einfacher. Der Computer selbst erklärt dem Anwender, was er tun muß oder kann.

Dieser hohe Bedienungskomfort, in Verbindung mit den günstigen Beschaffungs- und Betriebskosten, wird dafür sorgen, daß der Computer immer mehr zu einem unentbehrlichen Helfer wird.

Grundregeln:

1. Jedem neuen EDV-Einsatz müssen Information, Schulung der Mitarbeiter und ihre Beteiligung bei der Planung vorausgehen oder wenigstens parallel dazu verlaufen.
2. Vorbereitung und Schulung (weiche Investition) können durchaus mehr kosten als Hard- und Software (harte Investition) selbst.
3. Vorsicht vor »Insellösungen«; ganzheitliche, integrierte Lösungen – Kompatibilität, Datenbank, Vernetzung, Kommunikationsanforderungen, gleichgewichtige Zentral-/Dezentralfunktionen – sind vorzuziehen.
4. Die besten Computer nützen nichts, wenn die Mitarbeiter damit nicht umgehen können oder wollen. Daher ist die Integration neuer Technologien als Teil der mitarbeiterorientierten Organisationsentwicklung zu sehen.
5. Keine Zahlenfriedhöfe schaffen, sondern verstärkt auch die graphischen Möglichkeiten der EDV für aussagekräftige Visualisierungen nutzen! Für das Management sind weniger die Einzeldaten als vielmehr die wesentlichen Trends wichtig.
6. Die betriebsinterne Computer-Ausstattung ohne Tabus immer wieder in Frage stellen, an den konkreten und künftigen Anforderungen messen und Vergleichsrechnungen anstellen, ob eine vorzeitige Erneuerung nicht wirtschaftlicher ist.

7. Je ausgeprägter die »kalte« Seite der Organisation den Arbeitsplatz kennzeichnet (Rationalität, Effizienz, Maschinenausstattung), desto wichtiger werden »wärmende« Faktoren (Anerkennung, Sicherheit, Vertrauen).
8. Bei Investitionsentscheidungen im Bereich der Datenverarbeitung sollten die Argumente der Kunden- und Benutzerfreundlichkeit mindestens gleichrangig zu den Wirtschaftlichkeits- und Leistungsaspekten stehen.

Check-Liste

Aussage zum Ist-Zustand	Selbsteinschätzung*)		
	+	+/–	–
1. Wir haben aus den negativen Erfahrungen während der ersten Umstellungsphasen auf die elektronische Datenverarbeitung gelernt und den »Automations-Schock« überwunden.			
2. Soweit unsere Mitarbeiter mit Anwendungsgebieten der Datenverarbeitung befaßt sind, haben sie inzwischen ein vertrautes Verhältnis dazu.			
3. Wir sehen auch den Bereich der EDV-Entwicklung als Teil unserer Organisationsentwicklung, d. h. die Erschließung neuer Anwendungsgebiete oder die Einführung neuer Hard- und Software geschieht nicht ohne oder gegen unsere Mitarbeiter, sondern gemeinsam mit ihnen.			
4. Wir achten bei der Anwendung oder Ausweitung der neuen Technologien vorrangig auch auf deren Benutzer- und Kundenfreundlichkeit.			

Aussage zum Ist-Zustand	Selbsteinschätzung*)		
	+	+/–	–
5. Wir achten auch darauf, daß es trotz der dezentralen Tendenzen in der Anwendung der Informations- und Kommunikationstechniken nicht zu »Insellösungen« kommt, sondern versuchen, integrative Gesamtlösungen zu erreichen.			
6. Auch wenn viele unserer Mitarbeiter heute mit dem Computer arbeiten müssen, verlangen wir dennoch nicht, daß sie Computer-Spezialisten sind. Wir erwarten vielmehr, daß sie in erster Linie Fachleute in ihren jeweiligen Arbeitsgebieten bleiben.			
7. Wir legen Wert darauf, daß wir selbst und unsere Mitarbeiter bestimmen, welche Leistungen und Ergebnisse unsere Computer in welcher Form zu erbringen haben, und nicht umgekehrt.			
8. Wir schmoren mit unserer Informations- und Kommunikationstechnologie nicht im eigenen Saft und haben auch nicht den Ehrgeiz, alles selbst zu haben und zu machen, sondern bemühen uns darum, geeignete externe Datenbanken und Service-Stationen zu nutzen.			

*) + = Stimmt genau! Ich kann zufrieden sein.
+/– = Es geht so! Ich muß aufpassen.
– = Stimmt nicht! Ich muß hier etwas tun.

Aufgabe:

Überlegen Sie, welche positiven und negativen Erfahrungen in Ihrem Betrieb gemacht wurden, als damit begonnen wurde, im Büro- und Verwaltungsbereich Bildschirmarbeitsplätze in den

Fachabteilungen zu installieren. Welche Konsequenzen wurden aus diesen Erfahrungen gezogen? Was ließe sich künftig noch besser machen?

Positive Erfahrungen:	**Konsequenzen:**

Negative Erfahrungen:

6.6 Mensch und Organisation

»Organisation ist kein Ersatz für den Geist in einem Betrieb, aber Ausdruck des Geistes und der Achtung vor dem einzelnen Mitarbeiter.«

»Wenn der Arbeiter zu mir in die Fabrik kommt, hängt er seine Seele mit seiner Jacke in den Schrank. Er holt beides nach Feierabend wieder ab. Er ist gut bezahlt und ist daher zufrieden.« So drückte sich Henry Ford einmal aus. So war es zur Zeit der Frühindustrialisierung, als ein beachtlicher

Teil der arbeitenden Bevölkerung um ein Existenzminimum kämpfte und froh war, wenn es sein Auskommen hatte.

Heute sind die Ansprüche der Menschen – zumindest in unserer westlichen »satten« Welt – sehr viel anders, vor allem sehr viel höher. Geld ist keineswegs mehr der alleinige, oft noch nicht mal der wichtigste Grund für das Arbeiten. Anzeichen hierfür ist u.a., daß der Anteil der Menschen immer größer wird, die weiterführende Schulen besuchen, einen höheren Bildungsstand anstreben und dabei vorübergehend Einkommensverzicht leisten.

Das Arbeits- und Sozialrecht schützt heute zudem die Arbeitnehmer stärker als in frühkapitalistischen Zeiten. Sie haben, verglichen zu früher, kaum noch existentielle Not zu leiden. Solange der Kampf gegen Hunger und Armut die Hauptsorge war, konnten die höheren Bedürfnisse noch nicht in Erscheinung treten, sahen die Arbeitnehmer den Hauptsinn ihrer Arbeit in der bloßen Ernährung und Unterbringung ihrer Familie. Diese Situation können wir heute noch in Ländern mit großer Armut, insbesondere in Entwicklungsländern, beobachten.

In den letzten Jahrzehnten haben sich jedoch bei uns die über die Grundbedürfnisse hinausgehenden Wunsch- und Wertvorstellungen teilweise noch schneller geändert als die Arbeitsbedingungen selbst. Früher war das erste Ziel des beruflichen Strebens gewöhnlich, nicht mehr körperlich arbeiten zu müssen. Der Büroangestellte fühlte sich dem Arbeiter gegenüber weit überlegen, auch wenn seine Arbeit oft weniger Fachwissen erforderte und geringer honoriert wurde.

Heute erwarten die Menschen viel stärker die volle Entfaltung ihrer Möglichkeiten. Sie erwarten, daß die Arbeit aus sich heraus befriedigend ist. Die betrieblichen Probleme, bedingt durch immer schneller werdenden Wandel des Marktes, der Gesetzgebung, der Wissenschaft und Technik, werden jedoch immer komplexer. Wir brauchen daher nicht nur andere Führungs- und Kommunikationsformen, sondern auch andere Organisationsformen als früher.

So wissen wir, daß ein zu großes Maß an Arbeitsteilung zwar technisch vorteilhaft sein kann, daß es aber die Menschen qualitativ unterfordert und immer stumpfer werden läßt. Menschen, die jahrzehntelang am Fließband gearbeitet haben, zeigen sehr deutlich solche Erscheinungen. Wir sprechen in der Betriebspsychologie vom »Werksgedanken«, das heißt, die Menschen haben das Bedürfnis, etwas Sichtbares, Greifbares und Vorzeigbares als Bestätigung sinnvoller und erfolgreicher Betätigung zu schaffen. Erst dadurch können sie sich auch mit ihrer Firma, ihrem Beruf und mit dem Ergebnis ihrer Arbeit identifizieren und mit sich selbst zufrieden sein.

Beispiel: Jungverkäufer Friedrich wird dem Erstverkäufer Lehmann zugeteilt, um diesen im Verkauf zu unterstützen. Er hat keinen eigenen Verantwortungsbereich, sondern soll für Lehmann den »Sklaven« machen. Seine Leistung wird hauptsächlich das Erfolgserlebnis des Erstverkäufers stärken. Er selbst müßte auf Befriedigung und Anerkennung verzichten.
Dagegen hat Jungverkäufer Wilhelm ein eigenes Sortiment zu betreuen. Nach Einarbeitung durch Erstverkäufer Krause darf er in einem vorgegebenen Rahmen auch selbständig nachdisponieren. Krause betreut ihn dabei. Wilhelm fühlt sich ganz für seinen Bereich verantwortlich, engagiert sich mit allen seinen persönlichen Stärken und verbindet mit seinem Tun eigene Erfolgserlebnisse.

Wir sehen daran, wie stark durch geringfügige organisatorische Maßnahmen motiviert werden kann. Menschen fühlen sich von ihrer Arbeit entfremdet, wenn sie glauben, daß sie etwas schaffen, was nicht ihren persönlichen Stempel trägt, wenn sie keinen Zusammenhang mehr sehen zwischen dem, was sie tun, und dem, was dabei herauskommt.

Viktor Frankl, der große Arzt und Psychotherapeut, hat

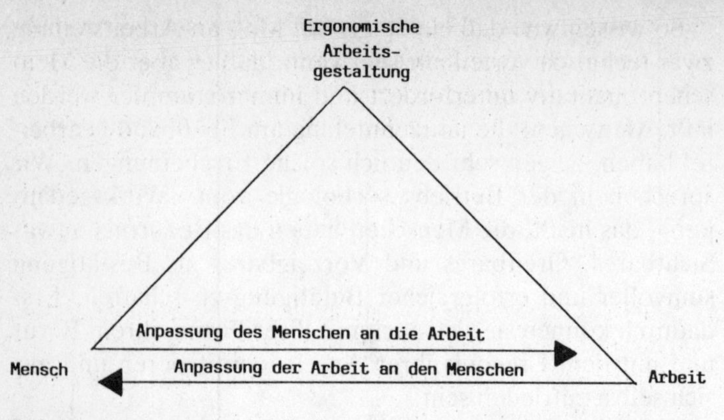

Bei der ergonomischen Arbeitsgestaltung kommt es darauf an, die Fähigkeiten des Menschen zu fördern und zu nutzen, ohne ihn zu schädigen oder zu über- und unterfordern.

als Krankheit unserer Zeit das Gefühl der Sinnlosigkeit (existenzielle Frustration) beschrieben. Die erste Voraussetzung für Motivation ist daher, daß der Mensch eine Aufgabe als sinnvoll betrachtet. Können wir von einem Mitarbeiter erwarten, daß er sich mit einer Arbeit identifiziert, die er als langweilig, sinnlos oder sogar als schädlich für sich oder andere empfindet?

In der Praxis stellt jede Organisation einen Kompromiß dar zwischen sachlichen Erfordernissen und menschlichen Fähigkeiten, Möglichkeiten und Bedürfnissen. Daher ist die rein sachbezogene Organisation in der Praxis nicht anwendbar, da Menschen nun einmal unterschiedlich sind und ihre Stärken und Schwächen, aber auch Bedürfnisse haben, die keineswegs immer mit den Anforderungen ihres Arbeitsplatzes übereinstimmen.

Noch gefährlicher als die rein sachbezogene (ad rem) Organisation ist die rein personenbezogene (ad personam). Hier baut sich jeder Mitarbeiter vom Chef bis zur jüngsten Hilfskraft sein eigenes Königreich. Es mag sein, daß sich dabei zunächst jeder wohlfühlt; der Kummer ist jedoch, daß dieser Zustand sehr schnell mit der Pleite des Betriebes endet. Um ein ausgewogenes Verhältnis zwischen menschlichen und sachlichen Erfordernissen beim Organisieren zu gewährleisten, ist es zweckmäßig, im Vorfeld der Realisierung die folgenden drei gedanklichen Schritte vorzusehen:

1. **Schritt:** Definition des Zieles; Erfassen der generell möglichen Wege, Mittel und Maßnahmen, die dorthin führen können

2. **Schritt:** Festlegen der Möglichkeiten in einer Rangreihe nach dem Kriterium der Wirtschaftlichkeit (welche der Möglichkeiten erfordert zur Erreichung des Zieles den geringsten Aufwand?);

3. **Schritt:** Streichen derjenigen Möglichkeiten aus der Rangreihe, die wegen der tatsächlichen personellen Situation (z. B. Mangel an Fachkräften, nicht vorhandene Fähigkeiten, unüberwindbare Akzeptanzprobleme) praktisch nicht durchführbar sind; Bestimmen der ranghöchsten (wirtschaftlichsten) Lösung unter den verbliebenen Möglichkeiten.

Auch hier gilt der Grundsatz, die Mitarbeiter in diesen Prozeß mit einzubeziehen; denn nur dann können sie Verständnis gewinnen und »aus dem Geiste heraus« handeln. So einleuchtend diese Vorüberlegungen sind, so schwierig ist es offenbar, sie mit der notwendigen Konsequenz anzustellen. Vor allem die Vergegenwärtigung möglicher Alternativen ist hierbei so wichtig, weil dadurch die Gefahren des Einbahnstraßen-Denkens, realitätsferne Konzepte und unnötige betriebliche Konflikte vermieden werden können.

Beispiel: Versandhaus Michel will zügig die Anwendungsgebiete für die hauseigene ADV-Anlage ausweiten. Es hat jedoch keinen Mitarbeiter, der dieses Vorhaben selbständig durchführen könnte. Am einfachsten wäre es, die weiteren Schritte durch die Kundenberatung des

Computer-Herstellers oder eines Software-Hauses planen und durchführen zu lassen, wobei es fraglich bliebe, ob das Ergebnis genau auf die eigenen Belange zugeschnitten sein würde. Möglich wäre es aber auch, den jungen und befähigten Assistenten des kaufmännischen Leiters durch gründliche und daher auch nicht billige Fortbildung dazu zu bringen, selbst das Vorhaben in die Tat umzusetzen. Schließlich wäre es aber auch möglich, sofort einen ausgebildeten Anwendungsprogrammierer einzustellen. Der allerdings müßte erst mit der Organisation vertraut werden, dürfte kaum auf die Kooperationsbereitschaft der Fachabteilungen stoßen und billig wäre er sicherlich auch nicht. Nach Abwägung aller Vor- und Nachteile entscheidet sich die Geschäftsleitung dafür, den kaufmännischen Assistenten für dieses Projekt einzusetzen.

Eindrucksvolle Beispiele für die ungenügende Beachtung des »Faktors Mensch« liefern die zahlreichen schiefgelaufenen Fusionsvorhaben der Vergangenheit. Hatte man vor dem Zusammenschluß zweier Unternehmen optimistisch die Gleichung 1 + 1 = 3 aufgestellt, so zeigte sich während der Fusionsabwicklung auf Grund unlösbarer Personal- und Organisationsprobleme oft schon, daß die Summe bestenfalls 2 betragen dürfte. Nicht selten aber mußten am Schluß die Betreiber der Fusion die deprimierende Rechnung aufmachen, daß 1 + 1 = 1 ergab.

Organisatorisches Kalkül, bei dem das nur schwer berechenbare menschliche Verhalten außer acht gelassen wird, erweist sich nur allzuoft als Milchmädchenrechnung. Besser ist es dann schon, von vornherein die menschlichen Stärken und Schwächen in die organisatorischen Überlegungen einzubeziehen.

Beispiel 1: Ausbildungsleiter Schmidt ist Ingenieur und hat eine ausgesprochene Begabung für das Konstruieren. Er ist aber auch ein sehr tüchtiger Ausbildungsleiter. So wird er Mitglied des Entwicklungsausschusses und kann hier zu seiner Freude und zum Nutzen der Firma seine Begabung wenigstens teilweise ausleben.

Beispiel 2: Verkaufsleiter Brenner hat aufgrund seiner früheren Tätigkeit eine umfassende Kenntnis des Beschaffungsmarktes. Deshalb bespricht Einkaufsleiter Müller regelmäßig alle wichtigen Beschaffungsvorhaben mit ihm.

Bestimmte Formen der Organisation wie Job-Enrichment, Teamarbeit, Qualitätszirkel oder Projektmanagement können hier helfen, die im Betrieb vorhandenen Personal- und Qualifikationsreserven sinnvoll einzusetzen und nutzbar zu machen und die manchmal vorhandene partielle Unterqualifikation anderer Mitarbeiter auszugleichen.

Dabei kann sich jedoch die Gefahr ergeben, daß qualifizierte Mitarbeiter vor lauter Zusatzarbeit nicht mehr dazu kommen, ihren eigentlichen Aufgabenbereich ausreichend wahrzunehmen. Außerdem können dadurch wesentliche Qualifikationsmängel anderer Mitarbeiter verdeckt werden. Unklare Organisationszustände und starkes Abweichen der Mitarbeiterqualifikation vom normalen Anforderungsprofil ihrer Stelle führen oft zu einer Ist-Organisation, die sich zur Soll-Organisation verhält wie eine Karikatur zu einem Foto. Jeder Praktiker weiß, daß sich in einem organisatorischen Vakuum sehr schnell die starken Mitarbeiter ausbreiten und Dschungel-Verhältnisse eintreten können.

Beispiel 1: In der zweiköpfigen Geschäftsführung der Stadtwerke Plumpshafen ist Herr Adam der »starke Mann«. Er leitet an sich zwar nur das Technische Ressort, entscheidet praktisch aber auch alle wichtigen Einkaufsvorgänge, da sein schwacher kaufmännischer Kollege, Herr Eva, sich oft sehr zögerlich und unsicher verhält und es auch nicht versteht, sich gegen die Übergriffe seines

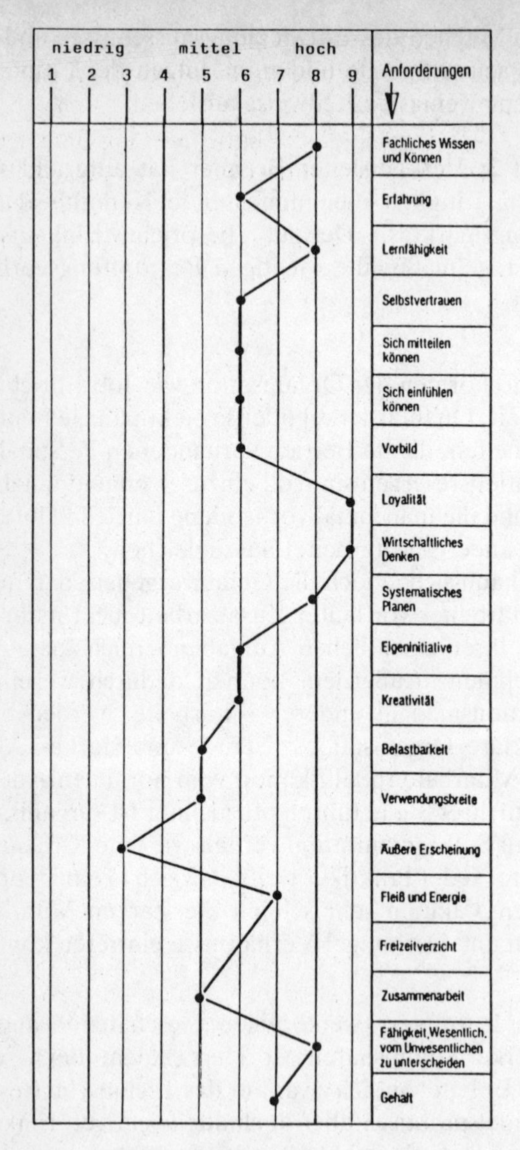

Anforderungsprofil für die Stelle »Leiter Rechnungswesen« (nach W. Borkel, Auswahl u. Einarbeitung von leitenden Mitarbeitern, Köln 1978).

Kollegen zu wehren. Einen Geschäftsverteilungsplan für die Geschäftsführung gibt es traditionell nicht.

Beispiel 2: In einem Industriebetrieb ist ein junger Ingenieur als Assistent des Betriebsleiters auf Nachtschicht eingesetzt. Da keiner weiß, welche Aufgaben und Kompetenzen er hat, respektieren ihn die Meister nicht, unterlaufen seine Anweisungen und überschreiten ständig ihre Kompetenzen.

Die informelle Organisation eines Betriebes – auch »innere Struktur« genannt – hat ihre eigenen Spielregeln, gruppendynamischen Erscheinungen, sanktionierten Verhaltensweisen und auch ihre eigenen inoffiziellen Nachrichtenverbindungen. Sie ist aber für die Mitarbeiter zugleich ein unverzichtbarer Ausgleich für die »Härten« der formellen Organisation – vor allem bei Betrieben mit sehr unpersönlichem und kaltem Klima. Hier gilt weniger die formelle Autorität (laut Organisationsplan), sondern der spontane Umgang miteinander und die individuelle Persönlichkeit jedes einzelnen, unabhängig von seiner offiziellen Stellung.

Die informelle Gruppe ist dabei Freund oder Feind des einzelnen Mitarbeiters.

Kollegen, die die Spielregeln nicht beachten, werden durch Spott, Sticheleien, Versagen von Hilfe, Schneiden, Desinformation, Denunziation, Intrigen oder gar Handgreiflichkeiten zur Räson gebracht.

Beispiel: Eine Gruppe von Arbeitern hatte es sich zur Regel gemacht, im Akkord nicht über 130 Prozent zu kommen. Sie fürchteten, daß sonst die Akkordvorgabe neu ermittelt und damit erhöht würde. Der neue Kollege Kühn »brach« diese Regel, indem er bald 150 Prozent der Normalleistung schaffte. Zunächst wurde er von der Gruppe als »Radfahrer« verspottet, dann isoliert und zuletzt als ständiger Störenfried angeschwärzt. Dies führte schließlich zu seiner Kündigung.

Zutage treten solche informellen Beziehungen und Normen immer dann, wenn sie von den formellen betrieblichen Regeln und Normen besonders kraß abweichen. Vielfach wirken informelle Verhaltensweisen jedoch als positive Verstärker der formellen betrieblichen Struktur, nur wird dies weniger und seltener wahrgenommen. Man spricht dann allenfalls von einer hochentwickelten Firmenkultur, einem freundlichen Betriebsklima oder einer netten kollegialen Atmosphäre.

Beispiel: Sachbearbeiterin Schmidt fühlt sich in der letzten Zeit gesundheitlich nicht wohl und hat außerdem private Sorgen wegen ihres Sohnes. Sie arbeitet daher öfters unkonzentriert. Die Kolleginnen kennen ihre Probleme, helfen aus und korrigieren die von ihr verursachten Fehler, ohne das an die »große Glocke zu hängen«.

Jeder Praktiker kennt solche positiven Beispiele aus seinem Arbeitsleben, bei denen in Übereinstimmung mit den betrieblichen Interessen durch die »innere Struktur« notwendige Informationen schnell an die betroffenen Stellen gelangten, bürokratische Hindernisse diskret umgangen wurden, sich der soziale Zusammenhalt und das Arbeitsklima in einer Abteilung besserten und eine an sich nur schwer erträgliche Arbeit durch ein angenehmes kollegiales Umfeld »vermenschlicht« wurde.

Praktischer Tip: Wenn Sie feststellen, daß es zwischen ihren Mitarbeitern zu Rivalitäten und Konflikten gekommen ist, wobei mehr gestritten als zusammengearbeitet wird, dann erfragen Sie auf beiden Seiten nicht nur die maßgeblichen eigenen Motive dieses Konfliktes, sondern auch die vermuteten Motive der Gegenseite. Stellen Sie dann in einem gemeinsamen Gespräch mit den beteiligten Mitarbeitern beider Seiten dar, wie jede Seite die unterschiedlichen Positionen sieht und beurteilt. Versuchen

Sie, auf dieser Grundlage die tatsächlichen Ursachen herauszuarbeiten, Mißverständnisse auszuräumen, gegenseitiges Verständnis herzustellen und einen für beide Seiten akzeptablen Kompromiß herbeizuführen. Manchmal steht eine auch für Sie bedeutsame Ursache hinter dem Konflikt; manchmal geht es aber auch nur darum, daß ein zusätzlicher Papierkorb angeschafft werden muß.

Gute oder wünschenswerte informelle Beziehungen helfen dem einzelnen, sich nicht nur als Nummer oder anonymer Leistungsträger im Betrieb zu fühlen. Sie sind umso stärker, je mehr gemeinsame Erlebnisse eine Gruppe verbinden. Nicht nur günstige, kommunikationsfreundliche formelle Strukturen und ausgewogene personelle Konstellationen sind also wichtig, sondern auch ein möglichst großer Vorrat gemeinsamer positiver Erfahrungen, wie etwa das Durchstehen von Notsituationen und Gefahren. Hierdurch kann die informelle Einbindung des einzelnen positiv verstärkt werden; allerdings liegt hierin auch die Gefahr, daß neue Mitarbeiter nur langsam und unter Schwierigkeiten integriert werden.

Es wäre also töricht zu versuchen, informelle Beziehungen selbst formell-organisatorisch zu regeln oder sie gar zu bekämpfen. Vielmehr kommt es bei der Organisationsarbeit darauf an, den Zusammenhang von organisatorischen Bedingungen und informellen Beziehungen so zu berücksichtigen, daß positive Verstärker im Sinne der betrieblichen Zielsetzung möglich gemacht oder gestärkt und negative Verstärker vermieden oder abgebaut werden

Grundregeln:

1. Die Wechselbeziehung zwischen Mensch und Organisation ist sehr ausgeprägt und wird stark von den sozialen, geistigen und wirtschaftlichen Ausprägungen einer Gesellschaft beeinflußt.

2. In einer Gesellschaft mit hohem Lebensstandard und einer gesättigten Wirtschaft, in der Menschen ihr Grundbedürfnis nach Existenzsicherung weitgehend befriedigt haben, werden besonders hohe Anforderungen an die Organisation gestellt (Arbeitszufriedenheit, Vertrauen, soziale Anerkennung, Aufstieg, Selbstverwirklichung usw.).
3. Der Mensch wird sich umso leichter in seinem Verhalten einer Organisation anpassen, je genauer er ihre Ziele kennt und je vorbehaltloser er sie akzeptiert.
4. Je anonymer und versachlichter die Organisation auf den einzelnen wirkt, desto wichtiger ist der Ausgleich durch positiv empfundene informelle Beziehungen.
5. Es ist immer wieder zu prüfen, wieweit im Einzelfall Arbeitsteilung und Spezialisierung mit ihren betrieblichen Vorteilen durch Nachteile im persönlich-menschlichen Bereich aufgehoben und letztlich ins Negative umgekehrt werden.
6. Starke Fluktuation, ein hoher Krankenstand und überdurchschnittliche Ausschußquoten sind oft ein untrüglicher Hinweis für ein bestehendes Mißverhältnis zwischen Mensch und Organisation.
7. Organisationsplanung, die nicht vom menschlich Zumutbaren ausgeht, ist nicht nur unrealistisch, sondern auch betriebsschädlich.
8. Ein ausgewogenes, harmonisches Verhältnis zwischen Mensch und Organisation ist wesentliche Voraussetzung für die Innovationsfähigkeit und Flexibilität eines Betriebes und der wirksamste Schutz vor bürokratischer Erstarrung.

Check-Liste

Aussage zum Ist-Zustand	Selbsteinschätzung*)		
	+	+/–	–
1. Ich habe den Eindruck, daß unsere Mitarbeiter sich bei uns wohlfühlen. Das Betriebsklima ist gut.			
2. Bei uns wird über die notwendige Sachbezogenheit unserer Entscheidungen nie der Mensch vergessen.			
3. Wer bei uns organisiert oder als Vorgesetzter Mitarbeiter zu führen hat, verfügt über ausreichende Kenntnisse in Fragen der Menschenführung.			
4. Unsere Ausfallzeiten und unsere Fluktuationsquote geben keinen Anlaß zu der Vermutung, daß sich dahinter Unzufriedenheit der betreffenden Mitarbeiter mit den organisatorischen Zuständen in unserem Hause verbirgt.			
5. Die sogenannten »informellen« Beziehungen in unseren Abteilungen sind uns kein Dorn im Auge, da sie letztlich eine wichtige Lücke ausfüllen, ohne dabei den betrieblichen Zielsetzungen zu schaden.			
6. Es kommt bei uns höchst selten vor, daß sich Mitarbeiter für einzelne Aufgaben ihres Bereichs nicht zuständig fühlen oder mal für einen ausgefallenen Kollegen nicht einspringen wollen.			

Aussage zum Ist-Zustand	Selbsteinschätzung*)		
	+	+/–	–
7. Wir machen unsere Organisation bewußt auch dadurch attraktiv, daß wir für bestimmte geeignete Aufgaben und Probleme Teams einsetzen und darüber hinaus versuchen, personenbedingte individuelle Stärken und Schwächen sinnvoll zu integrieren bzw. zu kompensieren.			
8. Da die formellen Kommunikations- und Beteiligungsmöglichkeiten im Betrieb für »konstruktive« informelle Beziehungen eine wichtige Voraussetzung sind, legen wir besonderen Wert darauf, daß sie elementare Bestandteile unserer Betriebsorganisation sind.			

*) + = Stimmt genau! Ich kann zufrieden sein.
+/– = Es geht so! Ich muß aufpassen.
– = Stimmt nicht! Ich muß hier etwas tun.

Aufgabe:

Wenn Sie sich einmal die Mitarbeiter, Vorgesetzten und Kollegen vor Augen führen, mit denen Sie täglich zusammenarbeiten:

- Bei wem sehen Sie von der Gesamterscheinung her die persönlichen und menschlichen Merkmale stärker im Vordergrund?
- Bei wem sehen Sie eher die formell-fachlichen Merkmale auf Grund der betrieblichen Position im Vordergrund?
- Welche Erscheinungsform empfinden Sie als angenehmer?
- Überlegen Sie, bitte, welches Ihrer Meinung nach die Gründe hierfür sein könnten?
- Wieweit spielen Sie selbst mit Ihrer Persönlichkeit dabei eine Rolle?

7 Ausblick: Künftige Entwicklungen in der Betriebsorganisation

»Das einzig Beständige ist der Wandel.«

In den letzten Jahren wurden in Theorie und Praxis betrieblicher Organisationsarbeit einige sehr wichtige Trends deutlich, die sich mit großer Wahrscheinlichkeit in der Zukunft verwirklichen oder fortentwickeln werden.

Die Änderungsgeschwindigkeit in unserer Wirtschaft und Gesellschaft wird weiterhin zunehmen. Gegenwärtig leben nahezu soviele forschende Wissenschaftler in der Welt wie in allen bisherigen Generationen zusammen. Auch der zeitliche Abstand zwischen neuen Erkenntnissen und deren Realisierung in der Praxis wird immer geringer.

Schon jetzt hat der Computer einen außerordentlich großen Einfluß auf die Organisation der Betriebe. Die Preise für Hardware und Software sinken rapide und erleichtern somit den Einsatz dezentraler Datenverarbeitung. Schon in wenigen Jahren werden wir in besonders dafür geeigneten Betrieben ein weitgehend papierloses Büro haben. Durch den Computer werden flexible Arbeitszeiten und Heimarbeitsplätze in einem Maße möglich, das früher kaum denkbar war.

Beispiel: In den USA arbeiteten 1987 bereits ca. neun Millionen Amerikaner im Bereich der »elektronischen Heimarbeit«.
Sie bleiben zur Arbeit zu Hause, indem sie am eigenen oder am Computer ihrer Firma Dateneingaben, Textbearbeitungen, Programmentwicklungen und andere computer-gestützten Tätigkeiten erledigen. Diese Zahl ist weiterhin stark im Steigen begriffen. Die persönlichen, familiären und gesellschaftlichen Konsequenzen aus der Computer-Heimarbeit sind gewaltig.

Die konventionelle, »kästchenförmige« Organisation, die sich auch räumlich in dieser Form niederschlug, weicht immer stärker einer offenen, flexiblen Bürolandschaft, die vor allem sowohl durch die technikgestützte als auch durch die personengeprägte Bürokommunikation – Computer, Bildschirme, Kopierer, Ablagen und Dokumentationen mit reduziertem Raumbedarf, Fernübertragungstechnik, Arbeitskabinen, bewegliche Trennwände, ergonomisch ausgefeiltes Mobiliar, aber auch die gute alte zettelbespickte Pinnwand oder das traditionelle »Schwarze Brett« – gekennzeichnet sein wird.

Zur »Vernetzung« der Bürokomplexe kommt hinzu, daß bestimmte Mitarbeiter über einen tragbaren, sehr leistungsfähigen Kleinst-Computer mit Nebengeräten verfügen werden, mit dem sie unter relativ einfachen Voraussetzungen an fast jedem anderen Ort ihrer Arbeit nachgehen können, zunehmend wohl auch zu Hause. Das Büro wird also mehr sein, als die traditionelle Kombination von Stuhl, Tisch, Telefon, Aktenschrank und vier Wänden. Es wird immer mehr zu einer Funktion als zu einer Räumlichkeit.

Der Zukunftsforscher Alvin Toffler spricht von der Gefahr der »elektronischen Hütte«, in der der Mitarbeiter hinter seinem Terminal innerlich vereinsamt sitzt. Zweifelsohne besteht diese Gefahr. Sie wird hoffentlich rechtzeitig erkannt und einigermaßen gebannt werden.

Da die Arbeitsplätze immer stärker »vernetzt« sind, wird die Bedeutung von Teams und Projektgruppen noch weiter zunehmen. Datenbanken mit dezentralen Zugriffsmöglichkeiten werden die datenmäßige Vernetzung erleichtern und zugleich neue Probleme der Datensicherung schaffen. Diese Entwicklung wird im Prinzip auch den technischen Bereich prägen. Die von Taylor geprägte, auf Spezialisierung ausgerichtete Fabrikorganisation wird im Zeitalter computerintegrierter Produktionsabläufe (CIM) eine zunehmende Umkehrung erfahren. Die generelle Funktionsbündelung im Fertigungsbereich wird auch den einzelnen Arbeitsplatz bereichern (Job-Enrichment).

Beispiel: Ein Fertigungsbetrieb mit hochgradig entwikkelter CIM-Technologie muß seine arbeitsorganisatorische Struktur wiederholt verändern, da die herkömmliche verrichtungsorientierte Arbeitsteilung den Anforderungen nicht mehr genügt. Die zentralen Abteilungen Werksplanung, Arbeitsvorbereitung, Instandsetzung und selbst die Qualitätssicherung schaffen es einfach nicht mehr, den komplizierten Abläufen der einzelnen Produktionsabteilungen zu folgen und die reibungslose Zusammenarbeit zu gewährleisten. Schließlich werden die entsprechenden Fachleute vollständig in die einzelnen Fertigungsbereiche integriert, so daß innerhalb jeder Abteilung alle wesentlichen Funktionen zu teilautonomen Einheiten als sogenannte »Fertigungsinseln« zusammengefaßt sind.

Da die Bedeutung der horizontalen Zusammenarbeit noch weiter zunehmen wird, werden auch weniger hierarchische Stufen erforderlich sein. Die betriebliche Hierarchie wird abflachen. Zugleich bedeutet dies eine Relativierung der Hierarchie. Oben und unten wird weniger betont sein als nah und fern im Sinne der Vernetzung und der Kommunikation. Der hierarchisch definierte Rang einer Stelle tritt hinter ihrer Funktion innerhalb strategischer Komplexe zurück. Sicherlich, die Hierarchie der Einkommen wird dagegen weiterhin bestehen bleiben, wenngleich die Vergütung von Führungskräften und Mitarbeitern noch leistungs- und ergebnisbezogener sein wird.

Die Märkte in den reiferen Industrieländern, wie in den USA, in Japan oder in den meisten westeuropäischen Ländern, werden sich für traditionelle Konsumangebote als zunehmend gesättigt erweisen. Daher gilt es immer mehr, auf die Befriedigung von sich wandelnden Kundenbedürfnissen einzugehen und marktorientierte Innovationen voranzutreiben. Ein immer wichtiger werdendes Kriterium zur Beurteilung einer Organisation wird daher ihre Kundenorientierung, ihre Innovationsfähigkeit und ihre Flexibilität sein. Solche Anforderungen an die Organisation lassen sich am besten in Form kleinerer, dafür um so überschaubarerer strategischer Geschäftseinheiten (SGE) realisieren, die markt- und kundenorientiert denken und handeln. Die Güte der Organisation muß sich damit besonders an der betrieblichen Peripherie, also an den Schnittstellen zum Markt und zur Öffentlichkeit, beweisen.

Der Wettbewerb zwischen den Unternehmen – traditionell über Preis, Qualität, Service und Marken-Image – wird immer stärker ein Wettbewerb in den geistigen Qualifikationen von Führungskräften und Mitarbeitern werden. Dabei kommt es zwar auch auf das persönliche Format des einzelnen an, noch mehr jedoch auf die ganzheitliche Managementleistung. In der Kooperations- und Ergänzungsfähigkeit des Managements liegt der Schlüssel des Erfolges; nämlich in seiner Fähigkeit, synergetische Kräfte frei- und einzusetzen.

Beispiel: Während heute noch die Leitungsmitglieder großer Betriebe einzeln in komfortablen Chef-Zimmern sitzen, abgeschirmt durch ihre Vorzimmer, und dort – manchmal geradezu aus der Isolation heraus – wichtige Entscheidungen treffen, werden sie und ihre engsten Mitarbeiter in ein paar Jahren in einer Operationszentrale integriert sein und dort in hautenger Zusammenarbeit mit den jeweils beteiligten Kollegen, Spezialisten und Repräsentanten der strategischen Geschäftseinheiten (SGE) beraten und entscheiden. Eine solche Operations- oder Leitzentrale als hauptsächlicher Arbeitsplatz der Top-Manager, erfordert eine weitgehend neue Büroarchitektur und -organisation. Ähnlich einem militärischen Kommando- und Lagezentrum, allerdings mit modernsten Informations- und Kommunikationstechniken ausgestattet, wird dort die aktuelle Lage laufend erfaßt, visualisiert, analysiert, rückwärts- und vorwärtsgekoppelt und mit größtmöglicher Nähe zur Vergangenheit und Zukunft in die notwendigen neuen Entscheidungen umgesetzt.

Deren Ausführung erfolgt dann nicht mehr über zeitraubende Entscheidungsketten, sondern fast zeitgleich mit dem jeweiligen Beschluß. Auch der Synergie-Effekt wäre bei einem solchen »Büro-Layout« gewaltig. – Vielleicht wird eines Tages auch im Leitungsbereich großer Betriebe regelmäßig rund um die Uhr im Schichtbetrieb gearbeitet.

Um zusätzliche synergetische Kräfte vor allem geht es auch, wenn in Zukunft mit einer intensiveren überbetrieblichen Arbeitsteilung gerechnet werden muß. Wo interessante Betriebe nicht »geschluckt« werden können oder keine Möglichkeit der Fusion besteht, wird kooperiert werden müssen. Dabei werden die geschäftlichen Beziehungen weniger durch ein Ungleichgewicht zwischen dem Auftraggeber gegenüber dem Auftragnehmer bestimmt, sondern – unabhängig von den Unternehmensgrößen der Beteiligten – durch ein Bündnis gleichwertiger Partner. Mit Blick auf die jeweiligen spezifischen Stärken der Partner werden klassische arbeitsteilige betriebliche Funktionen »externalisiert«. Aufgaben werden also auf solche Betriebe nach außen übertragen, die es besser und vor allem wirtschaftlicher können.

Beispiel 1: Ein Zulieferer technisch anspruchsvoller Aggregate vereinbart mit einem Automobilhersteller, künftig nicht nur nach den Konstruktionsplänen des Auftraggebers zu produzieren, sondern für ihn auch Forschungs- und Konstruktionsaufträge zu übernehmen. Damit wird er auch zum Dienstleister.

Beispiel 2: Vier selbständige mittelständische Unternehmen beschließen eine »strategische Allianz«, bei der jeder sich verpflichtet, in dem Bereich seinen Beitrag zu leisten, in dem er mit seinem Know-how als besonders stark gilt. Auf diese Weise gelingt es ihnen gemeinsam, zahlreiche innovative Produkte im High-Tech-Bereich zu entwickeln und sie gegen die Konkurrenz großer Konzerne erfolgreich auf den Markt zu bringen. Einer allein hätte das nicht geschafft.

Solche überbetrieblichen Kooperationsformen verlangen nach neuen Organisationsformen, die nicht nur die »verlängerten Werkbänke« integrieren, sondern auch die Kommunikation zwischen den Partnern sowie die zusätzlichen bzw. geänderten Leitungsstrukturen und Verantwortungsbereiche unterstützen.

Infolge des ungeheueren Anstiegs an Wissen und Können werden viele Unternehmen – vor allem Mittelbetriebe ohne große Stabsabteilungen – auch im »intellektuellen« Bereich auf die Hilfe externer Stellen angewiesen sein. Diese »verlängerte Hochschulbank« wird sich in erster Linie auf anspruchsvolle geistige Dienstleistungen (Strategie-, Marketing-, Personal-, Organisations-, EDV-, Rechts- sowie Forschungs- und Entwicklungsberatungen) erstrecken, die im eigenen Hause nicht wirtschaftlich und professionell erledigt werden können.

Je größer die Änderungsgeschwindigkeit, desto stärker wird auch der Zwang zu regelmäßiger – »lebenslanger« – Fortbildung. Daraus folgt, daß Organisations- und Personalentwicklung in Zukunft zu den wichtigsten permanenten Aufgaben eines Managements werden.

Da die materiellen Grundbedürfnisse immer stärker gesättigt sein werden, stellt sich bei den Mitarbeitern zunehmend die Frage nach dem Sinn Ihres Tuns. Die alte überkommene Verrichtungsorganisation mit ihrem hohen Maß an Arbeitsteilung (Taylorismus) kann immer weniger dieses Bedürfnis nach Selbstentfaltung und überschaubarem, sinnvollem Tun befriedigen. Job-Enrichment wird daher noch weiter intensiviert werden müssen.

Betriebsorganisation muß auch aus sich selbst heraus »lernfähig« werden, um sich den geänderten Anforderungen schnell und erfolgreich anpassen zu können. So werden die Anforderungen an die Organisierenden noch weiter steigen. Die überkommene »Grundorganisation« d.h. die im Kern letztlich doch über Jahrzehnte hinweg gleichgebliebene Struktur eines Betriebes, wird dabei zunehmend in Frage gestellt werden.

Praktischer Tip: Jedem Betrieb ist im Sinne praktizierter Organisationsentwicklung zu empfehlen, sich frühzeitig mit den beteiligten Mitarbeitern und externen Fachleuten in Form eines Workshops zusammenzusetzen, um systematisch die sie betreffenden Trends in den Bereichen Markt, Innovation, Führung, Betriebsorganisation, Zusammenarbeit und neue Technologien auszuwerten und die daraus resultierenden Konsequenzen für sich zu erkennen.

Jede neue Entwicklung bietet für den Betrieb Chancen und Risiken. Diejenigen Betriebe, die sich in ihrer Konzeption und in ihrer Organisations- und Personalentwicklung rechtzeitig sowohl auf die Risiken dieser Trends als auch auf die sich daraus ergebenden Chancen einstellen, werden nicht nur im Wettbewerb um Marktanteile, sondern auch um qualifizierte Mitarbeiter um die berühmte Nasenlänge voraus sein. Sie werden damit fähig sein, ihre Existenz nachhaltig zu sichern.

Organisation von A – Z

Ablauforganisation Planung und Gestaltung von verschiedenen Arbeitsvorgängen und deren Leistungsträgern in einer sinnvollen, zusammenhängenden Folge.

ad-personam-Organisation organisatorische Maßnahmen oder Regelungen orientieren sich hauptsächlich an personellen Gegebenheiten bzw. an den Wünschen bestimmter Personen.

ad-rem-Organisation das Prinzip, wonach organisatorische Maßnahmen allein unter sachlich-rationellen Gesichtspunkten vorzunehmen sind.

Akzeptanzproblem besonders im Zusammenhang mit dem Konzept der Organisationsentwicklung (OE) verwendeter Begriff, der die vor allem psychologisch bedingte mangelnde Bereitschaft von Mitarbeitern umreißt, bestimmte Merkmale ihrer Arbeitssituation zu akzeptieren; verschiedene OE-Lösungen zielen auf Vermeiden von A. oder Erreichen eines Konsenses hin.

Anwenderprogramme Computer-Software, die im Rahmen des jeweiligen Betriebssystems auf das Durchführen spezieller Problemlösungen und Aufgaben beim Endbenutzer ausgerichtet ist.

Arbeitsorganisation der von Taylor um 1900 begründete wissenschaftliche Ansatz der Betriebsführung, die Kombination der Faktoren Arbeit (Mensch) und Kapital (Maschinen) entsprechend dem Betriebszweck so rationell wie möglich durch ausgeprägte Spezialisierung zu gestalten; heute versucht die A. diesen mechanistischen durch einen integrativen Ansatz zu ersetzen, der stärker die menschlichen Bedürfnisse berücksichtigt.

Arbeitsplatz Beschäftigungsverhältnis, Aufgabenbereich, im engeren Sinne der konkrete Ort, an dem der Mitarbeiter gemeinsam mit anderen und unter Einsatz von Arbeitsmitteln die geforderten Leistungen erbringt (Arbeitsvorgang).

Arbeitsplatzbeschreibung s. Stellenbeschreibung.

Arbeitsplatzbewertung Verfahren der Arbeitswissenschaft, durch objektivierte Methoden einen Arbeitsplatz zu analysieren, durch Vergleich zu bewerten und ihn entsprechend den Lohn- und Gehaltsgruppenkatalogen einzugruppieren, wobei sich jedoch subjektive Wertungen nicht vermeiden lassen.

Arbeitsplatzgestaltung der Bereich der Arbeitswissenschaft und Betriebsorganisation, der sich mit der Anpassung von Arbeitsplätzen sowohl unter ergonomischen (humanitär-soziale Aspekte) als auch ökonomischen (Arbeitsproduktivität) Zielsetzungen befaßt.

Arbeitsteilung das abgestimmte Zusammenwirken mehrerer Stellen, eine gemeinsame Leistung zu erbringen, wobei jede Stelle entsprechend ihren fachlichen und sonstigen Merkmalen einen Teilbeitrag dazu leistet.

Aufbauorganisation Gestaltungsbereich bzw. Zustand der Organisationsstruktur eines Betriebes durch Bilden und Zuordnen von Bereichen, Abteilungen, Gruppen und Stellen sowie Festlegen von Über- bzw. Unterordnungsverhältnissen (Betriebshierarchie).

Aufgaben einzelne Tätigkeiten und Pflichten fachlicher und führungsmäßiger Art, die für eine Stelle zusammengenommen den Aufgabenbereich ergeben.

automatisierte Datenverarbeitung (ADV) gegenüber der Bezeichnung »elektronische Datenverarbeitung« (EDV) ein konkreterer Begriff, der eine bestimmte technologische Stufe der Rationalisierung in der Datenverarbeitung (von manueller bis systemintegrierter DV) kennzeichnen soll.

Benutzer/B.-Handbuch ein für den Anwender eines Gerätes oder eines Verfahrens für bestimmte Problemlösungen erstellte, möglichst didaktisch aufbereitete Dokumentation, die als Leitfaden (Bedienungshandbuch) dienen soll.

Berichtswesen Regelung der zu erbringenden Informationen über Ereignisse, Entwicklungen und Vorhaben während eines bestimmten Zeitraumes (kurz-, mittel- oder langfristig) innerhalb einzelner Bereiche.

Betriebsanalyse (Unternehmens- oder auch Schwachstellenanalyse) meist durch externe Fachleute vorgenommene Ist-Erhebung und Untersuchung eines Betriebes bzw. eines betrieblichen Teilbereiches durch Beobachten, Befragen, Messen oder Aktenstudium mit dem Ziel, die Feststellungen auszuwerten, neue Konzepte zu entwickeln und die notwendigen Entscheidungen über Verbesserungsmöglichkeiten herbeizuführen.

Betriebsorganisation die generell für Betriebsformen geltenden Erkenntnisse, Sachverhalte und Maßnahmen hinsichtlich ihrer planvollen Gestaltung, insbesondere der Zuordnung von Menschen und Sachmitteln; darüber hinaus gibt es Ausprägungen spezieller B. für Betriebstypen (z. B. Handels-, Industrie-, Verwaltungs-, Bank- oder Versorgungsbetriebe).

Betriebssystem das für den Computer erforderliche Systemprogramm für seine internen Verwaltungs- und Steuerungsfähigkeiten sowie seine Einsatz- und Anwendungsmöglichkeiten.

Beurteilung Erfassen, Beschreiben und Bewerten von Leistungen, Fähigkeiten und Verhaltensweisen von Mitarbeitern z. B. als Voraussetzung für gezielte Fördermaßnahmen.

Büro-Layout Auslegung der Büroraumplanung insbesondere unter kommunikativen, ablauf- und büroorganisatorischen Gesichtspunkten.

Büromittel Ausstattung der Büros mit Mobiliar, Geräten und Hilfsmitteln zur Abwicklung und Unterstützung eines leistungsfähigen Bürobetriebes.

Bürokommunikation die im Bürobereich installierten Geräte, Netze, Dienste und Programme, die geeignet sind, den Arbeitsplatz und die mit ihm korrespondierenden internen und externen Stellen bestmöglich in ein bedarfsgerecht abgestimmtes Kommunikationssystem zu integrieren.

Bürokratismus durch falsche oder durch Überorganisation sowie durch zu großen Formalismus bewirkte Erscheinungsform einer Organisation, die sich als schwerfällig, leistungshemmend und menschenfeindlich erweist.

Büroorganisation Teilgebiet der Organisationsarbeit, das sich mit der Gestaltung, Ausstattung und Arbeitstechnik von Arbeitsplätzen im Verwaltungsbereich befaßt.

CAD (computer aided design) computer-gestütztes Entwerfen und Konstruieren mit Hilfe spezieller Software und Hardware.

CAI (computer aided instruction) computer-gestütztes Lernen und Einweisen.

CAM (computer aided manufacturing) computer-gestütztes Herstellen oder Bearbeiten von Produkten von der Arbeitsvorbereitung bis zur Qualitätssicherung.

Check-Liste (Checklist) Auflistung von Fragen, Kriterien oder Standards als Hilfsmittel zur Durchführung von Kontrollvorgängen und anderen Abläufen.

CIM (computer integrated manufacturing) computer-integrierte Prozeßsteuerung in der Fertigung.

COM (computer output to microfilm) Datenaufbewahrung und -nutzung über die platzsparende, jedoch relativ umständliche und teuere Mikroverfilmung.

Datenschutz die durch das Bundesdatenschutzgesetz (BDSG) begründeten, für öffentliche und private Betriebe sowie für Personen geltenden Maßnahmen und Pflichten beim Umgang mit personenbezogenen Daten gegen deren Mißbrauch und zum Schutz der privaten Sphäre (informationelle Selbstbestimmung).

Datensicherung die vorbeugenden oder akuten Maßnahmen gegen das unbeabsichtigte Verlieren oder Verfälschen von Daten und gegen andere Störungen im Datenverarbeitungsbetrieb sowie gegen unbefugte Eingriffe, soweit sie vom Datenschutz nicht abgedeckt werden.

Datenverarbeitung (DV) Oberbegriff für alle Verfahren und Technologien, die dem Erfassen, Aufzeichnen, Speichern, Reproduzieren, Bearbeiten und zum Teil auch Übermitteln von Daten dienen; im engeren Sinne: die elektronische D. (EDV).

Delegationsprinzip Grundsatz, wonach den Mitarbeitern nicht lediglich Arbeitsaufträge übertragen werden, sondern Aufgaben und Kompetenzen, die entsprechend den vorgegebenen Zielen selbständig und in eigener Handlungsverantwortung wahrzunehmen sind.

Delegationsstufe während die Rangstufe die organisatorisch-hierarchische »Bewertung« einer Stelle bzw. der von ihr geleiteten Organisationseinheit angibt (Abteilungsleiter, Gruppenleiter u. ä.), bringt die Delegationsstufe rangunabhängig zum Ausdruck, wie lang der Delegationsweg von der obersten Leitungsebene bis zur betreffenden Stelle ist.

Desktop Publishing (DTP) computer-gestützte Herstellung hochwertiger Druckvorlagen, die allerdings besondere Ansprüche an die Hard- und Software stellen.

Dezentralisation Aktivitäten und Zuständigkeiten sind von der Unternehmensleitung weg auf das gesamte Unternehmen verteilt, so daß es zu hierarchisch und räumlich getrennten, weitgehend selbständigen Leitungsbereichen kommt.

Diagramm zeichnerische Darstellung von Aufgabenverteilungen, Abläufen und anderen organisatorisch bedeutsamen Sachverhalten in Form von Tabellen, Koordinatensystemen und anderen Schaubildern.

Diversifikation strategisch bedingte Ausweitung des Leistungsangebotes eines Unternehmens auf grundsätzlich neue Leistungsbereiche.

Divisionalisierung Auflösung einer zentralistischen Unternehmensorganisation in mehrere, selbständige, dezentrale Einheiten, z.B. ausgerichtet auf Märkte, Produkte oder Vertriebswege, mit eigener Strategie und Ergebnisverantwortung.

Engpaßorientierung Konzentration der Kräfte auf die Beseitigung des jeweils bedeutsamsten bzw. schwerstwiegenden Engpasses im Betrieb.

elektronische Datenverarbeitung (EDV) technik- und insbesondere computergestützte Verarbeitung von Daten für immer weiterreichende und anspruchsvollere Zwecke in fast allen Bereichen von Wirtschaft, Verwaltung und Gesellschaft; organisatorisch bedeutsam sind zunehmend die Möglichkeiten der Text- und Bildverarbeitung sowie der Bürokommunikation.

Fachabteilung/F.-bereich allgemeine Bezeichnung für die funktional ausgerichteten betrieblichen Organisationseinheiten bei verrichtungsorientierter Organisationsstruktur (Einkauf, Verkauf, Werbung, Forschung und Entwicklung, Produktion, Personal, Finanzen und Rechnungswesen usw.).

Federführung Übertragung von Rechten, Pflichten und Aufgaben einer Gruppe auf ein einzelnes Mitglied dieser Gruppe, das dann im Namen der Gruppe allein tätig wird.

Feed back Rückkopplung, Denkansatz bei kybernetischer Be trachtungsweise, wobei die in der letzten Phase des Regelkreises im Rahmen des Plan-Ist-Vergleiches anfallenden rückwirkenden Informationen der Vergangenheit auf die Zukunft übertragen werden und dabei zu einer Korrektur der Planung führen können.

Feed forward Vorwärtskopplung, Plan-Plan-Vergleich, kybernetischer Denk- und Planungsansatz, wobei der längerfristige Plan bzw. das langfristige Ziel die kürzerfristige Planung bedingt, Daten und Vorgaben für die ferne Zukunft, also auf die Gegenwart und nahe Zukunft abgeleitet werden.

Firmenbeirat s. Unternehmensbeirat.

Firmenkultur die Summe der gewöhnlich ungeschriebenen Regeln und Qualitäten der Zusammenarbeit und Kommunikation in einem Betrieb nach innen und außen, die durch Leitbilder und Grundwerte geprägt sind.

Flußdiagramm (Harmonogramm) symbolhafte Darstellung von Organisationsabläufen nach logischen Aufgliederungen.

Formular Formblatt, Vordruck, der als organisatorische Hilfsmittel zur Erfassung, Sammlung, Weitergabe oder Verarbeitung von Daten und Informationen verwendet wird.

Führungsspanne (Kontroll-, Leitungs-, Managementspanne) die Anzahl der Mitarbeiter, die einem Vorgesetzten direkt unterstellt sind und die dieser zu führen hat.

Führungsstil Art und Weise, in der Vorgesetzte, Mitarbeiter und Kollegen in einem Betrieb zusammenarbeiten und sich verhalten, schriftliche Festlegung des F. erfolgt in Grundsätzen durch die Führungsrichtlinie.

Funktionsdiagramm Übersicht über den Zusammenhang und die Zuordnung fachlicher Funktionen und Kompetenzen einzelner Stellen oder Abteilungen eines Betriebes.

funktionsbezogene oder funktionale Organisationsstruktur Strukturierung des Unternehmens unter Zusammenfassung fachlich gleicher oder verwandter Tätigkeiten und Verrichtungen unter jeweils einheitlicher Leitung.

Fusion (Unternehmens-F.) rechtliche, finanzielle, wirtschaftliche und meist auch organisatorische Zusammenfassung von wenigstens zwei Unternehmen zu einer Gesellschaft.

Geschäftsordnung schriftliche Regelung für die Zusammenarbeit und Aufgabenverteilung (Geschäftsverteilung) innerhalb einer Gruppe.

Geschäftsverteilung(splan) Aufteilung von Pflichten, Aufgaben, Kompetenzen und anderen Zuständigkeiten innerhalb einer mehrköpfigen Organisationseinheit, insbesondere eines Leitungsgremiums, um Verantwortungsbereiche festzulegen und betriebliche Transparenz herzustellen.

Gruppendynamik die speziell innerhalb von Gruppen auftretenden besonderen Kräfte, Beziehungen und Konflikte; durch deren Analyse sowie durch Training wird versucht, Nachteile daraus zu vermeiden und mögliche Vorteile zu nutzen.

Hardware praktisch alle Computer-Bauelemente, die man anfassen kann, also z. B. Rechner- und Speichereinheiten, Drucker, Bildschirme oder Plotter mit ihren Gehäusen, Kabeln und Transformatoren.

Hierarchie Bezeichnung für die formale, meist pyramidenförmige Aufbaustruktur einer Organisation, wie sie sich aus der Über- bzw. Unterordnung der einzelnen Stellen ergibt.

horizontale Zusammenarbeit die Zusammenarbeit außerhalb des Vorgesetzten-Mitarbeiter-Verhältnisses bzw. des Dienstweges, also etwa innerhalb von Gruppen oder zwischen Kollegen, aber auch im Rahmen einer Matrix-Organisation, wie z. B. Objekt-, Projekt- oder Produkt-Manager.

Image Ansehen, Ruf, Erscheinungsbild, mit der Erkenntnis, daß es für einen Betrieb, eine Person, eine Marke oder ein Produkt nicht nur darauf ankommt, wie es ist, sondern auch wie es gesehen wird, ist das Image-Bewußtsein allenthalben gewachsen; die Bemühungen um das Image gehen dahin, als vertrauenswürdig, sachkompetent und einmalig zu gelten.

Information Nachricht oder Mitteilung innerhalb des mehr oder weniger systematisch gestalteten betrieblichen Melde- und Berichtswesen bis hin zu einem umfassenden Management-Informations-System (MIS).

informelle Organisation die »innere Struktur« eines Betriebes, die zwar von der offiziellen, »formellen« Organisationsstruktur mitgeprägt wird, sich jedoch aus den sozialen, gruppendynamischen Beziehungen und individuellen Merkmalen ergibt und teilweise zu erheblichen Abweichungen von der Soll-Organisation führen kann.

Innovation, Innovations-Management Erfindung, Neuerung möglichst grundlegender Art, etwa neue Produkte, Dienstleistungen oder andere kreative Leistungen; Aufgabe des Managements ist es, das bewußte und gezielte Herbeiführen und Sichern innovativer Leistungen betrieblich zu organisieren, um sie erfolgreich zu vermarkten.

Instanzenzug die sich im Rahmen der Linienorganisation ergebende Folge über- bzw. nachgeordneter Stellen über alle Delegationsstufen hinweg (z. B. Einkaufssachbearbeiter – Einkaufsleiter – Kaufmännischer Leiter – Geschäftsführer).

Integrationsphase die dritte Entwicklungsphase eines Betriebes, in der Führungsstil und Organisationsstruktur miteinander so abgestimmt (integriert) werden, daß das Ziel dauerhafter Stabilität sowie die strategischen Konzeptionen zur Festigung der Marktposition im Vordergrund stehen.

Job-Enlargement Erweiterung des Aufgabenbereiches in horizontaler Form durch Verringerung der Arbeitsteilung und damit des Grades der Spezialisierung.

Job-Enrichment Arbeitsplatzanreicherung, indem bestehende Arbeitsplätze durch Übertragung anspruchsvoller Aufgaben und Kompetenzen attraktiver gestaltet werden.

Job-Rotation gezielter, innerbetrieblicher Arbeitsplatzwechsel, bei dem Mitarbeiter in verschiedenen Funktionsbereichen eingesetzt werden, um ihre Erfahrungs- und Einsatzbreite zu vergrößern und sie ggfs. auf Führungspositionen vorzubereiten.

Job-Sharing besonders im Rahmen zunehmender Teilzeitbeschäftigung und flexibler Arbeitszeiten praktiziertes Beschäftigungsmodell, bei dem sich mehrere Stelleninhaber eine Stelle teilen und sie zeitlich nacheinander besetzen.

Key-Account-Management besondere Organisation des Vertriebsinnen- und -außendienstes, die gezielt auf die Betreuung und Pflege von Groß- und Schlüsselkunden durch einen Key-Account-Manager ausgerichtet ist.

Kommunikation mündlich, schriftlich, elektronisch oder in anderer technikgestützten Weise weitergegebene Informationen zwischen zwei oder mehr Stellen im Rahmen der betrieblichen Zusammenarbeit oder informeller Beziehungen.

Kompatibilität Eigenschaft eines Computers hinsichtlich der Übereinstimmung und Verträglichkeit mit Hardware und Software eines anderen Typs, Fabrikates oder Systems.

Kompetenz Befugnis eines Stelleninhabers, ob er bei einem Vorgang entscheidend, beratend oder ausführend beteiligt ist, wieweit seine Entscheidungsbefugnisse hierbei gehen und ob er darüber hinaus ein generelles Weisungsrecht als Vorgesetzter gegenüber seinen Mitarbeitern besitzt.

Kontrolle Überwachen, Überprüfen von Sachverhalten durch Gegenüberstellen des Ist-Zustandes mit dem Soll-Zustand, durch Feststellen möglicher Abweichungen sowie durch Vornahme notwendiger Steuerungen.

Kooperation Zusammenarbeit, im Hinblick auf den kooperativen Führungsstil das Zusammenwirken zwischen Vorgesetzten, Mitarbeitern und Kollegen unter partnerschaftlichen Bedingungen, wobei die unterschiedlichen fachlichen und führungsmäßigen Zuständigkeiten gegenseitig respektiert werden.

Koordination geplantes Abstimmen von verschiedenen Stellen oder Einzelaktivitäten, um zu der angestrebten gemeinsamen Leistung zu gelangen; Führungsaufgabe des Vorgesetzten gegenüber seinen Mitarbeitern.

Leistungsstandard Ergebnisfestlegung für eine regelmäßig wiederkehrende Aufgabe in quantitativer und/oder qualitativer Hinsicht unter der Maßgabe, daß der betreffende Mitarbeiter oder die Gruppe die Erfüllung der Aufgabe danach ausrichtet.

Leitungsfunktion im Gegensatz zur Führungsfunktion, die auf Personen ausgerichtet ist, bezieht sich die L. auf Objekte, Sachgebiete oder Verantwortungsbereiche; auch jemand, der nicht Vorgesetzter ist, kann Leitungsverantwortung tragen.

Linienfunktion die mit Entscheidungskompetenz ausgestattete fachliche Zuständigkeit einer Stelle bzw. ihres Inhabers.

Linienorganisation sehr straffe Form einer hierarchisch strukturierten Betriebsorganisation, bei der ein einheitlicher »Befehlsweg« (Dienstweg, Instanzenzug) vorgegeben ist und jeder Mitarbeiter in der Regel nur einen Vorgesetzten hat.

Linienstelle Stelle oder auch Instanz innerhalb der pyramidenförmigen Linienorganisation, wobei die L. in der Regel mit Führungs- und Entscheidungsverantwortung ausgestattet ist; im Gegensatz dazu die Stabsstelle.

Management aus dem Amerikanischen übernommener Begriff zur Bezeichnung des Gesamtzusammenhanges von Unternehmenspolitik, Strategie, Betriebsorganisation, Leitungsfunktionen und Führungsstil, oft summarisch auch für alle Führungskräfte eines Betriebes (oberes, mittleres und unteres M.).

Management by ... in der amerikanischen Management-Literatur geprägte Bezeichnungen für einzelne Führungstechniken (M. b. results, delegation, control, objectives u. ä.), die jeweils für sich gesehen unzureichend sind, da sie andere notwendige Führungsaspekte vernachlässigen (dagegen: M. b. system).

Matrix-Organisation tabellarisch dargestellte, »überdeckende« Organisationsstruktur eines Betriebes, bei der sich Stellen mit verrichtungsorientierten Funktionen (senkrechte Spalten) und objektbezogene Stellen (waagerechte Zeilen) unter einer gemeinsamen Zwecksetzung »kreuzen« bzw. zusammenarbeiten.

Mitarbeiter allgemein alle Angehörigen eines Betriebes; im engeren Sinne ein Stelleninhaber im Verhältnis zu seinem unmittelbaren Vorgesetzten.

Moderator oft externer Gesprächsleiter bei Veranstaltungen, bei denen es in besonderer Weise auf Ausgewogenheit, Vermittlung oder neue Impulse ankommt, wie Diskussionen, Work-Shops, Konfrontations-Treffen oder anderen gruppendynamisch geprägten Zusammenkünften.

Motivation Beweggründe für einen Menschen oder eine Gruppe, eine bestimmte Handlung vorzunehmen oder zu unterlassen.

Multifunktionalität das Prinzip, statt eines hohen Spezialisierungsgrades (Monofunktionalität) möglichst vielfältige Einsatz- und Verwendungsmöglichkeiten bei Betriebs- und Hilfsmitteln sowie Einrichtungen anzustreben.

Netzplantechnik Methoden zur Planung komplexer Arbeitsabläufe und Verfahren, um den Zeitaufwand möglichst niedrig zu halten, Kosten zu sparen und eine bessere Kontrollfähigkeit zu gewährleisten.

objektbezogene Organisation die organisatorische Gliederung des Unternehmens erfolgt unter dem Gesichtspunkt, alle an einem Arbeitsobjekt (Projekt, Produkt, Dienstleistung, Auftrag, Ware, Bedarf) beteiligten Stellen unabhängig von ihrer Funktionszugehörigkeit zu Gruppen, Abteilungen oder Sparten zusammenzufassen (Gegensatz: funktionsbezogene O.).

Operations-Research s. Optimierungsverfahren.

optimale Betriebsgröße die unter dem Gesichtspunkt von Kosten und Gewinn, aber auch der Operationalität (Steuerbarkeit), größenmäßig günstigste Auslegung eines Betriebes.

Optimierungsverfahren allgemeine, vom Wirtschaftlichkeitsprinzip abgeleitete, meist computer-gestützte analytisch-mathematische Verfahren, unter alternativen Bedingungen die jeweils bestmögliche Lösung zu finden bzw. das vorgegebene Ziel unter günstigsten Bedingungen zu erreichen.

Organigramm s. Organisationsplan.

Organisation im Sinne von Organisationsarbeit: zielbezogenes Gestalten eines Betriebes durch systematisches, geplantes Zuordnen von Menschen, Sachen, Objekten und Funktionen unter den zeitlichen und räumlichen Bedingungen; im Sinne von Organisationssystem: ein sozio-technisches und -ökonomisches, arbeitsteiliges und damit hierarchisches System mit sozialen und zweckbezogenen Strukturen von anhaltender Bestandsdauer.

Organisationsabteilung/-stelle die mit der fachlichen Wahrnehmung interner Organisationsaufgaben betraute betriebliche Stelle, deren personelle Stärke, Qualifikation, Arbeitsweise und Zuständigkeit vor allem von der Größe und Art des Betriebes abhängt, oft mit den Aufgabenbereichen der Datenverarbeitung und Bürokommunikation zusammengefaßt.

Organisationseinheit eine einzelne Stelle oder die Zusammenfassung mehrerer Stellen zu Gruppen, mehrerer Gruppen zu Abteilungen, mehrerer Abteilungen zu Hauptabteilungen usw. zur Schaffung organisatorisch sinnvoller Leitungsbereiche.

Organisationsentwicklung (OE) struktur- und personalorientierter Ansatz in der Organisationswissenschaft, wonach eine Organisation ziel- und umweltbezogen organisch wachsen soll; setzt gründliche kurz-, mittel- und langfristige Unternehmensplanung und intensive Beteiligung der Mitarbeiter voraus.

Organisationshandbuch die Zusammenfassung aller für ein Unternehmen geltenden Organisationsunterlagen und Organisationsregelungen (Organigramme, Ablaufpläne, Organisationsrichtlinien, Stellenbeschreibungen usw.) zur Dokumentation des Organisationszustands und zur Information der Mitarbeiter (diese speziell auch in Form eines Stellenhandbuches).

Organisationsplan (Organigramm, Stellengliederungsplan) zeigt graphisch-schematisch die Struktur des Betriebes oder eines Betriebsteiles auf, wobei wesentliche Informationen mitgeliefert werden (Stellenbezeichnungen, Funktions- und Objektzuweisung, Über- und Unterstellung, Stab-Linien-Beziehung, Leitungs- und Verantwortungsbereiche, Instanzenzug/Dienstweg, Stellenbesetzung, Funktionen außerhalb der Hierarchie wie Betriebsrat, externe Berater, Beteiligungen u. a.).

Organisationsplanung vorausschauende Konzeption für die künftige Aufbau- und Ablaufstruktur des Unternehmens im Rahmen der kurz-, mittel- und langfristigen Unternehmensplanung als Grundlage für die einzelnen Organisations-, Personal- und Investitionsentscheidungen.

Organisationspsychologie Teilgebiet der angewandten empirischen Psychologie, die sich insbesondere mit dem Verhalten und Erleben des Menschen in einer Organisation befaßt.

Organisationssoziologie Teil der Soziologie, soweit er sich mit Erfahrungs- und Erkenntnisgegenständen aus dem Organisationsbereich, insbesondere mit den Phänomenen Führung und Gruppe, beschäftigt.

Organisationsstruktur die grundsätzlichen und wesentlichen Merkmale und Regeln, die den Organisationsaufbau und -zustand eines Betriebes prägen.

Organisator betriebliche Bezeichnung des für Organisationsaufgaben fachlich vorgebildeten und zuständigen Mitarbeiters, auch als Berufsbezeichnung (Organisationsberater, Organisationsassistent).

Orgware die für die Organisation und Dokumentation der im Rahmen der Datenverarbeitung selbst anfallenden Arbeiten benötigten methodischen Verfahren und Grundlagen.

Personal-Computer (PC) der auf Grund seiner technischen Auslegung für den Einsatz am Arbeitsplatz geeignete »persönliche« Computer.

Personalentwicklung die ziel- und strategiebezogene Planung und Gestaltung aller Personalmaßnahmen, insbesondere Aus-

und Weiterbildung, Training und Förderung, Karriereplanung und Bewerberauswahl.

Personalorganisation Teil der Personalwirtschaft bzw. der Organisation, der sich – ausgehend vom Personalbedarf – mit Fragen der Stellenbildung, Stellenbeschreibung, Stellenbewertung und Stellenbesetzung befaßt.

Pionierphase bei typischer Entwicklung eines Unternehmens die erste Phase, welche besonders durch die Persönlichkeit seines Gründers, durch Improvisation und Expansion sowie durch das Ringen um wirtschaftliche Stabilität gekennzeichnet ist.

Planung die systematische gedankliche Vorwegnahme des gewollten künftigen Geschehens im Hinblick auf vorgegebene Ziele und die erkennbaren Rahmenbedingungen.

Produktmanagement (Produktbetreuung) organisatorische Regelung, wonach eine Stelle oder eine Abteilung die Verantwortung für den Erfolg eines Produktes oder einer Produktgruppe von seiner Entwicklung bis zu seiner Vermarktung trägt.

Profit-Center Sparte, Division, strategische Geschäftseinheit (SGE), im Sinne einer wirtschaftlichen Ergebnisverantwortung weitgehend selbständiger Teil eines Unternehmens, der nach den Merkmalen einer objektorientierten Strukturorganisation gebildet wurde.

Programmiersprache eine für die Zwecke der EDV entwickelte künstliche Sprache (z. B. BASIC, COBOL, PASCAL oder ADA), die den für die Handhabung notwendigen Dialog mit dem Computer ermöglicht.

Projektmanagement (Projektbetreuung) ähnlich dem Produktmanagement ist beim Projektmanagement eine bestimmte Stelle oder Abteilung für die erfolgreiche Abwicklung eines befristeten, meist komplexen Vorhabens (Großauftrag, Baumaßnahme) verantwortlich.

Qualitätszirkel auf freiwilliger Basis sich regelmäßig treffende Gruppe von bis zu zehn Mitarbeitern unter Leitung eines Moderators, die Probleme ihres Arbeitsbereiches diskutieren und Verbesserungsvorschläge, etwa für Produktqualität, materielle und immaterielle Arbeitsbedingungen, Produktivität, Einsparungen oder Arbeitssicherheit, erarbeiten.

Querschnittsabteilung im Sinne einer Matrix-Organisation solche Organisationseinheiten, die quer zu den funktionalen Fachabteilungen ausgerichtet sind, z. B. Abteilungen für Objekt-, Produkt- oder Projektbetreuung.

Rangstufe mit einer Stelle verbundene Rangbezeichnung (z. B. Gruppen-, Abteilungs-, Bereichsleiter) zur Kennzeichnung der Zugehörigkeit zu einer hierarchischen Leitungsebene.

Rationalisierung z. B. unter dem Druck des Wettbewerbes oder steigender Kosten das dauerhafte Bestreben von Betrieben, die Arbeitsprozesse zu optimieren, um Produktivität und Rentabilität zu festigen; da hierbei nach Möglichkeit personalkostensparende und qualitätsfördernde Investitionen getätigt werden, geht damit langfristig tendenziell ein Abbau von Arbeitsplätzen einher.

Regelkreis logische Abfolge von Aktivitäten, speziell auch als Führungsvorgang, bei dem über die Kontrollphase (Rückkopplung) jeweils wieder in die Ausgangsphase eingemündet wird (z. B. Zielsetzung, Planung, Durchführung, Kontrolle, Zielsetzung usw.), so daß Lern- und Steuerungsansätze gegeben sind.

Ressort der Leitungsbereich eines Mitglieds der Unternehmensleitung, der gewöhnlich funktions- bzw. verrichtungsorientiert ist (z. B. die Vorstandsressorts Forschung und Entwicklung, Produktion, Finanzen, Verkauf, Einkauf, Personal).

ressortgebundene/ressortlose Unternehmensleitung die Doppelbelastung von Geschäftsführern oder Vorstandsmitgliedern, die sowohl gemeinsame Aufgaben im Rahmen des Geschäftsführungsorgans als auch eigenständige Aufgaben als Leiter eines Ressorts wahrnehmen; bei ressortloser U. werden die Ressorts von Führungskräften geleitet, die nicht dem Geschäftsführungsorgan angehören.

Revision das systematische Überprüfen betrieblicher Sachverhalte, Abläufe, Entwicklungen und Ergebnisse durch Soll-Ist-Vergleich, damit Vorgaben eingehalten werden, Unregelmäßigkeiten vermieden, die Wirtschaftlichkeit verbessert und notwendige Anpassungen an veränderte Anforderungen erkannt werden.

Richtlinie verbindliche Grundsatzregelung, wie bei wiederkehrenden Vorgängen gleicher oder ähnlicher Art einheitlich zu verfahren ist.

Sachorganisation Teil der Betriebsorganisation, der sich hauptsächlich mit der Gestaltung von Sach- und Hilfsmitteln sowie der Zuordnung von Sachen zu Sachen im Betrieb befaßt.

Schnittstelle/Schnittstellenproblem Übergangsstelle zwischen Arbeitsbereichen, insbesondere im Bereich der Datenverarbeitung (Hard- und Software-Schnittstellen), wobei durch fehlende Übereinstimmung auf Grund unterschiedlicher Standards Störungen auftreten können.

Schwachstellenanalyse (Unternehmens-, Betriebsanalyse) Ist-Erhebung betrieblicher Zustände mit Auswertung der Feststellungen im Sinne eines Betriebs- bzw. Soll-Ist-Vergleichs mit dem Ziel, Mängel zu beseitigen.

Software allgemeine Bezeichnung für Programme zum Betrieb von Datenverarbeitungsanlagen, wobei die Systemsoftware das Betriebssystem abdeckt, während die Anwender-Software den speziellen Arbeitseinsätzen beim Endbenutzer dient.

sozio-ökonomisch/sozio-technisch der Zusammenhang von sozialen und wirtschaftlichen bzw. technischen Ausprägungen, insbesondere die Beeinflussung von Wirtschaft und Technik auf individuelles oder Gruppenverhalten; beide Aspekte haben für die Betriebsorganisation maßgebliche Bedeutung.

Spartenorganisation Untergliederung eines (meist größeren) Unternehmens zu möglichst selbständigen Unternehmensbereichen (s. Divisionalisierung), wobei branchenverwandte Produkte und Dienstleistungen zusammengefaßt werden.

Stab, Stabsstelle, Stabsfunktion Aufgabenbereich, in dem überwiegend Beratungs-, Informations- und Kontrollaufgaben ausgeübt werden, anderen (Linien-)Stellen zugearbeitet wird und insoweit die eigenen Entscheidungs- und Weisungsrechte eingeschränkt sind.

Stab-Linien-Organisation die Ergänzung der aufbau- und leitungsorientierten Linienorganisation mit leitungsunterstützenden Stäben.

Stelle kleinste strukturorganisatorische Gliederungseinheit, bei der ein eigenständiger Aufgabenbereich festgelegt wird, den in der Regel ein Mitarbeiter allein wahrnimmt (Ausnahmen: Team, Job-Sharing, Schichtbetrieb).

Stellenbeschreibung ein organisatorisches Hilfsmittel, mit dem der Aufgabenbereich, die Kompetenzen und die hierarchische Eingliederung einer Stelle schriftlich dargestellt werden.

Stellengliederung s. Aufbauorganisation.

Stelleninhaber wer die Fach- und Führungsaufgaben einer Stelle zur selbständigen Wahrnehmung übertragen bekommen hat, ist der Inhaber dieser Stelle.

Stellenplan, Stellenbesetzungsplan schriftliche oder graphische Ausweisung der in die Kostenplanung eingegangenen Voll- und

Teilzeitstellen eines Betriebes für eine Planungsperiode (Stellenplan), ggfs. unter namentlicher Nennung der jeweiligen Stelleninhaber im Organisationsplan (Stellenbesetzungsplan).

Stellvertretung mit der Stellvertretung wird sichergestellt, daß bei Abwesenheit eines Stelleninhabers ein oder mehrere Stelleninhaber dessen Aufgaben übernehmen und somit die Kontinuität des Arbeitsablaufes gesichert bleibt.

strategische Unternehmensführung der konzeptionelle Ansatz, alle dem Unternehmen zur Verfügung stehenden Kräfte und Möglichkeiten so zusammenzufassen und einzusetzen, daß systematisch synergetische Effekte erzielt, entsprechend den eigenen Stärken Schwerpunkte (z. B. Zielgruppen, Marktsegmente oder -nischen) gebildet und die Schwächen des Wettbewerbs (aus)genutzt werden.

strategische Geschäftseinheit (SGE) das Bilden und Formieren von Teilen des Unternehmens unabhängig von funktionalen, rechtlichen, räumlichen, personellen oder traditionellen Bindungen zu eigenständigen, operationsfähigen Bereichen mit jeweils eigener Grundstrategie und Ergebnisverantwortung.

Synergie-Effekt, synergetische Kräfte die Erfahrung, daß durch positives Zusammenwirken von Personen oder anderen Faktoren ein zusätzlicher Nutzen entsteht; die insgesamt freiwerdenden Energien (Output) sind mehr als die Summe der eingesetzten Energien (Input).

Team (Arbeitsgruppe, Ausschuß, Kommission) Gruppe gleichberechtigter Mitglieder, die zur Wahrnehmung bestimmter Aufgaben eingesetzt wird, die von einem einzelnen Mitarbeiter allein nicht wahrgenommen werden können oder sollen; der Teamleiter ist Erster unter Gleichen (primus inter pares).

Tensor-Organisation drei- und mehrdimensionale Fortentwicklung der zweidimensionalen Matrix-Organisation, etwa durch Hinzunahme von System- oder Key-Account-Managern oder durch zusätzliche Strukturierung von Betrieben als strategische Geschäftseinheiten (SGE).

Unternehmen/Unternehmung Betrieb oder Zusammenfassung mehrerer Betriebe als rechtlich selbständige Einheit unter einer wirtschaftlichen Zielsetzung, wobei eine Vielzahl unterschiedlicher Ausprägungen in bezug auf Rechtsform, Eigentumsverhältnissen, Branchenzugehörigkeit u. a. besteht.

Unternehmensbeirat Gremium unabhängiger Fach- und Vertrauensleute, vergleichbar dem obligatorischen Aufsichtsrat einer Aktiengesellschaft, wird meist freiwillig berufen, um Gesellschaftern und/oder Geschäftsführern eines Unternehmens auf Dauer beratend und unterstützend zur Seite zu stehen.

Unternehmensleitung allgemein übliche Bezeichnung für die oberste Entscheidungsinstanz eines Unternehmens, die rechtlich für die Führung der Geschäfte verantwortlich ist (auch: Geschäftsführung, Unternehmensführung, Vorstand, Inhaber, geschäftsführender Gesellschafter).

Unternehmensorganisation die auf (Wirtschafts-)Unternehmen ausgerichtete gesamte aufbau- und ablauforganisatorische Gestaltung und sachorganisatorische Ausstattung unter Berücksichtigung der gesetzlichen, behördlichen und tariflichen Normen.

Unternehmensplanung die planerischen, schöpferischen und rechnerischen Aktivitäten eines Unternehmens, die sich systematisch mit dem Vorzeichnen der gewollten künftigen Unternehmensentwicklung befassen, einschließlich des Aufzeigens alternativer Entwicklungsmöglichkeiten.

Unternehmens-Philosophie, Firmenphilosophie das gewollte Selbstverständnis eines Unternehmens als Antwort auf die Frage: Wer und wie wollen wir künftig sein?

Unternehmenspolitik die grundsätzlichen Überlegungen, Entscheidungen, Methoden und Absichten, mit denen eine Unternehmensleitung die Erreichung oder Verwirklichung ihres Unternehmensziels anstrebt.

Unternehmensziel die Beschreibung des gewollten künftigen Zustandes eines Unternehmens anhand seiner wesentlichen wirtschaftlichen und sozialen Merkmale, Grundsätze und Planungsgrößen.

Unterschriftenregelung Zeichnungsrecht, verbindliche Festlegung der Unterschriftsvollmacht von Mitarbeitern im internen und externen Schriftverkehr.

Verantwortung die Zuständigkeit eines Stelleninhabers für die Führung seiner Mitarbeiter (Führungsverantwortung) und für sein fachliches Handeln und Entscheiden (Handlungsverantwortung) mit der Konsequenz, für Erfolg oder Mißerfolg auch einzustehen.

vertikale Zusammenarbeit das gegenseitige Ergänzen und gemeinsame Zusammenwirken von Vorgesetzten und den ihnen nachgeordneten Mitarbeitern auf Grund der vorgenommenen fachlichen Arbeitsteilung und der führungsmäßigen Aufgaben.

verrichtungsorientierte Organisationsstruktur Aufteilung des Betriebes nach Funktionen, wobei je nach Größe und Art eine mehr oder weniger starke Differenzierung (= Spezialisierung) vorgenommen werden kann; in vielen Klein- und Mittelbetrieben gilt hierfür die klassische Dreierteilung: Kaufmännische Verwaltung, Produktion, Vertrieb.

Vision die auf bestimmte ebenso markante wie überzeugende Merkmale verdichtete Vorstellung darüber, wie etwas – hier: der Betrieb – in weiterer Zukunft idealerweise werden könnte oder sein sollte; die gemeinsame visionäre Sicht künftiger Unternehmensentwicklung soll als positives Leitbild motivieren, Identität schaffen und die Antriebskräfte stärken.

visualisieren die graphische Darstellung von Sachverhalten und Aussagen zum besseren Verständnis; im Bereich der Organisation sind visuelle Mittel vor allem deswegen notwendig, weil es sich um komplexe Sachverhalte handelt, die durch verbale Beschreibung allein nur schwer vermittelt werden könnten.

Vorgesetzter die einem Mitarbeiter unmittelbar übergeordnete Person mit Führungsverantwortung und einer allgemeinen Weisungsbefugnis (Hauptvorgesetzter, Linienvorgesetzter) oder die übergeordnete Person mit einer begrenzten fachlichen Weisungsbefugnis (Fachvorgesetzter) oder die übergeordnete Stelle, die zu bestimmten Personal- und Disziplinarentscheidungen berechtigt ist (Personal-, Disziplinarvorgesetzter).

Wertanalyse normiertes systematisches Verfahren, um Kosten zu senken, die Produktivität zu erhöhen oder generell Probleme zu lösen, wobei unterschiedliche Ansatzpunkte möglich sind (z. B. Gemeinkosten, Kostenarten, Abläufe, Abteilungen, Aufträge).

Zeichnungsrecht, Zeichnungsvollmacht s. Unterschriftenregelung.

zentrale, zentralisierte, zentralistische Organisationsstruktur im Gegensatz zur dezentralen Organisation die Ansammlung aller wesentlichen Kompetenzen auf die Unternehmensleitung bzw. auf die Hauptverwaltung eines Unternehmens bei weitgehender Unselbständigkeit der übrigen nachgeordneten Unternehmensbereiche.

Ziel, Zielsetzung verbindlich festgelegte Vorgaben auf Grund von Vereinbarungen oder Anweisungen, die innerhalb eines bestimmten Zeitraumes oder fortlaufend anzustreben oder zu erreichen sind.

Vertiefende Literatur:

Reimund Berger, Stellenbeschreibungen, durch dynamische Arbeitsplatzbeschreibung Mitarbeiter motivieren, betriebliche Transparenz verbessern, effizienter organisieren, München 1989

Bleicher, Knut, Unternehmensentwicklung und organisatorische Gestaltung, Stuttgart 1979

Böhm, J., Einführung in die Organisationsentwicklung, Heidelberg 1981

Borkel, Wolfgang, Ziele suchen, setzen, durchsetzen, Köln 1977

Busch, Ulrich, Produktivitätsanalyse, Berlin 1986

Frankl, Victor E., Das Leiden am sinnlosen Leben, Freiburg 1980

Gälweiler, Aloys, Strategische Unternehmensführung, Frankfurt 1987

Mann, Rudolf, Mayer, Elmar, Controlling für Einsteiger, Freiburg 1987

Naisbitt, John, Megatrends, Bayreuth 1986

Obermair, Gilbert, EDV-Grundwissen, München 1987

Peters, Tom, Austin, Nancy, A Passion for Excellence, New York 1985, deutsch: Landsberg 1986

Rosenstiel, Lutz von, Grundlagen der Organisationspsychologie, Stuttgart 1980

Wittlage, Helmut, Methoden und Techniken praktischer Organisationsarbeit, Herne/Berlin 1980

Register

C

D

E

F

G

H

I

J

K

L

M

O

P

Q

R

S

T

U